MICHAEL VOIGT

140 GEDANKEN, die Ihren persönlichen HANDELSSTIL bereichern werden

FBV

Bibliografische Information der Deutschen Nationalbibliothek
Die Deutsche Nationalbibliothek verzeichnet diese Publikation in der Deutschen Nationalbibliografie.
Detaillierte bibliografische Daten sind im Internet über http://dnb.d-nb.de abrufbar.

Für Fragen und Anregungen
info@finanzbuchverlag.de

Originalausgabe, 1. Auflage 2020

Nymphenburger Straße 86
D-80636 München
Tel.: 089 651285-0
Fax: 089 652096

Redaktion: Judith Engst
Lektorat: Silvia Kinkel
Umschlaggestaltung: Pamela Machleidt
Umschlagabbildung: Daniel Liske
Satz: Stephen Volkmer, Röser MEDIA GmbH

Druck: GGP Media GmbH, Pößneck
Printed in Germany

ISBN Print 978-3-95972-323-7
ISBN E-Book (PDF) 978-3-96092-598-9
ISBN E-Book (EPUB, Mobi) 978-3-96092-599-6

Weitere Informationen zum Verlag finden Sie unter:

www.finanzbuchverlag.de
Beachten Sie auch unsere weiteren Verlage unter www.m-vg.de.

INHALT

Vorwort		7
Danksagung		13
Gedanke 1:	Passt die Kutsche durch das Tor?	14
Gedanke 2:	Ist Benjamin Franklin bereits Ihr Vorbild im Trading?	17
Gedanke 3:	Die Liste der einzuübenden Tugenden	20
Gedanke 4:	Bergsteiger kennen den Unterschied zwischen Ziel und Plan. Der Trader auch?	24
Gedanke 5:	Was ist Ihr Motiv für die Charts? Was sind die richtigen und falschen Ziele?!	28
Gedanke 6:	Trading – Daseinsqualität durch mehr Freizeit?! Diesen Fehler sollten Sie umgehen	31
Gedanke 7:	Bestürzung, den eigenen Rahmen nicht zu finden – einen weiteren Trading-Fehler vermeiden	34
Gedanke 8:	Trading – Genie, Eingebung oder Fleiß?	37
Gedanke 9:	Was wollen Sie? – Obst? Oder einen Apfel?	40
Gedanke 10:	Wie dick und bunt ist Ihre Trading-Begeisterungsmappe?	42
Gedanke 11:	Bist du Meister deiner eigenen Arbeitsstimmung?	45
Gedanke 12:	Sind Sie ein gewöhnlicher oder besonderer Goldgräber, Trader oder Rennfahrer?	48
Gedanke 13:	Trading, das Ego und die Römer …	52
Gedanke 14:	Auf der Geburtsurkunde vieler Trades steht das Wort »Versuchung«	56
Gedanke 15:	Die fünf Merkmale eines lernenden Traders	59
Gedanke 16:	Reist ein Trader fortwährend durch die Hölle?	62
Gedanke 17:	Als Trader seine eigene Sache durchziehen?!	65
Gedanke 18:	Stil & Trading. Und … – die geistige Räucherkammer	68
Gedanke 19:	Gelingt Ihnen produktive Unzufriedenheit?	71
Gedanke 20:	Werde zum Steinmetz in deiner Arbeit als Trader	74
Gedanke 21:	Die Todesursache vieler Trades und Konten vermeiden	77
Gedanke 22:	Was ein Trader von Baywatch übernehmen kann	80
Gedanke 23:	»H-E-R-B-E-R-T …! Wo ist meine 50-Meter-Yacht?!«	83
Gedanke 24:	Trading und das Mysterium der Vergleichbarkeit	86
Gedanke 25:	Gibt es das perfekte Leben als Trader?	89
Gedanke 26:	Ihr zweiter und Ihr siebter Trade in dieser Woche?	91
Gedanke 27:	Die vermeintliche Traumfrau	94
Gedanke 28:	Gute Trader können beobachten, schlechte hingegen nur sehen	96
Gedanke 29:	Wenn das Trading einer Schlaftablette gleicht	99
Gedanke 30:	Ihre Trades – Uhrwerk oder Spielhölle?	102

Gedanke 31:	Den Chart immer schön sekündlich betrachten?!	105
Gedanke 32:	Des Traders erste Hochzeit und seine kurze Ehe	107
Gedanke 33:	Die zweite Ehe im Supermarkt der Börsenweisheiten	110
Gedanke 34:	Na endlich! Das 1000-Prozent-Meeega-Trading-Signal!	113
Gedanke 35:	Die fünf Merkmale des Fortschritts	116
Gedanke 36:	Wie viele Zeit für Ihre Trades bleibt Ihnen noch?	118
Gedanke 37:	Diesen Tiger kannst du nicht bezwingen. Kein Trader kann das.	121
Gedanke 38:	Wie groß sind Ihre Bemühungen, Ihre Persönlichkeit zu ändern?	124
Gedanke 39:	7:1 für den Chart. Oder: Kann nur ein starker Mensch ein guter Trader sein?	126
Gedanke 40:	6:00 Uhr Ring-Ring. Bushaltestelle oder vor die Charts?	129
Gedanke 41:	Steht Ihr Name auch auf der Liste der sinnlos Einzahlenden?	131
Gedanke 42:	Von Charts und einer Portion Spießbürgertum	134
Gedanke 43:	Wenn Mutmaßungen als Wahrheiten verkauft werden	136
Gedanke 44:	Demut im Trading?! – Notwendigkeit oder Blödsinn?	138
Gedanke 45:	Warum als Trader vernünftig sein?	140
Gedanke 46:	Zurück ans Ufer zu schwimmen ist unmöglich!	142
Gedanke 47:	Aus dem Tagebuch kann die To-Do-Liste des Traders werden	144
Gedanke 48:	Wer oder was befindet sich am Ende der Angelschnur?	147
Gedanke 49:	Sie können einen Kuss beschreiben? Dann können Sie auch ein Signal beschreiben!	149
Gedanke 50:	Was flüstern Sie vor dem Handelstag Ihrem Spiegelbild zu?	151
Gedanke 51:	Für den Markt nur ein Vorspiel, für den Trader ein Todeskampf?!	153
Gedanke 52:	Disziplin sticht Überzeugung	156
Gedanke 53:	Untreue. Stoßgebete. Reaktionsschemata.	158
Gedanke 54:	Wer einschlafen kann, kann auch traden! – Ist das wirklich so?	160
Gedanke 55:	Hat ein Trading-Coach eine moralische Verpflichtung?	162
Gedanke 56:	Aus Ungeduld eine Position zu drehen – das ergibt ...?!	164
Gedanke 57:	Eddie Murphys Lehre	166
Gedanke 58:	Ein Chart. Eine Bellezza. Eine Fensterfront.	168
Gedanke 59:	»Schatz?« – »Ja, zehn Minuten! ...«	170
Gedanke 60:	Unbeobachtet lassen? – Das ist kein Lebensinhalt!	172
Gedanke 61:	Neujahrsvorsätze eines Traders	174
Gedanke 62:	Zu viel Aufmerksamkeit – und es bläst das Hirn fort	176
Gedanke 63:	Greife ich bei Trades mit beiden Händen in die Bonbonschale?	178
Gedanke 64:	Die Qual der Wahl: Abschied vom Lieblingschart	181
Gedanke 65:	Heißt größere Nähe bessere Wahrnehmung?	183
Gedanke 66:	Trading – der kritische Zwiespalt	185
Gedanke 67:	Gedankenschleifen fernab vom Ein- und Ausstieg?!	187
Gedanke 68:	»Ihr verdammten sch... W...ser!«	189

Gedanke 69:	Bücher um Bücher – und doch beißt man in jede Wurst	191
Gedanke 70:	Künstler und Trader und die platonische Idee	194
Gedanke 71:	Das aufgezwungene Spiel?!	196
Gedanke 72:	Wenn das fachliche Niveau der Trades sich dem eines Münzwurfs nähert	198
Gedanke 73:	Trader verstarb um 14:32 Uhr	201
Gedanke 74:	Zwei Welten, ein Hund und ein Stock	204
Gedanke 75:	Der Pfeil des Trading-Glücks trifft mitten ins Herz	206
Gedanke 76:	Ich trau mich nicht mehr. Ich nehme mir mal eine Auszeit.	208
Gedanke 77:	Von Charts sowie Nasen- und Augentieren	210
Gedanke 78:	Kann man das Trading ernsthaft lieben?	213
Gedanke 79:	Nicht noch ein Fehltrade!!!	215
Gedanke 80:	Was mildert die Besessenheit?	217
Gedanke 81:	Grenzenlose Schwäche oder wirkliche Stärke?	219
Gedanke 82:	Tausend Empfindungen an einem einzigen Handelstag	221
Gedanke 83:	Orientierung gegen Zerstreuung eintauschen	223
Gedanke 84:	»Jetzt bringe ich die Scheiß-Börse um!«	225
Gedanke 85:	Geld weckt mal Triumpfgefühle, mal Versagensängste	227
Gedanke 86:	Trading-Knast und der Playboy	229
Gedanke 87:	Gartenarbeit versus Chart-Orakel	231
Gedanke 88:	Hilft dem Trader das lernen? Oder das umlernen?	233
Gedanke 89:	Des Traders Geldbotschaften aus der Kindheit	235
Gedanke 90:	Die unbewusste Kunstfertigkeit	237
Gedanke 91:	Kein Fahrgeld – keine Zugfahrt	239
Gedanke 92:	Welche Hälfte des Traders tradet?	241
Gedanke 93:	Die Leidenschaft, jeden Dreck zu traden	243
Gedanke 94:	Das immerwährende Glück	245
Gedanke 95:	Aals Händler die Einfachheit lieben?	247
Gedanke 96:	Der beste Trade ist viertel nach zwölf	249
Gedanke 97:	Die emotionale Vorpatrouille	251
Gedanke 98:	Schatz, dein Abendbrot interessiert gerade keinen!	253
Gedanke 99:	Jeder Trader besitzt sie – seine Gartenbank	255
Gedanke 100:	Wohin reitet der Kinoheld am Filmende?	257
Gedanke 101:	Stehen Ihre Schuhe genauso in Reih und Glied wie Ihre Gedanken?	259
Gedanke 102:	Die andere Seite der Angst	261
Gedanke 103:	Wisse dich zu bescheiden! – Nix da!	263
Gedanke 104:	Ein Küken. Ein Ei. Ein trödelnder Trader.	265
Gedanke 105:	Trading – die Kultur des Sitzens?	267
Gedanke 106:	Vom Handelsstil und dem Umgang mit Geld	269
Gedanke 107:	»Du willst waaas werden?! – Trader?! Dass ich nicht lache!«	271

Gedanke 108: Der Spieler. Der Familienmensch. Der Vernunft-Mensch. 273
Gedanke 109: »Egal, was auf dem Konto passiert: Ich bin diszipliniert!« 275
Gedanke 110: Die Tücken des Signals 277
Gedanke 111: Das große schwarze Loch 279
Gedanke 112: Das geheime Reservoir komplexer Gedanken 281
Gedanke 113: Zeitspannen und dazwischenliegende Tagträume 283
Gedanke 114: Idioten-Trades: Version 1 und 2 285
Gedanke 115: Das unvollkommene Börsenuniversum 288
Gedanke 116: Sklave. Opfer. Flüchtigkeit. 290
Gedanke 117: 4 × Disziplin = 4 × Verzicht 292
Gedanke 118: Kein Konto, kein Trader. 294
Gedanke 119: Die harte Schule des Trendhandels 296
Gedanke 120: Ein harmonisches Ganzes 298
Gedanke 121: Etwas Irrtum in der Wahrheit 300
Gedanke 122: Die Belladonna 302
Gedanke 123: Drei Gifte 305
Gedanke 124: Bleistift. Lineal. Pantoffeln. 307
Gedanke 125: Der Pakt mit dem Teufel 309
Gedanke 126: Orakeln oder nichts tun? 311
Gedanke 127: »Die Götter haben es wirklich auf mich abgesehen!« 313
Gedanke 128: TV-Show – Trade oder stirb! 315
Gedanke 129: Der Trade – Angriff oder Notwehr?! 317
Gedanke 130: Rebellion gegen den Alltag 319
Gedanke 131: Es waren einmal drei Analysten … 322
Gedanke 132: Die Dame nicht im Blick gehabt? 324
Gedanke 133: Tagein, tagaus derselbe Ablauf … 326
Gedanke 134: Orient – Sie kaufen keinen Teppich! 328
Gedanke 135: Hast du dein Tokonoma immer im Blick? 331
Gedanke 136: Trading – bedeutet das arbeiten oder leisten? 333
Gedanke 137: Was würde ein Bogenschütze während eines Trades tun? 335
Gedanke 138: Odysseus und seine geniale Idee 337
Gedanke 139: Man läuft im Kreis und findet nicht mehr heim 339
Gedanke 140: Ein Trader im fernen Land 342
Schlusswort – ein letzter Rat zu Ihrer Fortbildung als Händler 344
Der Mensch hinter den Zeilen: Michael Voigt 347

Wenn man die stets schillernde und immer häufiger anzutreffende Werbung rund um das Trading auf den Social-Media-Plattformen wahrnimmt, besteht vielleicht die Ehre eines Traders einzig und wahrhaftig darin, dass er sein eigenes Leben lebt und seine eigene, wenn auch noch so bescheidene Sache durchzieht.

Vorwort

Das vorliegende Buch beschäftigt sich mit dem Geheimnis, wie man das Trading und den Börsenhandel meistern kann. – Ein Lehrbuch also? Dann wären durchgängige Schemata oder Regeln zu verkündigen … Es gibt aber keine Gewinn- und Erfolgsformeln, mit denen jedermann im Trading sein Glück machen könnte. Und dennoch geht es in diesem – wie auch in den vorangegangenen Büchern – in der Tat um ein Geheimnis! Ein Geheimnis, das jeder bereits hat. Jeder besitzt es, aber nur wenige wissen darum. Das klingt eigenartig. Und so ist es auch. Ein Beispiel: Hat nicht jeder von uns seine erbbedingten und individuellen Körpermaße, seine Augen-, Haarfarbe und seinen Charakter stets bei sich? Diese sind offen sichtbar. Und wer weiß: Darüber hinaus besitzen wir vielleicht auch nur uns eigene Wesensmerkmale, die uns – sobald wir es zulassen – zu einem ganz persönlichen Leben als Börsenhändler befähigen?

Aber: Viele Händler trauen dem – nennen wir es – Vorgefühl für ihr wahres Trading-Eigentum – sprich: ihren eigenen Handelsstil – nicht. Sie haben kein Vertrauen in ihr vorhandenes fachliches Hab und Gut. Daher bringen sie es selten zum hauptberuflichen Trading als Broterwerb, nie zum beständig erfolgreichen Schaffen vor den Charts, oder anders gesagt zum: beglückenden Wirken. Gelingt ihnen dann gleichwohl unversehens etwas Besonderes, etwa eine Serie disziplinierter Plus-Trades, sind sie überrascht, nahezu verblüfft. Klingt das Erstaunen ab, versinken sie oftmals wieder im Halbschlummer der Ungeduld und Disziplinlosigkeit.

Auf das Erwachen zum eigenständigen Leben als Trader kommt es also an!

- Geweckt werden wir häufig!
- Aufraffen muss man sich aber selbst ...

Denken wir hierzu einen Moment an die Kunst. Denn: Ihr haftet Eigenwilliges an, und das liegt in der Person des Künstlers, nicht an der Kunst. Allein der Meister fördert sie. Meister – nicht im handwerklichen Sinne – ist man eines Tages, wenn man es erlernt hat, in bewusster Einseitigkeit demjenigen Ausdruck zu verschaffen, was in der eigenen Person an gestalterischem Können nach Verwirklichung drängt. Kurzum: Selbstverwirklichung macht den Künstler aus, nicht das Nachahmen eines anderen.

Mit anderen Worten könnte man auch sagen: Große und echte Kunst liefern urwüchsige, zu ihrem speziellen Können veranlagte Menschen. Denn: Das Eigenleben des wahren Künstlers bricht im Kunstwerk und in der Originalität auf, gelangt zur sich offenbarenden Gestalt. Aus dem dunklen Drang, den der Künstler spürt und dem er nachgibt, wächst das von ihm Geschaffene – und er selbst. Der echte Künstler ist – Achtung! – niemals Spekulant, sondern verleiht stets dem Form, was aus ihm heraus ans Licht drängt. Der »dunkle Drang«, den jeder als Erbteil mitbekommen hat, mit dem Bedürfnis nach dem Einfachen und Naheliegenden, nach Klarheit und Wahrheit, macht uns zu Lebenskünstlern, wenn wir ihm bereitwillig nachgeben.

Gleiches gilt durchaus auch im Börsenhandel: Das Richtige im Börsenhandel und Trading zu tun, verlangt, das Erfragenswürdige zu erkunden, und die Fähigkeit zum Erkunden wurde uns allen mit unserem Leben und unseren Begabungen geschenkt. Unsere Anlagen und Fähigkeiten, mit denen uns die Gesetzmäßigkeiten unseres Geschicks auferlegt sind, bestimmen uns nicht nur im Alltag, sondern lassen uns auch zu dem Trader zu werden, der wir durch unser »Erbteil« bereits sind.* Trader in einer

* Gemeint sei hier die zur eigenen Person gehörige korrekte Wahl der Trendgrößen & Zeiteinheiten sowie der Handelsausrichtung – Trend-, Bewegungs- oder Ausbruchshandel etc. – und der einzig zur eigenen Person passenden adäquaten Positionsgröße.

Art zu sein, die der eigenen Persönlichkeit entspricht, heißt, lebendig zu werden.

Aber: So mancher Trader gibt sich Illusionen hin, die ihn narren. Er vegetiert vor den Charts dahin, er läuft der Herde nach in fremden Spuren und wartet darauf, dass jemand kommt, der ihn mit dem vertraut macht, was die ihm bestimmte Aufgabe und der ihm bestimmte Handelsstil sein solle. Sprich: Die Zielsetzung unseres Tuns erhoffen wir nur zu häufig als Vorgabe von außen her, obwohl sie durchaus in uns liegt. Wir reden gern bei jedem Trade von der Ungunst der Verhältnisse rund um Charts und Märkte, die die vermeintliche Erfüllung unserer Sehnsüchte nicht erlaubt. Wir klagen daher nur allzu oft unsere Umwelt und Erziehung an, die uns eine gewisse Disziplinlosigkeit gelehrt haben und uns daran hindern, etwas »Besseres« zu werden. Bei Licht betrachtet sind dies natürlich lahme Vorwände; sie vertuschen, dass wir nicht den Mut aufbringen, uns selbst zu riskieren.

Wir lassen es gar nicht erst zu, dass die für uns allein verfügte fachliche Wahrheit (sprich der persönliche Handelsstil) aufkommt; wir hadern mit unserem Geschick, machen andere verantwortlich und werden missmutig sowie abweisend. Empfohlene und angeratene fachliche Handelsregeln und -modelle empfinden wir häufig als trügerisch, weil sie einerseits zwar durchdacht und sinnvoll erscheinen, andererseits aber eine eigenartige Vollendung bedeuten, die mit unserer eigenen persönlichen Art offensichtlich nicht übereinstimmt. Aber anstatt das Problem zu erkennen, unser verfehltes Imitieren, verfallen wir vor den Charts oftmals in Pessimismus. Wir hadern, weil das Leitbild nicht erreichbar zu sein scheint und weil wir in unserer Hingabe enttäuscht werden. Lieber mogeln wir uns durch die Charts und ahmen ein angepriesenes Leitbild nach – die sozialen Medien sind voll davon –, statt uns auf den eigenen dunklen Drang einzustellen, der uns die Richtung zeigt, uns unseren persönlichen Weg weist.

- Und die Folge?

Angesichts eines solchen Verhaltens ist es kein Wunder, wenn uns die Seelenruhe vor den Charts verlässt und wir – vor diesen und jenen Trade gestellt (und das sind viele, Tag für Tag) – fatalistisch im Glauben an das unvermeidliche Verhängnis meinen: »Wie man's macht, macht man's ja doch falsch!« Aufs Geratewohl tun wir dann die uns aufgegebene fachliche Aufgabe rund um Einstieg und Stopp ab, brechen sie übers Knie. In einer derartigen Situation raten wir uns sodann selber, erst gar nicht lange nachzusinnen, das Denken im Börsenhandel überhaupt den Pferden zu überlassen (weil sie den größeren Kopf haben). Und so ertappen wir uns hin und wieder dabei, um möglicherweise das Richtige zu tippen, sogar an den Knöpfen abzuzählen, was zu tun ist: long – short – long – short – long ... Wie es gerade ausgeht, so nehmen wir es hin. Oder wir legen eine Münze auf den Handteller, stoßen die Hand von der Tischkante ab und überlassen es den »Weissagungen« eines vermeintlichen Schicksals, welche Chart-Entscheidung als Omen wir annehmen sollen. Wir sagen »Toi, toi, toi«, klopfen auf Holz oder rasseln mit den Schlüsseln, immer in dem Bestreben, sich »der Macht böser anderer Marktteilnehmer« zu entziehen. Der eine oder andere fragt auch herum, um (vermeintlich) das Richtige zu erfahren: »Was würden Sie in meinem Falle tun?« Denn jeder in den Social Media weiß angeblich guten Rat. Jedermann ist aber kaum ein geeigneter Ratgeber.

Kurzum: Der Sieg im Börsenhandel zielt auf das eigene Wollen, das andere Menschen durchaus befremden mag. Die Frage ist nur, ob wir unser Wollen recht erkennen und es so reifen lassen, dass wir daraufhin das Richtige tun – ohne die leidige Angst, falsch zu handeln oder etwas zu versäumen.

Oder mit anderen Worten: Um das für uns Richtige zu fühlen und zu begreifen, gibt es gewiss bessere Wege, als das Los entscheiden zu lassen oder ein »Orakel« zu befragen, das Denken aufzugeben und blindlings in den Charts zu handeln, mit der unwürdigen Beruhigung, es sei ja doch alles egal ...

Doch – so mag man einwenden – wer hat denn vor den Charts die leidige Zeit, sich langwierig Gedanken über all das zu machen? Zeit müssen wir freilich aufwenden. Die Erde braucht sie ja auch, um beispielsweise Saatgut, das ihr übergeben wird, austreiben zu lassen, damit die zarten Keime hervorkommen, die das Sonnenlicht aufnehmen, zu Halmen wachsen, die der Wind bewegt, und weiter zu gedeihen, bis mit der jahreszeitlichen Regelmäßigkeit die Ernte fällig wird.

- Und was tun wir?

Wir ärgern uns über die gebrochene oder nun schon doch wieder signifikante Trendlinie, über die zu hohe oder zu tiefe Markteröffnung, über den viel zu schnellen oder zu langsamen Markt, über die dunklen Wolken der Wirtschaft, über die viel zu guten oder viel zu düsteren Unternehmensnachrichten. Und wir schwatzen darüber mit anderen Tradern im Netz, um uns unnötig zu erregen und unsere Zeit zu vergeuden, anstatt sie zu nutzen, um unseren eigenen Handelsstil herauszubilden ... Darauf kommt es an, wenn wir glücklich werden wollen und einen persönlichen Handelsstil möchten: Es geht darum, rechten Gebrauch auch von der uns eingeräumten Zeit zu machen. Sie gibt von unserer Aussaat bis zu den Erntetagen die uns gesetzte Spanne. Auf uns allein kommt es an! Und Zeit dafür haben wir reichlich, wenn wir sie uns nehmen.

- Was hat dies alles mit dem vorliegenden Buch zu schaffen?

Das vorliegende Buch will jedem Interessenten helfen, für sich zu erkennen, was ihm nach seiner Wesensart obliegt, um die Möglichkeiten wahrzunehmen, persönlich das Richtige vor den Charts zu denken und zu tun. Das kann uns niemand abnehmen, aber jeder (vor allen wir selbst) kann uns die Zeit dafür rauben und den Weg verstellen, im rechten Augenblick das Entscheidende vor den Charts zu erledigen: unsere fachliche Aufgabe zu sehen und zu erfüllen, unser Sein, unser Dasein als Händler so zu gestalten, wie uns das zugemessen ist.

Die entscheidende Frage, die sich jeder Einzelne von uns zu stellen hat, lautet: Wollen wir unser Leben als Händler aktiv mit den uns angeborenen Fähigkeiten und Möglichkeiten gestalten, oder verzichten wir weitgehend darauf und leben wir passiv, indem wir nachahmen, mit fremden Augen sehen, mit fremden Ohren hören und fremde Aussagen sowie Meinungen übernehmen, in der Erwartung, deren Lebensfahrpläne könnten auch für uns vor den Charts brauchbar sein?

Einen wertbeständigen Gewinn verschafft uns das Leben als Händler nur dann, wenn wir immer wieder aufs Neue Auseinandersetzungen mit uns selbst eingehen, um zu erfahren, was für uns – für jeden Einzelnen von uns – richtig ist. Dann stoßen wir auf Folgendes: Das Gemüt bringt – mehr als der Geist – vor den Charts wirklichen Reichtum.

Daraus wiederum resultiert: Wer sein eigenes Gemüt entdeckt und wirksam werden lässt, vermag durchaus sein Schicksal zu gestalten. Und das bedeutet: Nur unser eigenes Produktivwerden zählt. Aber: Dafür müssen wir – aus uns heraus – das Richtige tun und denken …

Ihr Michael Voigt

Für Eryka, Zara & Ben.

Danksagung

Das vorliegende Buch zu schreiben, war mir ein Vergnügen. Was nicht heißen soll, dass es keine Arbeit war – aber es war eben eine sehr angenehme Arbeit. Selbstverständlich hatte ich auch Hilfe. Die meisten, die mir geholfen haben, haben dies unwissentlich getan – indem sie mich dazu ermuntert und angetrieben haben, den Blick über den Chart-Monitor hinaus wandern zu lassen und Sinn in der Gesamtheit der Charts & Co. zu finden. Großer Dank gilt daher auch den vielen Lesern, die mich nach meiner Publikation »Das große Buch der Markttechnik« und der Buchreihe »Der Händler« in Mails ermuntert haben, weiterzumachen.

Mein Dank gebührt gleichermaßen aber auch jenen Menschen, die das Manuskript gelesen, mir gewissenhaft bei der Korrektur von Fehlern geholfen und durch nützliche Bemerkungen zu seiner Ausgestaltung beigetragen haben. Vielen Dank auch meiner langjährigen Lektorin Angela Braun aus Schliersee für die freundliche, wichtige und hilfreiche Unterstützung sowie die »Leselupe«.

Und ich möchte auch meinen Eltern sowie Eryka, Katrin und Sven ganz herzlich danken, die mir im Zeitraum der Bucherstellung den Rücken freigehalten haben.

Gedanke 1: PASST DIE KUTSCHE DURCH DAS TOR?

Eine kleine lustige Geschichte vorab: Zuerst lachte ich herzlich darüber, dann aber wurde mein Gesicht ernst. Ich fing an, über diese Geschichte nachzudenken. Sie begann ungefähr so:

In einem Dorf wollten die Bürger in der guten alten Zeit einen besonders großen, prächtigen Wagen bauen – eine riesige, prunkvolle Kutsche. In der Wagnerwerkstatt der Siedlung hämmerten und schraubten sie die Kutsche mit viel Mühe und Sorgfalt zusammen. Monatelang arbeiteten sie daran. Und dann stand die herrliche Kutsche fertig und glänzend lackiert in der Werkstatt.

»Jetzt können wir sie hinausfahren«, erklärte der Wagenbaumeister. Sein Gesicht strahlte. Man wollte die Kutsche hinausschieben, aber … »Halt!«, schrie der Meister im letzten Augenblick. Auch die Gesellen hatten es gemerkt: Das Werkstatttor war zu eng, die Kutsche passte nicht hindurch.

Eine Weile standen die Männer sprachlos da. »Man muss die Türöffnung weiter machen!«, rief dann einer von ihnen. Mit Hämmern, Picken, Meißeln und Brecheisen ging man daran, die Tür zu verbreitern. »Halt!«, rief da plötzlich wieder einer. »Wir müssen aufhören, sonst stürzt uns das ganze Haus ein!« Tatsächlich knirschte es in der Hauswand bereits bedenklich. Die Mannschaft mauerte die verbreiterte Türöffnung schnell wieder zu. Dann wurde die prunkvolle Kutsche Teil für Teil auseinandergenommen, und die einzelnen Teile wurden durch die Tür hinausgeschleppt.

Wie gesagt, habe ich damals über diese Geschichte herzlich gelacht und wollte gar nicht glauben, dass es wirklich so dumme Menschen auf der Welt gegeben haben sollte. Bald jedoch begriff ich, was die lustige Kutschengeschichte uns lehren sollte. Solche Begebenheiten kommen durchaus nicht nur in der märchen- und sagenhaften guten alten Zeit vor. Sie spielen sich recht häufig auch heute noch in mancherlei Formen um uns herum ab. Man kann sie immer wieder erleben, wenn man einen Blick dafür hat. Schaut man genau hin, erlebt man diese auch im Börsenhandel …

Was haben die Wagenbauer in dem alten Dorf falsch gemacht? Sie arbeiteten voller Eifer. Aber sie vergaßen bei dieser Arbeit eines: das Denken. Gerade das Denken, auf das es in diesem Fall ankam – das richtige Denken. Dieses richtige Denken hätte darin bestehen müssen, sich vor der Arbeit zu überlegen: Bringen wir denn unseren Wagen auch aus der Werkstatt heraus – und auf welche Weise? Dieses richtige Denken hätte den Wagenbauern viel unnötige Arbeit erspart.

Dieses krasse Beispiel möge für die Erklärung genügen, was es mit dem richtigen Denken und dem sich daraus ergebenden richtigen Arbeiten auf sich hat. Richtig und zweckmäßig arbeiten können wir nur dann, wenn wir richtig und zweckmäßig denken! Das ist ein universelles Gesetz. Es gilt für jede Art der Arbeit, für die körperliche wie für die geistige. Es gilt für den Schüler, den Studenten, den Handwerker, den Selbstständigen, den Ingenieur, den Chemiker, den Wissenschaftler und natürlich auch für den Trader und Börsenhändler.

Nur wer richtig und zweckmäßig denkt, kann richtig und zweckmäßig arbeiten. Nur wer nach diesem Grundsatz handelt, kann ein Ziel, das er sich gesetzt hat, mit einem möglichst geringen Aufwand an Zeit und Arbeitskraft erreichen.

»Richtiger Börsenhandel« und demnach »richtiges Denken« sowie »richtiges Arbeiten« wollen offenbar gelernt und geübt sein: Beides ist nur wenigen Menschen angeboren. Selbst Menschen, die als klug oder intelligent gelten, beherrschen gerade nicht immer das richtige Denken, das zum zweckmäßigen Arbeiten gehört.

Es ist also ein Trost, dass das zweckmäßige Denken und mit ihm das zweckmäßige Arbeiten erlernt und geübt werden können. Allerdings gibt es dabei freilich ein »Aber«, das gleich zu Beginn nicht verschwiegen werden soll: Die paar Zeilen, aus denen man das richtige Denken und das richtige Arbeiten im Börsenhandel lernen kann, darf man nicht nur lesen, geschweige denn nur überfliegen. Ein Zaubermittel, das schon durch die reine Betrachtung wirkt, gibt es leider im Börsenhandel nicht.

Es gilt, Hinweise zum Börsenhandel (wie auch in allen anderen Branchen) durchzuarbeiten. Wer sie liest, muss nebenbei üben, er muss die Ratschläge und Hinweise auf die individuelle, eigene Arbeit übertragen. Diese Hinweise muss ein lernwilliger Trader dann auch wirklich befolgen, nicht nur ein einziges Mal, sondern so lange, bis er sie nicht mehr als Übung empfindet, sondern bis sie zur Gewohnheit geworden sind!

Fragen Sie sich also:

Wo passt in Ihrem Leben »die Kutsche *nicht* durch das Tor«? Im Börsenhandel zumindest ist diese Frage sehr wichtig …

Gedanke 2:
IST BENJAMIN FRANKLIN BEREITS IHR VORBILD IM TRADING?

Was gehört nun alles zum richtigen Denken und Arbeiten im Börsenhandel? Eines ist vorab schon klar: Es gehört zunächst dazu zu lernen, von Anbeginn an planmäßig – also nach einem Plan – zu arbeiten. Es gehört dazu, sich in die richtige Arbeitsstimmung zu versetzen, sich für seine Arbeit mit den Charts zu begeistern sowie Zähigkeit und Ausdauer in der Verfolgung seiner damit verbundenen Ziele zu entwickeln.

Hierzu eine kleine Geschichte von einem uns nur allzu bekannten Mann:

Ende Juli 1726 segelte eine Brigg von Gravesend die Themsemündung hinaus. Das Schiff nahm Kurs auf den Atlantik. Als Zielort war Philadelphia bestimmt. Unter den Reisenden an Bord befand sich unter anderem auch ein Zwanzigjähriger. »Er schreibt schon wieder!« Einer der Matrosen stieß seinen Kameraden mit dem Ellbogen in die Seite. »Was gibt es auf einer Seereise eigentlich zu schreiben?« – »Er soll Buchdrucker sein. Vielleicht schreibt er seine Bücher gleich selber?«

»Lasst ihn schreiben! Wir haben anderes zu tun: Das Großsegel flattert!« Die Matrosen kletterten wie Katzen die Wanten empor. Der Zwanzigjährige aber schrieb und schrieb. Er schrieb fast während der ganzen Fahrt.

Als der Segler am 11. Oktober in der Neuen Welt anlegte, nahm der junge Mann einen ganzen Stapel beschriebener Blätter mit an Land. Erst viel später verriet er, dass er auf jener Seereise eine Art Tagebuch geführt hatte. Das Wichtigste und Bemerkenswerteste an diesem Tagebuch war etwas, das der Zwanzigjährige seinen Plan nannte.

- Was war das für ein Plan?

Als der ehemals so junge Reisende in seinem 65. Lebensjahr stand, hat er das Geheimnis dieses Plans seinem Sohn enthüllt, damit auch dieser einen Nutzen daraus ziehe.

»Vielleicht der wichtigste Teil jenes Tagebuchs«, so schrieb er laut seiner Biografie an seinen Sohn, »ist der darin enthaltene Plan, den ich mir auf See ausdachte, um mein künftiges Leben danach zu regeln. Es ist umso merkwürdiger, als ich ihn in meinen Jünglingsjahren aufstellte und dennoch bis in mein hohes Alter ziemlich genau einhielt …«

Der junge Mann, der diesen Plan auf der Seereise von Gravesend nach Philadelphia entwarf und bis in sein hohes Alter befolgte, hieß Benjamin Franklin. Wir wissen, was dieser Buchdrucker, Postmeister, Forscher, Wissenschaftler, Erfinder, Philosoph, Diplomat, Gründervater der Vereinigten Staaten und Weltenbürger in seinem langen Leben alles geleistet hat. Wir wissen auch, dass dieser Benjamin Franklin – sein Gesicht ziert unter anderem die 100-Dollar-Note – das alles nicht von ungefähr, nicht durch Zufall, fertigbrachte, sondern dass er sein ganzes Leben hindurch planvoll vorging, also nach einem Plan arbeitete.

Seit 1726, als Benjamin Franklin seine Seereise ausführte, sind knapp 300 Jahre vergangen. Allerlei hat die Menschheit in diesen Jahren hinzugelernt. Sie kennt und weiß heute Dinge, von denen der selige Benjamin Franklin trotz seiner Universalität nicht die leiseste Ahnung hatte. Aber in einem sind manche Menschen – darunter viele Trading-Anfänger – rückständig geblieben; in einem sind viele Benjamin Franklin unterlegen: im Planen der Arbeit.

So gibt es auch heute noch zahlreiche Menschen, die weder ihre Arbeit noch ihr Leben, geschweige denn ihr Trading planen, die nie einen Plan aufstellen, ja, die kaum jemals etwas von den Vorteilen eines planvollen Handelns gehört haben.

Interessant aber ist: Was würde ein Trader, der ohne Plan agiert, dazu sagen, wenn ein Baumeister, der ihm ein Haus bauen soll, damit beginnen würde, nach Augenmaß einen viereckigen Graben im Boden auszuheben?

Was würde dieser Trader sagen, wenn er in diesem Viereck wiederum nach Augenmaß Stein für Stein aufeinander mörtelte, wenn er da und dort wieder ein Stück der Mauer abreißen würde? Was würde er schließlich sagen, wenn er die Fenster und Türen nach Augenmaß einpassen würde, kurz, wenn er so lange herumprobierte, bis es endlich klappen – oder auch nicht klappen würde?

Fragen Sie sich also:

Was haben Sie für Ihr Leben geplant, welche Pläne haben Sie genau für diesen Monat, diese Woche, den heutigen Tag? Leben Sie bislang womöglich lediglich nach Augenmaß? Und falls nicht: Arbeiten Sie auch – wie Benjamin Franklin einst – nach dem Plan, den Sie sich aufgestellt haben? Im Börsenhandel zumindest ist dies sehr wichtig …

Gedanke 3: DIE LISTE DER EINZUÜBENDEN TUGENDEN

Lieber Leser, wie steht es um Ihre Planungsfähigkeit im Alltag? – Das ist eine spannende und für den Börsenhandel ohnehin wichtige Frage.

Eines ist vorab bereits klar: Die Planungstechnik für die persönliche Arbeit wird leider nicht in den Schulen gelehrt – im Gegensatz zur technischen Planungsarbeit. Um diese zu erlernen, muss beispielsweise der werdende Konstrukteur für Jahre Institute und Hochschulen besuchen.

Aber nur wenige Menschen bemühen sich mit der gleichen Gründlichkeit im Alltag – ebenso im Börsenhandel – um eine *persönliche* Arbeitstechnik. Bevor wir uns weiter mit der Planung der persönlichen Arbeit beschäftigen, wollen wir noch einmal zu Benjamin Franklin und seinem Plan zurückkehren …

Franklin war unzufrieden mit sich selbst. Er wollte etwas an seinem Leben ändern, er wollte etwas verbessern. Wie er selbst sagte, wollte er sich Tugenden aneignen, das heißt Eigenschaften, die er noch nicht in ausreichender Stärke besaß.

Ich wiederhole den Satz nochmals, da es sich lohnt, ihn zu wiederholen: Franklin wollte sich Tugenden aneignen, das heißt Eigenschaften, die er noch nicht in ausreichender Stärke besaß!

Deshalb fing er an zu planen. Franklins Planung ist deshalb besonders lehrreich, weil sie einfach ist, ohne Verwicklungen und Schnörkel. Sie ist übersichtlich und zeigt uns am besten das Wesen der Planung überhaupt. Franklin stellte sich also eine Liste der Tugenden auf, die er sich anerziehen wollte. Hinter jede dieser Tugenden schrieb er einige kurze Vorschriften, die er auszuführen hatte, um sein Ziel zu erreichen. Die Liste seiner Tugenden sah so aus:

1. Mäßigkeit
2. Schweigen
3. Ordnung
4. Entschlossenheit
5. Genügsamkeit
6. Fleiß
7. Aufrichtigkeit
8. Gerechtigkeit
9. Beherrschung
10. Reinlichkeit
11. Gemütsruhe
12. Keuschheit
13. Demut

Diese Tugenden wollte sich Franklin zu Gewohnheiten machen, das heißt, er wollte sie so lange üben, bis er sie nicht mehr bewusst zu befolgen brauchte; sie sollten ihm zu unbewussten, automatischen Handlungen werden!

Noch einmal: Franklin wollte sich Eigenschaften zu automatischen Gewohnheiten machen. Dabei erkannte er sehr wohl eine Tatsache, die die moderne Psychologie bestätigt hat: Man kann nämlich eine solche Reihe von Übungen nicht gleichzeitig ausführen, sondern muss eine nach der anderen hernehmen. Franklin schrieb dazu in seiner für alle nachlesbaren Biografie wortwörtlich:

Da es meine Absicht war, mir die Gewohnheit aller dieser Tugenden anzueignen, so hielt ich es für angemessen, meine Aufmerksamkeit nicht zu zersplittern, indem ich alles auf einmal versuchte. Ich richtete meine Aufmerksamkeit nacheinander nur auf eine von ihnen. Erst wenn ich mich zum Herrn einer der Tugenden gemacht hatte, schritt ich zu einer anderen fort. So sollte es weitergehen, bis ich alle dreizehn durchgemacht haben würde. Da aber die vorherige Erwerbung einiger dieser Tugenden auch die Erwerbung gewisser anderer erleichtern dürfte, so ordnete ich sie wohlüberlegt in der Reihenfolge an, wie ich sie hier aufgezählt habe.

Dann erzählt Franklin, wie er sein Planen praktisch anpackte: Ich machte mir ein kleines Buch, worin ich jeder der Tugenden eine Seite anwies. Dann linierte ich jede Seite mit roter Tinte, sodass sie sieben Felder hatte, für jeden Tag der Woche eins. Jedes Feld bezeichnete ich mit dem Anfangsbuchstaben des Tages. Diese Felder kreuzte ich mit dreizehn roten Querlinien und setzte an den Anfang jeder Linie den Anfangsbuchstaben einer der Tugenden. Auf dieser Linie und in dem betreffenden Feld konnte ich durch ein schwarzes Kreuzchen jeden Fehler vermerken, den ich mir nach genauer Prüfung hatte zuschulden kommen lassen. Ich nahm mir vor, auf jede dieser Tugenden der Reihe nach eine Woche lang genau achtzugeben.

So also plante Benjamin Franklin selbst den Erwerb der angestrebten Tugenden. Seine einfache Methode wurde in seinen eigenen Worten wiedergegeben, um unmittelbar aus der Praxis das Wesen des Planens lebendig werden zu lassen.

Manche Menschen – allen voran angehende Trader – werden gerade angesichts dieses praktischen Beispiels sagen: »Für Benjamin Franklin mag das freilich nützlich gewesen sein. Aber was soll denn ich planen bei meiner Arbeit, in meinem Leben und vor allem: im Trading? Bei meiner Arbeit ist mir alles bis ins Kleinste vorgeschrieben, und im Leben geht doch alles seinen Gang, ob ich es will oder nicht! … Und bei den Charts – Menschenskind, die Kurse machen doch eh, was sie wollen. Mal hab ich Glück – mal hab ich Pech!«

- Aber ist das wirklich so?

Fragen Sie sich also:

Wie steht es um ihre Alltagsliste einzuübender Tugenden? Im aktiven Börsenhandel werden wir auf alle Fälle eine solche Liste mit benötigten Eigenschaften brauchen. Vielleicht legen Sie das Buch kurz beiseite und machen einen ersten Entwurf für eine solche Alltagsliste als Trader.

Gedanke 4: BERGSTEIGER KENNEN DEN UNTERSCHIED ZWISCHEN ZIEL UND PLAN. DER TRADER AUCH?

Lieber Leser, das Ziel ist das eine, der Plan das andere. Viele Trader verwechseln beides oder aber sehen keinerlei Unterschied zwischen den beiden Begriffen. Eines jedoch ist vorab bereits klar:

Wir sollten uns zunächst einmal klarmachen, zu welchem Zweck wir denn – ob im Trading oder im Alltag oder für das ganze Leben – etwas planen und was wir mit unserer Planung erreichen können. Noch klarer als durch Franklins Beispiel wird uns dies, wenn wir auf jene Menschen zurückkommen, denen das Planen auf ihrem Gebiet zur Selbstverständlichkeit, zum Lebensberuf geworden ist:

Warum macht beispielsweise ein Baumeister Pläne oder warum kommt ein Konstrukteur in einer Maschinenfabrik nicht ohne Pläne aus? Weil der jeweilige Mensch etwas ganz Bestimmtes, das zunächst noch nicht existiert, zur körperlichen Wirklichkeit führen will. Weil er etwas ganz Bestimmtes erreichen möchte, weil er ein bestimmtes Ziel vor sich sieht. Achtung: Der Nachdruck liegt hier auf dem Wort: bestimmt.

Der Architekt oder Baumeister will nicht irgendein Haus errichten, wenn er sich an die Planung macht. Der Konstrukteur in der Maschinenfabrik will nicht irgendeine Maschine bauen. Wenn sie sich an die Planung machen, haben die beiden bereits das, was man ein Ziel nennt: Der Baumeister will zum Beispiel ein Einfamilienhaus mit soundso vielen Haupt- und Nebenräumen in einer bestimmten Preislage errichten – der Maschinenkonstrukteur will einen ICE mit soundso vielen Tonnen Zugkraft und einem bestimmten Eigengewicht zustande bringen.

Damit haben wir etwas gefunden, das unbedingt vor dem Erlernen des Tradings durchdacht werden sollte: das Ziel. Es muss ein Ziel geben. Denn: Allein vom Ziel geht die Planung im Trading aus! Ziele sind möglichst genaue Vorstellungen davon, was man haben oder erreichen will. Und ab jetzt wird es für 90 % der Trading-Anfänger etwas nebulös. Denn: Was will man mit dem Trading erreichen?

Ob nun bei einem Baumeister im Speziellen, oder einem Menschen im Alltag ganz allgemein – stets gilt: Je genauer die jeweilige Vorstellung ist, je mehr Einzelheiten, Zahlen, Maße, Daten, Gewichtsangaben sie enthält, desto schärfer ist das Ziel erfasst. Desto zweckmäßiger geht entsprechend auch die nun folgende Planung vor sich. Der Maschinenbauer wird dieses Ziel nicht nur in seiner geistigen Vorstellung vor sich haben – er wird es konkret, Punkt für Punkt, schriftlich niederlegen. Das ist also die Arbeit, die jedem Planen vorausgehen muss: das präzise Niederlegen des Ziels, am besten mit Bleistift und Papier.

Der Amerikaner King C. Gillette beispielsweise arbeitete ein ganz konkretes Ziel aus, als er sich selbstständig machen wollte. Er beabsichtigte nicht, irgendetwas zu erfinden, sondern ausdrücklich »einen Gegenstand, der die Menschen für ihr ganzes Leben nötigen sollte, bei ihm zu kaufen«. Eines Tages war dann, während er sich rasierte, die konkrete Idee für diesen Gegenstand plötzlich da: die Idee für ein Rasiermesser, das aus einer Klinge und einem Klingenhalter bestehen müsse. Daraus ist der Rasierapparat geworden – Gillettes große Erfindung.

Worin besteht also Ihr Ziel, um mit dem Börsenhandel zu beginnen?

Das ist eine höchst spannende Frage. Denn »einfach nur viel Geld zu verdienen«, ist mehr als unzureichend! Eine solche Antwort würde einem Bergsteiger gleichen, der sein Ziel formuliert mit den Worten: »Ich geh in die Natur!«, und nun daraufhin zu planen beginnt. Was genau soll er bei diesem mehr als ungenauen Ziel »Naturerlebnis« planen? Denn: Egal, was er sich vornimmt, er wird immer von Natur umgeben sein …

Das ist beim Trading-Anfänger ähnlich, der – gleichgültig, was er an den Charts unternimmt – immer mit Geld zu tun haben wird. Besser wäre es demnach, es als Trader jenem Bergsteiger gleichzutun, der beispielsweise einen noch nicht bezwungenen Gipfel im Fernglas aufleuchten sieht und sich vornimmt, ihn zu besteigen. Seine Fantasie malt ihm aus, wie schön es sein wird, auf dem Gipfelgrat in der leuchtenden Sonne zu stehen. Sie gibt ihm eine Vorahnung davon, wie er dort oben viele Kilometer weit über Schneefelder und Gletscher in die Gebirgswelt schaut. Jetzt aber ruft eine Stimme in ihm: »Halt!« Er wird nicht jetzt gleich aus dem Stand auf den Gipfel losstürmen. Er wird einen Plan machen, wie er den Gipfel bezwingen, also sein Ziel erreichen kann. Er wird konkrete Landkarten studieren und sich mögliche Routen überlegen. Dann wird er Berichte früherer Bergsteiger lesen, denen die Besteigung dieses Gipfels nicht gelungen ist. Er wird sich fragen, warum es ihnen nicht geglückt ist. Mit seinem Fernglas wird er immer wieder den Berg absuchen, um den günstigsten Aufstiegsweg zu finden. Zudem wird er eine Liste aufstellen, was er an Proviant und an Hilfsmitteln benötigt. Er wird überschlagen, wie lange die Tour voraussichtlich dauern wird. Alle fördernden und hemmenden Möglichkeiten wird er mit seinem Verstand zu berücksichtigen suchen …

Erst nach Wochen hat der Bergsteiger seinen Plan fertiggestellt. Kurzum: Er geht Schritt für Schritt daran, ihn auszuführen. Proviant und Hilfsgeräte werden beschafft. Zum richtigen Zeitpunkt beginnt er den Aufstieg, und zwar dort, wo er laut Karten und den Berichten gescheiterter Bergsteiger den besten Weg identifiziert hat.

Fragen Sie sich also:

Das *Ziel* ist das eine, der *Plan* das andere. Worin besteht Ihr Ziel, das Sie überhaupt erst einst zum Börsenhandel und Trading geführt hat oder das Sie motiviert, zukünftig damit zu beginnen? Wie viele Ziele können Sie hierzu notieren?

Sollte das Blatt leer bleiben, wozu sollten Sie dann über einen persönlichen Plan – über Charts, über Ein- und Ausstiege – reden? Oder mit anderen treffenden Worten: Welcher Plan könnte je einem unbeschrieben Ziel-Blatt dienen?

Gedanke 5: WAS IST IHR MOTIV FÜR DIE CHARTS? WAS SIND RICHTIGE UND FALSCHE ZIELE?!

Im vorigen Abschnitt wurden die Ziele für den Beginn mit dem Trading angesprochen. Und? Konnten Sie Ihre Ziele auf ein Blatt Papier schreiben?

Eines ist vorab bereits klar: Welche Ziele könnte es beispielsweise in der persönlichen Arbeit, im Beruf, im Leben geben? Nun, es gibt Tausende solcher Ziele. Man könnte sich wünschen, mehr zu verdienen, Fremdsprachen zu erlernen, den Umsatz zu steigern, Ingenieur zu werden und so weiter …

Das sind, in dieser Form aufgestellt, natürlich schöne und dennoch zwecklose Wünsche. Gerade so, wie sie hier stehen, fehlt ihnen das Wirksame und Wesentliche: die Genauigkeit.

Kurzum: Wünsche sind viel zu unbestimmt, viel zu ungenau, um als Ziele zu taugen. Wir können sie in dieser Form nicht für eine ernsthafte Arbeit gebrauchen. Würde ein Baumeister oder Konstrukteur nur den Wunsch formulieren, ein Haus zu bauen oder eine Maschine zu konstruieren, wäre das genauso unbrauchbar. Präzise formuliert müssten die genannten Ziele beispielsweise so lauten: »Ich will bis zum Ende dieses Jahres mein Monatseinkommen von 2.000 auf 4.000 Euro steigern, ohne meine Arbeitszeit dabei zu verdoppeln!« Oder: »Ich will innerhalb der nächsten zwölf Monate die englische Sprache so erlernen, dass ich in meinem Fachgebiet englische Briefe absolut richtig schreiben kann!« Oder aber: »Ich will im nächsten Jahr – mit der Einführung des neuen Produkts – meinen Umsatz um 30 Prozent steigern.«

Mit anderen Worten: Erst wenn wir geübt haben, unsere Ziele genau zu umreißen, kommt der nächste Schritt: das eigentliche Planen, der eigentliche Plan. Wir müssen genau wissen, was wir mit dem eigenen Börsenhandel und Trading zu bewirken gedenken. Es ist nötig, uns zu dieser Genauigkeit zu erziehen, und diese muss weiter reichen als bis zur Aussage: »Mein Ziel: Möglichst viel Geld!« Wir müssen das so präzise und konkret (also bereits vorstellbar) tun, als wären wir Baumeister oder Konstrukteure!

Aber Achtung:

Es sei daran erinnert, dass das Ziel nicht falsch sein darf. Denn: Es gibt auch falsche Ziele. Es wäre sinnlos, uns etwas vorzunehmen, das schon gemäß einfachem Menschenverstand unerreichbar ist. Es gibt allerdings Fantasten genug, die solchen Luftspiegelungen nachjagen. Das schmerzliche Alltagsbeispiel dafür ist jene Hausangestellte, die einen rührseligen Film gesehen hat und ein paar Tage lang glaubt, von nun an für eine ähnliche Rolle berufen zu sein.

Nicht besser ist das Beispiel eines jungen Mannes, der den Vortrag eines Brokers gehört hat und aufgrund dessen seinen Job kündigt und fortan das Ziel verfolgen will, seine Familie mit Trading zu ernähren. Solche Ziele sind natürlich gar keine wirklichen Ziele, es handelt sich dabei um Irrtümer. Denn: Wenn die Hausangestellte und der junge Mann ebenso vorab anfangen würden, einen Plan zu machen, würde wohl das ganze Vorhaben schon beim Start der Planung ins Stocken geraten. Der oder die Betreffende würde dann sofort merken, dass jegliche Voraussetzung fehlt, um ein derartiges Ziel anvisieren zu können.

Auf der anderen Seite aber wäre es auch falsch, bei der eigenen Zielsetzung die Fantasie ganz auszuschalten. Eine solche Nüchternheit, ein solches Übermaß an »Ratio« – an Vernunft – wäre mindestens ebenso unzweckmäßig wie eine unrealistische Träumerei.

Fragen Sie sich also:

Wieso wollen Sie mit dem Börsenhandel beginnen? Warum bedeutet Ihnen das Trading etwas?

Wichtig: Wer die Frage nach dem Sinn und dem Ziel zu oberflächlich betrachtet, kommt leicht zu einer Antwort, die etwa so lautet: »Naja, die Börse bedeutet mir eben … viel!« So pauschal beantwortet, besitzt das Dasein als Händler tatsächlich einen Sinn, wenn auch nicht aus neutraler Sicht.

Aber: Es geht im Grunde ja vielmehr darum, welchen Wert das Dasein als Trader für das eigene Leben hat. Kurzum: Warum erachten Sie das Dasein als Trader für wichtig und für lebenswert? Oder noch deutlicher: Wenn Geld das Wichtigste – weil offenbar das einzig Vergleichbare – am Börsenhandel ist, ist Geld demnach auch der Zweck, weshalb Sie mit dem Handel beginnen?!

Diese Frage ist spannend. Denn: Mit dem Thema Geld verknüpft ist für einen Trader idealerweise auch der Genuss, dieses Geld durch eigenes planvolles Handeln zu mehren und davon Dinge zu bezahlen, die Freude machen. Die Fragen, warum Sie als Trader hier sind und was Ihr Motiv ist, sich mit den Charts zu beschäftigen, sollten Sie niemals unbeantwortet lassen …

Gedanke 6: TRADING – DASEINSQUALITÄT DURCH MEHR FREIZEIT?! DIESEN FEHLER SOLLTEN SIE UMGEHEN

Reden wir vorab vom Ziel »mehr Freizeit«: Eben wegen der Möglichkeit, ohne finanzielle Einbußen mehr Freizeit zu haben, wollen viele Trading-Anfänger zukünftig ihr Bestes als Trader geben! Doch bereits an dieser Stelle der Hinweis: Von ihrem einstigen Ziel »mehr Freizeit« wollen viele Trader später gar nicht mehr viel wissen – das ist wirklich so!

Viele Trading-Anfänger machen in den ersten Monaten und Jahren ihres Tuns nur allzu oft eine merkwürdige, wenig erfreuliche Erfahrung. Sie müssen sich vermehrt fragen: Wo sind denn jene Trades auf großen Zeiteinheiten oder Trends, bei denen sie, in der Lounge des Flughafens sitzend und auf den Flieger wartend, übers Handy kurz mal die Stopps nachziehen können, um sich dann – gut gebräunt vom gerade beendeten Urlaub – für einige weitere Wochen in den nächsten zu begeben?

Wer sein zukünftiges Trading zu planen beginnt und seine Ziele niederschreibt, der sollte seine Taschenlampe sehr genau auf das Ziel richten, das umschrieben ist mit den Worten: »Ich beginne mit dem Börsenhandel, damit ich viel Freizeit habe.«

Denn: Es gilt, den Fehler jener Trader zu vermeiden, die der eigenen Familie den Schritt zum Börsenhandel einst damit begründet hatten, fortan unendlich viel mehr Zeit für Familie und Kinder zu haben. Denn in der Folgezeit sieht man von diesen Tradern seltsamerweise keinen nachmittags im Tierpark mit seinen Kindern die Elefanten und Giraffen bestaunen, während alle eine Eistüte in der Hand halten. Stattdessen sind jene Trader froh, dass der Kindergarten bis 17 Uhr geöffnet ist, um auf diese Weise – Gott sei Dank – noch die Wirtschaftszahlen um 14:30 Uhr und die US-Markteröffnung auf dem Tick-Chart verfolgen zu können.

Sprich: War das Trading ursprünglich dafür vorgesehen, die eigene Daseinsqualität durch mehr Freizeit zu verbessern, wurde es plötzlich zum Zeitfresser. So mancher Trader sieht den Wert seiner Tätigkeit nur noch darin, pausenlos zu arbeiten und nahezu alle Stunden des Tages und damit auch sämtliche zwischenmenschlichen Beziehungen, dafür zu opfern.

- Man beachte: Der Markt ist 24 Stunden geöffnet …

Auch wenn das Trading geplant ist, die eigene Familie zu fördern und Freundschaften zu pflegen, ist es sehr wahrscheinlich, dass manch ein Trading-Anfänger seine sozialen Kontakte zugunsten der Charts vernachlässigt. Oft merkt der Betroffene erst spät, dass das ein schlechter Handel gewesen ist, weil sich seine Familie nach einer gescheiterten Beziehung und dem Abbruch der Kontakte zu den eigenen Kindern für keinen Betrag der Welt zurückkaufen lässt.

Kurzum: Den Tag zu genießen und dies zum Zwecke des eigenen Tradings zu machen, führt bei den meisten Tradern zu einer paradoxen Situation! Denn wer einmal mit dem Börsenhandel angefangen hat, wird es womöglich als größte Torheit empfinden, statt vor den Charts zu sitzen, am Strand spazieren zu gehen. Denn während dieses Strandspaziergangs könnte der Betreffende die finanzielle Grundlage verpassen, die solche sorglosen Strandspaziergänge überhaupt möglich machen ...

Fragen Sie sich also:

An jedem einzelnen Handelstag sollten Sie folgende Fragen nicht versäumen: Warum interessieren Sie sich für die Charts? Mal angenommen, dass alles Wichtige seine Bedeutung von etwas noch Wichtigerem erhalten muss; wie sieht das demnach bei Ihnen aus?

- Geht es Ihnen ums Geldverdienen?
- Brauchen Sie mehr Geld?
- Wofür genau brauchen Sie mehr Geld?
- Sind Sie aktuell demnach ein armer Mann?
- Oder geht es Ihnen um Ihre Hobbys und Ihre Freizeit?
- Wenn ja – um welche Freizeitbeschäftigungen genau?
- Und: Brauchen Sie das Trader-Leben zur Ausführung Ihrer Hobbys wirklich?
- Oder: Könnten Sie Ihre Hobbys aktuell nicht auch ohne Börse bestreiten?
- Was ist das Ziel, was ist Zweck Ihres Tradings?

Oder auf den Punkt gebracht: Verheizen Sie die Axt als Brennholz, oder benutzen Sie sie, um Brennholz zu gewinnen?

Gedanke 7: BESTÜRZUNG, DEN EIGENEN RAHMEN NICHT ZU FINDEN – EINEN WEITEREN TRADING-FEHLER VERMEIDEN

Lieber Leser, ein »ganzer Mann« zu werden, der seine Freiheit lebt, manifestiert in dem Wissen, dass es auch morgen noch einen Handelstag geben wird – dies ist das höchste Ziel eines Traders.

Eines ist vorab aber schon klar: Um mit dem Börsenhandel zu beginnen, sind – wie genügend beschrieben – Ziele und Pläne notwendig. Denn: Man nähert sich offenbar dem Thema »Geld« nicht, ohne sich auch dessen Zweck zu nähern. Mit einem Auge schauen Sie sozusagen auf die Dollars und Euros und mit dem anderen auf den Genuss, der mit dem Ausgeben dieser Euros und Dollars verbunden ist.

Kurzum: Neben dem Geld spielen offenbar Freizeit und Freiheit die größte Rolle, das Leben als Trader für erstrebenswert zu halten. »Endlich Freiheit – endlich kein Chef mehr!« Allzu verlockend erscheint die angestrebte grenzenlose Freiheit, nun endlich alles allein von zu Hause aus dem stillen Kämmerlein heraus erledigen zu können. Der bisher gewöhnte, durchchoreografierten Alltag, die Rechtfertigungen fürs eigene Tun, der weisungsgebende, kanalisierende Chef, die äußere, starr vorgegebene Struktur – dass all das der Vergangenheit angehört, ist ein lohnenswertes Ziel, aber durchaus auch eine hoch anzusetzende Hürde.

- Warum?

So manch ein Trading-Anfänger wird sich mit fortschreitender Zeit und angesichts des zunehmenden Fachwissens auf seinem Gebiet die Gewohnheit aneignen, mehrere Gedanken zugleich zu hegen. Seine Verwirrung wird steigen, je mehr er sein Bedürfnis begreift, auf einen Schlag hinauszuschlüpfen aus dieser unendlichen Freiheit – sprich der Freiheit, alles tun zu dürfen …

Daher gilt es, im Börsenhandel nicht jenen Tradern nachzueifern, die keinen geäußerten oder geschriebenen Vorschlag annehmen und auch eigenen Erkenntnissen gegenüber immun sind und sich stattdessen wie ein durch die Galerie des Börsenhandels irrendes Gespenst verhalten, das voll Bestürzung den eigenen Rahmen nicht finden kann, in den es hineinschlüpfen soll.

Um es klar zu sagen: Die Freiheit genießen – das wollen übrigens viele Trader, nur schaffen es leider nicht alle. Die so hoch bewertete und angestrebte Freiheit erwächst selbst zum Hindernis! Denn: Würde der Trader sich in einen festen Rahmen begeben, würde das was bedeuten? Dass er im stillen Einvernehmen damit leben muss, dass es vielleicht noch andere, bessere beziehungsweise sogar perfekte Pläne (später nennt man es Regelwerke) gibt, die seinen Hang zum Perfektionismus besser befriedigen könnten.

Erklärtes Ziel eines Händlers wird daher neben dem Geldverdienen immer sein: In der unendlichen Weite und Freiheit zu lernen, den eigenen Landeplatz zu finden und damit ein für alle Mal einen Ankerpunkt zu setzen.

Mit anderen Worten heißt das: Neben dem Geld ist es das höchste Ziel eines Trades, seinen Rahmen zu finden und bei sich zu bleiben.

Bei sich zu bleiben – das ist eine Kunst, die es wiederzuentdecken gilt. Und gewiss ist es tatsächlich eine Kunst. Denn: Es bedeutet für viele Trader einen enormen Energieaufwand, ohne den festen Rhythmus eines geordneten Tagesablaufs zu leben und täglich neue Energie in die Strukturierung des eigenen Tages zu stecken.

Fragen Sie sich also:

Sind Sie wirklich bereit, mit der neu gewonnenen Freiheit umzugehen? Und: Sind Sie wirklich bereit für die Kraftanstrengungen, neben den fachlichen auch die alltäglichen Strukturen im Trading zu bewältigen?

Gedanke 8: TRADING – GENIE, EINGEBUNG ODER FLEIß?

Manche Menschen glauben, Persönlichkeiten, vor allem Genies, benötigten keine besondere Arbeitstechnik. Sie glauben, dass alles, was diese genialen Geister schaffen, ihnen als eine Art Geistesblitz, als Eingebung, plötzlich und mühelos zufiele. Gilt das auch für den Börsenhandel?

Zunächst eine Anmerkung zum Thema »Geistesblitz«: Gewiss sind wir uns einig, dass eine solche Anschauung nicht nur der Erfahrung, sondern auch jeder Naturgesetzlichkeit widerspricht. Jegliche schöpferische Arbeit, und so gewiss auch der Börsenhandel, ist wie alles den natürlichen Gesetzen unterworfen, wenn sich hier die Vorgänge auch hin und wieder auf einer höheren Ebene abspielen als bei der physikalischen oder chemischen Umsetzung von Energie.

Doch haben alle hochbegabten Menschen, ob Erfinder, Dichter, Schriftsteller, Musiker oder Künstler, während ihres ganzen Lebens mit unendlichem Fleiß und meist in planvoller Arbeit eine Unmenge »Rohstoff« aus ihrem Spezialgebiet in sich angesammelt. Sie haben sich diese Ressourcen durch planvolles Lesen, Beobachten, Denken, Umdenken sowie durch planvolle, praktische Arbeit geschaffen. Das ist allemal ihre Planungstechnik gewesen. Dann allerdings kam eines Tages tatsächlich die »Eingebung«, der »Geistesblitz«, der »göttliche Funke«. Diese Menschen schufen aus der Anschauung des alten Materials scheinbar auf einen Schlag unvermittelt etwas ganz Neues. Ihre Eingebungen gehören zu den Kennzeichen der Genialität.

Von allen Genies wissen wir, welch mühsame Vorarbeit sie bis zum betreffenden Zeitpunkt geleistet haben. Goethe prahlte beispielsweise nie mit seinen Geistesblitzen. Er hob im Gegenteil immer wieder hervor, welch mühselige Kleinarbeit er fortwährend leistete. Er schilderte häufig, wie er, manchmal freilich fast unbewusst, Stein um Stein zusammentrug.

Von Archimedes, den größten Mathematiker des Altertums, weiß man: Nirgends in der Mathematik lassen sich schwierige und wichtige Sätze in einfacheren, reineren Formeln und Figuren darstellen, als es durch ihn geschah. Dies schreiben manche der Begabung des berühmten Mannes zu, während andere glauben, dass man durch unentwegten Fleiß schließlich allem den Anschein geben könne, als sei es ganz leicht und ohne alle Mühe zustande gekommen. Durch bloßes Suchen fände wohl keiner einen schwierigen mathematischen Beweis von selbst. Zeigt man einem Menschen dagegen die Herleitung eines solchen Beweises, dann kommt er alsbald auf den Gedanken, dass er das wohl auch selbst hätte herleiten können – so glatt und rasch erscheint der Weg, den Archimedes zuvor beschritten hat.

Wie steht es demnach mit dem Börsenhandel?

Hat hier die Eingebung oder der Fleiß den höheren Stellenwert? Gewiss gibt es auch im Trading eine Art Eingebung! Nur definiert man sie gewiss nicht dadurch, dass einem Trader nachts die Botschaft zuteilwird, dass der Silberpreis morgens um zwei Dollar fallen wird oder dass sich ihm im Halbschlummer der Mittagssonne ein Crash im Währungspaar EUR/GBP ankündigt. Gleich gar nicht umfasst der Begriff »Eingebung«, dass ein Trader blitzartig jenes bedeutsame Gesetz oder hundertprozentige Regelwerk entdeckt, das im Börsenhandel auch »heiliger Gral« genannt wird.

Hingegen kann es schon passieren, dass einem Trader eines Morgens beim Aufwachen plötzlich die richtige Lösung auf eine bedeutsame Frage zu seinem Handelsstil, seinem Regelwerk einfällt. Auch hat er womöglich eine Verbesserung vor Augen hinsichtlich der Art, wie er sein Trading administriert. Oder er kommt darauf, wie er beispielsweise die Suche in den Charts auf gewisse Art vereinfachen kann.

Für einen uneingeweihten Trading-Anfänger sieht dann eine Aussage wie beispielsweise, »Ich handle nur noch in Korrekturen auf mittleren Trendgrößen mit Limit-Orders und unscharfen Stopp-Techniken«, wie eine mühelose Eingebung oder ein müheloser Einfall aus dem Nichts aus. Der Trading-Anfänger sieht dabei nicht, wie lange und planmäßig der erfahrene Trader vergeblich um diese Lösung gerungen hat, also welche ungeheure Vorarbeit hierfür notwendig war. Welch lange Zeit des Denkens und Suchens der erfahrene Trader für dieses Problem aufgewendet hat, erschließt sich dem unerfahrenen Zuschauer nicht. Es gilt daher auch im Börsenhandel, dass für inhaltliche Leistungen ein gewisser Zeitaufwand unabdingbar notwendig ist. Die Zeit muss reif sein.

So gilt im Börsenhandel wie im Alltag: Nicht durch eine außerordentliche Gabe des Geistes, nicht durch eine spontane Inspiration, nicht plötzlich und unvermutet und schon gar nicht schlagartig gelangt ein Trader zu einem erfreulichen inhaltlichen Resultat, sondern durch folgerichtiges Bemühen, also durch zweckvolle, planmäßige Arbeit! Wenn schon der geniale Goethe eine solche Arbeitstechnik nötig hatte, um wie viel nötiger haben wir anderen sie in unserem Beruf und im täglichen Leben und vor allem auch im Trading?!

Fragen Sie sich also:

Wo haben Sie diese Woche einen Geistesblitz erfahren? Und: Wie ist es dazu gekommen?

Gedanke 9: WAS WOLLEN SIE? OBST? ODER EINEN APFEL?

Vor ein paar Tagen kam meine Tochter zu mir: »Papa, ich will Obst essen!«
Ich gab ihr einen Apfel.
Sie schüttelte den Kopf: »Nein, ich will Obst essen!«
Ich gab ihr eine Birne.
Sie schüttelte den Kopf: »Nein, ich will OBST!«
Ich bot ihr Pflaumen und Kirschen an.
Aber sie schüttelte den Kopf und verschmähte auch diese Früchte: »Nein, Nein, NEIN!!! Ich will OBST essen, nicht DIESE blöden Sachen!«

Eines ist klar: Ähnlich ergeht es augenscheinlich auch so manchem Trader:

Er will keine Minus-Trades einfahren, sondern traden.
Er will keine kleinen Gewinne realisieren, sondern traden.
Er will nicht nach den besten Gelegenheiten suchen, sondern traden.
Er will auch nicht auf die besten Gelegenheiten warten, sondern traden.
Er will nicht die Existenz anderer im Orderbuch wahrhaben, sondern traden.
Er will seine Chancen nicht diversifikativ verteilen, sondern traden!
Er will nicht Vernunft aufbringen, sondern traden!

Er will kein Fachwissen anwenden, sondern TRADEN!
Er will keine Trades auswerten, sondern TRADEN!
Er will keine Rückschlüsse ziehen, sondern TRA-DEN!!
Er will sich nicht den Spiegel vorhalten, SON-DERN TRA-DEN …!!!

Fragen Sie sich also:

Worin sehen Sie, lieber Leser, den Unterschied zwischen meiner Tochter und einem solchen Trader?

Gedanke 10: WIE DICK UND BUNT IST IHRE TRADING-BEGEISTERUNGS-MAPPE?

Die richtige Arbeitsstimmung ist ebenso wichtig wie die Summe an Kenntnissen und Fähigkeiten, die Sie zur Arbeit und zum Trading benötigen. Sie ist nämlich der Motor, der die Antriebskraft für unsere Arbeit liefert.

Ich kannte einmal einen jungen Menschen, den eine seltsame Sammelleidenschaft gepackt hatte. Lange wusste ich über diese Leidenschaft nicht viel mehr, als dass er einige große Hefter besaß. Immer wieder ließ er in diesen Mappen ein Blatt Papier, einen Zeitungsausschnitt, ein Bild, das einer Zeitschrift oder Zeitung entnommen war, verschwinden. Er hütete diese Hefter wie ein großes Geheimnis. Eines Tages aber, nachdem ich ihn einige Male schon wegen seiner Geheim-Hefter geneckt hatte, schlug er einen nach dem anderen lächelnd auf …

Ich staunte über den Inhalt, der sich mir offenbarte: Blatt für Blatt lagen da Lebensbeschreibungen und Bilder bekannter Menschen, Bilder von Häusern, schönen Autos, Artikel über Lifestyle und die Umsetzung großer Taten. »Schau«, erklärte er mir. »Die meisten Menschen glauben, es würde genügen, wenn sie Kenntnisse um Regelwerke, Fähigkeiten, einen ausgeruhten Körper und Geist mitbringen. All das würde doch ausreichen, meinen sie, um an die Arbeit gehen zu können. Mir aber schien es, als fehlte dabei noch etwas, was man unbedingt für seine Arbeit braucht. Mir schien, als müsste man noch etwas hinzutun, bevor man an die Arbeit geht, und als sei das genauso notwendig wie das Spitzen des Bleistifts vor der Arbeit.«

»Verstehst du, was ich meine?«, fuhr mein Freund fort, nachdem er einige Blätter in seinen Mappen geordnet hatte. »Ich meine – die Begeisterung für die Arbeit! Man muss sich immer wieder, bevor man sich an die Arbeit setzt, für sie begeistern. Dazu brauche ich meinen kleinen Trick!«

Der junge Mann hatte recht. Die Hilfe, die er ausgeklügelt hatte, war weit mehr als bloße Liebhaberei oder Spielerei. Sie war eine wichtige Stütze für ihn, ein Bestandteil seiner Arbeitstechnik. Was machte er denn mit den gesammelten Zeitungsausschnitten, Bildern, Erzählungen und Notizen, die er in seinen Mappen sammelte? Er ließ sich durch die Biografien und die Darstellung von Einzelheiten aus dem Schaffen großer, erfolgreicher Menschen zu seiner eigenen Arbeit inspirieren. Er stellte sich diese Männer vor, wie sie strebten und wirkten und schließlich Erfolge erzielten.

Kurzum: Mein junger Freund holte sich also aus seinen Sammelmappen zwar keine fachlichen Anregungen, dafür aber Arbeitsfreude, Begeisterung und Liebe zu seinem Beruf.

Frage also: Haben Sie als Trader auch eine solche Mappe?

Eine Mappe, die Ihre Ziele visualisiert? Eine Mappe, die Sie – nach fünf Minus-Trades – weiterhin für den Börsenhandel begeistert?

Es gilt ja die folgende Weisheit: »Glücklicherweise wird alles interessant, womit man sich ernstlich beschäftigen muss.« Wir sollten als Trader diesen Ausspruch vielleicht ein wenig ergänzen und wohl auch berichtigen. Das »Muss«, der Zwang allein, kann eine Arbeit für uns nämlich noch nicht interessant gestalten. Wir sollten von uns aus noch etwas dazutun.

Wir sollten uns die Arbeit selbst interessant gestalten! Rar gesät sind diejenigen Menschen, die so innig mit ihrer Arbeit verwachsen sind, dass sie ohnehin unentwegt in einer Art Begeisterung, in einem Glücksrausch für diese Arbeit leben.

Aber sogar bei solchen Menschen treten zwischendurch immer wieder Stunden auf, in denen ihre Begeisterung ermattet oder ganz zu erlahmen droht. Das kann besonders dann der Fall sein, wenn erhebliche Schwierigkeiten oder unangenehme Ereignisse – und dies gilt allen voran für Trading-Anfänger – vorkommen, oder wenn unbedingt eine ermüdende Kleinarbeit geleistet werden muss. Nicht nur im Alltag, sondern auch im Trading müssen wir uns auf irgendeine Weise Ausdauer und neue Schwungkraft verleihen. Ein Trader ist besonders darauf angewiesen, sich ganz bewusst immer wieder Begeisterung für seine Arbeit zu verschaffen und sich dadurch in die richtige »Arbeitsstimmung« zu versetzen.

Kurzum: Gerade für Trader gilt, dass die richtige Arbeitsstimmung kein abseitiger oder sogar unbekannter Begriff sein darf …

Fragen Sie sich also:

Wie viel Begeisterung empfinden Sie heute für Ihre Arbeit als Trader und wie leicht fällt es Ihnen, geduldig zu sein, um vor den Charts auf ein sauberes Handelssignal zu warten?

Gedanke 11: BIST DU MEISTER DEINER EIGENEN ARBEITSSTIMMUNG?

Besondere Freude bereitet uns die Arbeit – allen voran das Trading –, wenn sie glatt, reibungslos und ohne Störungen verläuft. Um das zu erreichen, müssen wir uns fragen: »Was kann ich tun, um diese Arbeit besonders angenehm und reibungslos zu gestalten?«

Einer der größten Meister in der Kunst, seine Arbeitsfreude zu heben und sich planvoll in die richtige Arbeitsbereitschaft zu versetzen, war Goethe. Er musste sein ganzes Leben schwer damit ringen, jeweils in der richtigen Arbeitsstimmung zu sein, und dachte sehr viel darüber nach. In Gesprächen und Aufzeichnungen ist uns viel von seiner Arbeitstechnik überliefert.

Goethe wusste zum Beispiel genau, dass Wetter und Klima Arbeitsstimmung und Arbeitsfreude beeinflussen. Er selbst brauchte Licht und Wärme. Den Winter hasste er. Die kurzen, dunklen Tage im Dezember drückten ihn jedes Jahr nieder. Seine Arbeitsmotivation verlief in gewissem Sinn genauso wie die Licht- und Sonnenkurve. Er wusste und verfolgte auch, wie sich seine geistige Leistungsfähigkeit nach dem Barometerstand richtete.

Goethe wusste, dass reine Luft seine Schaffenskraft hob. Schiller dagegen hatte ein gänzlich anderes Mittel für sich gefunden: Er kam in die richtige Arbeitsstimmung, wenn er den Geruch fauler Äpfel um sich hatte. Ständig verwahrte er ein paar solcher »Stimmungserreger« in der Schublade seines Schreibtischs. Goethe hatte noch andere Eigenarten auf diesem Gebiet. Es hat kaum einen Geistesarbeiter gegeben, der so wenig sesshaft war wie er. Selbst beim Arbeiten in seinem Studierzimmer saß er fast nie. Er hatte sich seine Arbeitsmethode genau zurechtgelegt. Fast alles diktierte er beim lebhaften Hin-und-her-Gehen oder brachte es im Stehen an seinem Schreibpult zu Papier. Sogar beim Lesen stand er am Pult. 1780 schrieb er in sein Tagebuch: »Was ich Gutes finde in Überlegungen, Gedanken, ja sogar Ausdruck, kommt mir meist im Gehen. Sitzend bin ich zu nichts aufgelegt.«

Spannend!

Oft sind es Kleinigkeiten, die dem Unwissenden belanglos erscheinen. Die Frage lautet demnach: Wie kann ich meine Arbeit möglichst angenehm und leicht bewerkstelligen? Darüber sollte auch ein Trader nachsinnen.

Natürlich kann ein Trader nicht nur im Sommer oder nur an der frischen Luft handeln. Er muss dann handeln, wenn ein Signal kommt, egal ob im Winter oder Sommer, im Sitzen oder Stehen. Dennoch gilt es zu ergründen, lieber Leser: Haben Sie den Vorgang Ihrer Arbeit, Ihres Tradings schon mal untersucht und herausgefunden, welche Umstände Ihre Arbeitsstimmung heben?

Arbeiten Sie beispielsweise gern im Café?
Oder allein zu Hause?
Im Urlaub, mit Blick aufs Meer?
Oder doch lieber allein in einem dunklen Raum?
Im Schwimmbad oder doch lieber im Großraumbüro?
Ist Ihre Arbeitsstimmung morgens besser? Abends? Nach dem Sport? Vor dem Sport? Beim Musikhören?
Fühlen Sie sich mit Laptop wohler oder brauchen Sie zehn Bildschirme?

Wann ist Ihre Arbeitsstimmung am höchsten, wann am niedrigsten? Jeder Trader hat seine individuellen Merkmale – und das können durchaus viele sein.

Kurzum: Ein Trader sollte sich frühzeitig daran gewöhnen, auch die langweiligen Arbeiten, bei denen immer das Gleiche zu wiederholen ist, für sich angenehm zu gestalten. Schließlich gilt: Er muss gelegentlich Hunderte von Perioden abwarten, Stopps setzen oder die Suche in Märkten in vielfacher Wiederholung bewerkstelligen. Aus der Aufgabe ergibt sich alsbald die Herausforderung, wie sich dieser Alltag am zweckmäßigsten und förderlichsten gestalten lässt. Die diesbezügliche Lösung gibt dem eigenen Trading-Alltag einen neuen und starken Reiz. Dazu kommt das Wohlgefühl der immer zweckmäßigeren und freieren Ausführung entsprechend der zunehmenden Kontrolle über die eigene Arbeitsstimmung. Wie sieht es also in Ihrem Umfeld aus?

Fragen Sie sich also:

Welcher Kollege oder Freund fällt Ihnen heute ein, der durch eigenes Nachdenken spezielle oder ungewöhnliche Methoden und Hilfen geschaffen hat, die seine Arbeit leichter, schneller und angenehmer gestalten? Es lohnt sich tagtäglich, sich auf die Suche nach solchen Menschen zu machen. Aber Achtung: Nicht die Energie- und Zeitersparnis sind dabei die Hauptsache. Sie sind lediglich schätzenswerte Zutaten, zusätzliche Vorteile. Die Hauptsache ist die erhöhte Arbeitsfreude, die sich mit solchen Hilfen einstellt und der Arbeit neuen Schwung verleiht. Viel Erfolg bei der heutigen Suche!

Gedanke 12: SIND SIE EIN GEWÖHNLICHER ODER EIN BESONDERER GOLDGRÄBER, TRADER ODER RENNFAHRER?

Lieber Leser, wenn wir ein Ziel verfolgen und etwas erreichen wollen, ist es mitunter anders als bei einem Wettläufer oder Rennfahrer. Dieser sieht fast immer sein Ziel wirklich greifbar vor sich. In unserem beruflichen Leben – und im Trading – ist das meist nicht der Fall. Dazu eine kleine Geschichte:

In Amerika verweist ein Farmer auf das das alte, vergilbte Bild an der Wand: »Er ist dabei gewesen in Kalifornien. Goldgräber war mein Großvater. Er hat Glück gehabt. Der ganze Grund und Boden, die herrliche Farm – für das alles müsste ich ihm heute noch danken!« Dann aber wird der Farmer ein wenig nachdenklich: »Immerhin ist es nicht ganz allein Glück gewesen«, fährt er fort. »Sehen Sie dort neben dem Bild das komische Ding an der Wand? Was glauben Sie, was das ist?«

»Ein Maßstab, ein Zollstock – ein wenig altmodisch und reichlich wurmstichig!«

»Stimmt! Aber dieser Zollstock war das eigentliche Glück meines Großvaters. Er hat ihn gelehrt, das Glück zu finden und es auszugraben! Gibt es eigentlich Glück auf der Welt? Vielleicht ja! Aber doch nur, wenn man es sich erkämpft. Wenn man es an der richtigen Stelle ausgräbt. Wenn man lange und tief genug an der richtigen Stelle gräbt!«

Dann erzählt der Farmer von dem Glück seines Großvaters und wie dieses Glück mit dem alten, hölzernen Maßstab an der Wand zusammenhing. Ein Zug Goldgräber war in jenen Jahren in ein Tal gekommen, in dem man nach allen Anzeichen Gold vermuten konnte.

Aber es war nicht einfach so, dass die Adern bis an die Oberfläche geblinkt hätten. Unter einer dicken Decke von Gesteinsschutt und Sand konnte man das Gold lediglich erahnen. Die Männer schaufelten und gruben, jeder auf seinem Claim. Sie räumten den Schutt und den Sand zur Seite. Sie hackten und bohrten. Immer tiefer stießen sie hinunter. Dabei schwitzten und fluchten sie, denn die Sonne stach vom Himmel herunter.

»Verdammt!« Der Erste warft Hacke und Schaufel zur Seite und ballte die Faust. »Ich gebe es auf!«

Mit seinem Werkzeug trottete er müde zum Planwagen hinüber und fuhr davon. Es dauerte nicht lange, dann machte der Zweite es ebenso. Dann der Dritte, der Vierte, der Fünfte … Nur ein Einziger grub und schaufelte noch weiter: der Großvater des Farmers.

»Es sei ihm gewesen, so hat er mir später erzählt«, meint der Farmer, »als hätte ihm immerfort eine Stimme in das Ohr geflüstert: ›Dig a little more‹ – ›Grab noch ein wenig tiefer!‹ Und er grub noch ein wenig tiefer, einen Fuß tiefer als die anderen. Sie sehen es dort an dem alten Holzmaß angemerkt. Und plötzlich war das Gold da. Die Ader blitzte auf. Sie zog sich weit durch die Claims. Die anderen Goldgräber aber waren längst fort über die Berge mit ihren Planwagen und wussten nichts von dem vielen Gold.«

»Mein Großvater hat dann den alten Goldgräbermaßstab an der Wand aufgehängt. Jedes Mal, wenn eines seiner Kinder oder einer seiner Enkel dabei war, irgendetwas im Leben aufzugeben, weil er meinte, dass es doch nicht zu erreichen sei, wies er auf den hölzernen Maßstab an der Wand und sagte ernst: ›Dig a little more, boy!‹ ›Grab noch ein wenig tiefer, mein Junge!‹«

Diese kleine Goldgräbergeschichte aus dem vorigen Jahrhundert ist keineswegs erfunden. Sie hat sich tatsächlich ereignet. Sie ist auch gar nicht so außergewöhnlich, dass sie sich nicht in irgendeiner anderen Form jeden Tag wiederholen könnte. Trotzdem ist sie eindrucksvoll. Denn: Wie viele Menschen erreichen nur deshalb ihr Ziel nicht, weil sie, oft sogar unmittelbar vor dem Erfolg, den Kampf aufgeben! Und warum stellen sie ihre Bemühungen ein? Weil es mühsam wird.

Wenn wir ein Ziel verfolgen und etwas erreichen wollen, ist es anders als bei einem Wettläufer oder Rennfahrer. Dieser hat nämlich fast immer sein Ziel wirklich greifbar vor Augen. In unserem beruflichen Leben und – allem voran im Trading – ist das meist nicht der Fall. Die Goldgräber in der Erzählung des Farmers konnten zwar vermuten, dass unter der Schuttdecke Gold lag. Sie konnten es aber nicht sehen, selbst wenn sie nur noch einen Zentimeter davon getrennt waren. Deshalb gaben sie auf – und das war falsch! Sie verzichteten unmittelbar vor dem Erfolg auf jegliche weitere Bemühung – bis auf den einen, der noch ein wenig tiefer grub und am Ziel war.

Analog dazu verhält sich häufig ein sich long oder short positionierender Trader. Auch er setzt mitunter unsachgemäß die Stopps, gibt zu früh auf und denkt: »Das wird ohnehin nichts – der Markt wird nicht tiefer fallen oder höher steigen!«

Fragen Sie sich also:

Wie oft mögen Sie als Trader, der im gewissen Sinne ja auch Goldgräber ist und um den Erfolg ringt, schon kurz vor dem Ziel aufgegeben haben? Wie oft haben Sie innerhalb einer laufenden Position schlapp gemacht – mitunter kurz vor dem letzten Spatenstich?

Gedanke 13: TRADING, DAS EGO UND DIE RÖMER …

Die Veranlagung zur Aggression ist scheinbar allen Menschen eigen: Man muss sich nicht im Kampf befinden, um ihr nachzugeben. Wenn ihm etwas gegen den Strich geht, zeigt bereits ein zweijähriges Kind, dass es kratzen und beißen kann. Und erst recht ein Trader …

Erst das Traden fördert die übelsten Seiten des Menschen wirklich zutage: Sitzen Trader erst einmal vor dem Chart, verwandelt sich so mancher in einen Römer, bereit, mit Sicheln an den Streitwagenrädern jeden noch so starken Gegner mit allen Mitteln zu besiegen. Im Laufe so eines Börsentages steigern sich die jungen Chart-Helden landesweit in einen – meist männlichen – Gewaltausbruch hinein.

Das passiert gewiss auch nach manch volatilem Handelstag: Hier machen sich Aggressionen auf ganz subtile Weise bemerkbar, denn bei diesem Kräftemessen ist kein Körperkontakt vonnöten. Hier liefern sich Trader – häufig ohne jede Rücksicht auf die eigene Gesundheit und den Kontostand – ihren ganz persönlichen Schlagabtausch mit sich selbst: Während in Trading-Lehrbüchern und Seminaren »notorische Spaßverderber« endlos auf Prinzipien herumreiten und damit jegliche sinnvolle Arbeit – gemeint ist das permanente Betrachten des aktuellen Kurses – zum Erliegen bringen wollen, durchpeitscht der Trading-Anfänger jede Zeiteinheit im Bestreben, seinen Gegner namens Chart erbarmungslos niederzuwalzen. Wer so handelt, erkennt jeden Tag aufs Neue, dass mit der eigenen – aktiven sowie passiven – Aggression häufig schwieriger fertig zu werden ist als mit der Ohrfeige von einem guten Freund.

Mit anderen Worten: Wird die eigene Ehre vom Chart-Verlauf angefochten – was für ein herrlich anschauliches Bild! –, sieht sich mancher Trader dazu gezwungen, das Gleichgewicht wiederherzustellen, mithin seine verlorene Ehre zurückzuerlangen. Das will er durch Rache erreichen, – so, als müsste er eine Schlägertruppe gegen den Chart losschicken, um sich etwas wiederzuholen, was ihm ein anderer geraubt hat.

Ein Trading-Anfänger kann das Gesicht verlieren, doch wenn das passiert ist, muss er es unbedingt wiederhaben – das heißt, er muss die Maske der Würde, die ihm zeitweilig vom Schlag eines Minus-Trades schief im Gesicht zu hängen scheint, wieder zurechtrücken. Gleichwohl bleiben solche Rachefeldzüge zumeist erfolglos. Klar. Der Betreffende bringt sich in eine noch misslichere Lage. Eigentlich weiß er, er sollte besser abhauen, aber er kann es nicht. Darum landen Leute hinter Gittern oder unter der Brücke, und Trades mit großem Minus werden erst vom Broker ausgestoppt.

Tatsächlich entstammt der Ausdruck »das Gesicht verlieren« dem chinesischen Brauch, sein Gesicht mit einem Fächer zu bedecken, wenn man erniedrigt oder beschämt wurde. Gehört mithin zu jeder Kontoeröffnung nun besser auch ein Fächer?

Fakt ist: Die Sache mit dem Ego lässt die Grundidee von der Beständigkeit im Börsenhandel ausgesprochen unnatürlich erscheinen. »Die andere Wange auch noch hinhalten« bedeutet, »das Gesicht erneut zu verlieren«, und zwar im großen Stil und mit voller Absicht.

Es bedeutet, Fehltrades zu lieben!

Boah!

Kurzum: Ein Trader soll den Demütigen und Zurückhaltenden spielen. Das ist schwierig. Zumal es doch schon einst auf dem Schulhof peinlich war, sich sanft und demütig zu verhalten! Und jetzt dasselbe noch mal im Trading? »Och nee, bloß nicht ...!« Aufgrund dieser – nennen wir es mal Lehre aus Schulzeiten – benötigen viele Trader offenbar eine erwachsenere

Trading-Konzeption. Eine Vorstellung von etwas, das groß genug ist, um zu dieser Frage der Ehre eine wahrhaft guruhafte, allumfassende Antwort zu liefern: Der empfundenen Größe und Herrlichkeit des Börsenhandels muss ein kniffliges, ein heroisches, ein geheimes Regelwerk zugrunde liegen – ein Regelwerk, das auch von einem Trading-Neuling verstanden wird, sofern er es nur finden kann! Und dieses selbst erdachte Regelwerk wird sodann als Zeichen für die Größe & Herrlichkeit des Tradings erachtet …

So mancher angehende Händler verkennt noch viel zu sehr, dass er mit seinem vertrauten Bild vom Trading, von dessen Aufbau und Wirkungsweise als quasi göttlich voreingestelltem Parameter und einem »Vater aller Regelwerke« gründlich aufräumen muss. Gott mag derjenige sein, gegen dessen Willen keine Taube tot zur Erde fällt. Dieser fürsorgliche, persönlich engagierte Gott hat möglicherweise ebenso auch »alle Sternlein« gemacht und »befiehlt« den Regenwolken auf der ganzen weiten Welt, wohin sie ziehen sollen.

Doch ist dieser Gott nicht der Schöpfer des Börsenhandels und der oftmals falschen Ansichten in Bezug auf den Börsenhandel. Sicherlich mag dieser vertraute »liebe Gott« groß, fürsorglich und mächtig genug sein, um die riesige undurchsichtige Ordnung aller Chart-Verläufe zu beaufsichtigen. Aber: Der Marktverlauf – so auch jener der letzten Handelstage – wird nun einmal durch die Marktteilnehmer bestimmt. Einzig und allein durch deren Orderlage und Reaktion auf ihre Positionen: long, short und natürlich – wie leider viel zu oft vergessen – flat.

Noch eine weitere Anmerkung für den Fortgeschrittenen:

Wir sind alle jener Moralapostel überdrüssig, die uns mit Binsenweisheiten und Ratschlägen bombardieren, wie beispielsweise täglich Zahnseide zu benutzen, regelmäßig Äpfel zu essen oder doch endlich das Rauchen sein zu lassen und dafür mehr Sport zu treiben. Wie im normalen Alltag so auch im Börsenhandel helfen keine Predigten irgendwelcher Egomanen mit erhobenem Zeigefinger. Vielmehr müssen wir simple Tricks anwenden, um unsere Ziele zu erreichen. Bevor aber selbst diese wirken können, müssen wir die Tatsache akzeptieren lernen, dass wir uns vor dem Chart – auf den Punkt gebracht – grundlegend nicht anders verhalten als Tiere. Wir sind uns selbst und damit all unseren Begehrlichkeiten, Eitelkeiten, Selbsttäuschungen und Aggressionen hilflos ausgeliefert.

Fragen Sie sich also:

Wie gehen Sie vor den Charts mit Ihren Aggressionen um? Ein Trader ist kein Römer, und die Instrumente des Handels haben nichts zu tun mit Äxten und Streitwagen. Bevor man wie ein wildes Tier den Charts beziehungsweise dem gesamten Börsenuniversum den Kampf ansagt, sollte man sich besinnen. Daher, lieber Leser: Agieren Sie besonnen oder wie ein Wolf im Schafspelz – oder doch eher wie die Axt im Wald?

Gedanke 14: AUF DER GEBURTSURKUNDE VIELER TRADES STEHT DAS WORT »VERSUCHUNG«

Wann kontrolliert ein Trader sich selbst? Wenn es ihm gelingt, sich von der Macht des Aktionismus zu befreien. Das klingt einfach. Ist es aber nicht.

Gerade weil ein Trader zu Beginn noch schwach ist, steht auf der Geburtsurkunde vieler seiner Trades das Wörtchen »Versuchung«. So tritt etwa die als Glückseligkeit getarnte Lust vor den Trading-Anfänger und verspricht ihm einen angenehmen, wollüstigen Trade, während die Tugend die Mühen aufzählt, derer es bedarf, um zum Meister des qualitativ Guten zu avancieren. Nach dem Motto: Je höher die Qualität seiner Trades, desto freier ist der Trader. Freiheit ist heute das Hauptziel, mit der sich ein Trader selbst verwirklichen will, um das zu erreichen, was eines jeden Traders Sehnsucht ist, nämlich innere Ausgeglichenheit.

Diesen Begriff wiederhole ich besser gleich noch mal: innere Ausgeglichenheit. Das Streben nach innerer Ausgeglichenheit muss in den Rang eines Grundrechts für Trader erhoben werden. Den qualitativen Trader macht es allein glücklich, den selbst auferlegten Tugenden zu folgen.

Was aber nun die Maßstäbe für qualitatives Traden sind, in dieser Frage scheiden sich logischerweise die Geister. Das ist gewiss von Trader zu Trader verschieden. Das muss von Trader zu Trader unterschiedlich sein. Handelszeiten, Kontraktzahlen, Tagesziele sowie selbst erkannte Schwierigkeiten umfassen beispielsweise diese Bereiche. Doch je nach der bereits getätigten Anzahl von Trades ändern sich auch die Prioritäten des Traders.

Trading-Anfänger und -Neulinge werden Nachrichten, Empfehlungen, Tipps und Musterdepots mehr beanspruchen als die fortgeschrittenen, langjährigen Händler. Wenn ein Börsenbrief einem Trading-Anfänger, der bereits viel verloren hat, den tollsten Profit verspricht, dann ist es ihm wahrscheinlich gleichgültig, ob die Signallogik zu ihm und seinem Konto passt und worauf die Logik der Signale beruht. Und weil dies so ist, stellt sich besagter Trader die Frage nach der Qualität und inneren Ruhe erst zu dem Zeitpunkt, wenn er sich nicht mehr um die eigene Existenz zu sorgen braucht.

Spannend ist nun folgendes:

Was ist die schwierigste – und immer wiederkehrende – qualitative Frage, vor die ein Trader gestellt werden kann? »Riskiere ich meine eigenen freiwillig erstellten Regeln, um ein paar Ticks mehr als nötig zu retten?« Viele Trader tun dies immer wieder. Aber ein erfahrener Trader würde lieber seine fachlich korrekte Position ins Minus laufen lassen, statt das Geld in einen scheinbar profitableren Marktverlauf zu stecken, weil er es als seine Pflicht ansieht, alles daran zu setzen, sich selbst treu zu bleiben.

Kurzum, die richtige Einstellung lautet: »Ich werde zwar mit Minus ausgestoppt, aber heute Abend kann ich zufrieden sagen: Ich habe meine Pflicht getan, denn ich könnte es nicht ertragen, wenn ich zum Feigling meiner eigenen Ideen geworden wäre.«

Fragen Sie sich also:

Für einen Trader ist es stets eine Kunst, zu erkennen, was *das Richtige* für ihn selbst ist. Was ist *das Richtige* für Sie?

Gedanke 15: DIE FÜNF MERKMALE EINES LERNENDEN TRADERS

Sobald ein Trade eröffnet wird, ereignen sich interessante Dinge. Plötzlich nimmt der jeweilige Trader 24 Stunden an seinen eigenen Fehlern teil und sieht sich mit seiner dunklen Seite konfrontiert. Der daraufhin selbst verursachte Druck reicht locker aus, um binnen Augenblicken ein ganzes Konto in die Luft zu jagen.

Man spricht im Trading oft von der »goldenen Periode als Händler«. Diese setzt ein, sobald ein Trading-Anfänger die anfängliche Panik und damit die Versuchung überwunden hat, ständig hier und jetzt traden zu müssen. Man könnte also durchaus sagen, dass das Leben mit dem Trading einen Händler klüger macht und ihn seiner Selbstverwirklichung ein Stück näherkommen lässt.

Mit anderen Worten: Während andere unter den Spielregeln des Tradings leiden, hat ein erfahrener Händler neue Prioritäten gesetzt, ist stärker geworden, hat gelernt, Nein zu sagen zu Aktivitäten, die ihm nicht mehr wichtig sind, und Ja zu solchen, auf die es ankommt, etwa den liebevollen Umgang mit der Familie, den Genuss schöner Dinge oder einfach nur den Wechsel der Jahreszeiten.

Hier stellt sich allerdings ein Problem:

Diese »goldene Periode« setzt meist erst dann ein, wenn das Konto bereits von Minus-Trades durchsiebt ist. Denn: Ein Trading-Anfänger will vorher nichts davon hören, nicht mit jedem dahergelaufenen Trade durch die Welt der Charts fliegen zu dürfen.

Da ist echter Widerstand!

Die heutige Technik gibt es außerdem her, dass ein Trader einzig und allein durch einen simplen Klick mit der Maus in der Hand eine Wirklichkeit erlebt, die sich, gleich einem Computerspiel, von der echten kaum noch unterscheiden lässt. Die Wirklichkeitsflucht ist im Dauerangebot. Spannend wird es demnach für denjenigen, der am Tagesende über seine letzten Handelstage nachdenkt:

- Habe ich mich verändert, bin ich klüger geworden?
- Bin ich ein besserer Trader geworden?
- Bin ich reif für jene »goldene Periode«?

Doch woran erkennt man einen Fortschritt? Die »goldene Periode« zumindest ist statt von besonderem Fachwissen eher von diesen fünf Merkmalen gekennzeichnet:

1. Ein Trader findet selbstständig aus Not und Dummheit sowie Aktionismus-Panikphasen heraus, erkennt also jene Trades, in denen ihn namenloses Entsetzen überfällt, gegen das weder Argumente noch Rhetorik helfen – sondern einzig frische Luft, ein paar Liegestützen oder ein heißes Wannenbad.
2. Ein Trader ist seinen Gefühlen beim Trading immer nähergekommen. Er ist aufmerksamer geworden, aber nicht gegenüber dem Markt, sondern gegenüber sich selbst.
3. Er erkennt, dass er heute nie mehr sagen würde, er sei verliebt in den Handel oder in die Charts, sondern er betrachtet das Trading endlich nur noch als Job.
4. Durch das Ende des Verliebtseins schwindet der Glaube, am Erleben der Kursveränderungen sei das Wichtigste, dass man es erlebe, und am Beobachten der Märkte, dass man sie beobachte.

5. Er versteht immer mehr: Es geht nur um das Erreichen des festgelegten Ziels und nicht um eine Beschäftigungstherapie.

Fragen Sie sich also:

Ein Trader bewegt sich zwischen zwei Schatten, und sein ganzes Verhalten liefert deutliche Hinweise darauf, dass er auf der einen Seite die Marktchancen begehrt und dennoch irgendwie die 24-Stunden-Möglichkeiten der virtuellen Chart-Welt als recht beängstigend empfindet. Denn es birgt auch die Möglichkeit in sich, dass er 24 Stunden lang mit seiner dunklen Seite konfrontiert wird. Auf welcher Seite stehen Sie?

Gedanke 16: REIST EIN TRADER FORTWÄHREND DURCH DIE HÖLLE?

Trading ist eine seltsame Sache, wenn man es vom Standpunkt eines Trading-Anfängers betrachtet: Es ist unpraktisch in allen mentalen Beziehungen, zeitlich im höchsten Grade unökonomisch und alles andere als exakt in seinen Methoden.

Im normalen Alltag lohnt sich zweifellos die kraftvolle Vorstellung, zu wissen, dass große Bemühungen auch zu einem lohnenden Resultat führen. Genau das bildet den Rahmen jenes reizvollen Selbstbildnisses, das einen Menschen zeigt, der in der Welt unterwegs ist, um mit eisernem Willen seine gewaltigen Ideen zu verwirklichen.

Wer es also gewohnt ist, seine Angelegenheiten mit der Exaktheit eines Taschenrechners zu erledigen, und wer zu jedem beliebigen Zeitpunkt von gleichen Voraussetzungen die gleichen Ergebnisse erwartet, der kann das Thema Trading scheinbar absolut nicht ernst nehmen.

Daher stellt sich die Frage: Welche Hürde muss ein Trading-Anfänger nehmen? Und welche Hindernisse bauen sich hier auf? Oft kommt im Handel erschwerend hinzu, dass gerade *der Werdende* das *Werdende* nicht will. Er ist zu ungeduldig dafür.

So mancher Trading-Anfänger will einfach nicht warten, bis sich – nach langen und sündhaft teuren Tagen, endlosen Auswertungen und Studien –

aus Erfahrungen mit dem eigenen Handels- und Arbeitsstil sein persönliches Gemälde füllt. Stattdessen nimmt er lieber ein ihm angebotenes fremdes, vermeintlich fertig dastehendes Bild als Vorlage, in dem Glauben, dass es für ihn schon seinen Zweck erfüllen werde. Als könnte ihm dieses Bild die Details, die Linien und Farben seines Gemäldes vorgeben, wirft er sich leichtgläubig und leichtfertig jeden x-beliebigen Seminar-, Buch- oder Forumsaussagen in die Arme, statt sich auf das tatsächlich Lernenswerte und die wichtigste Erkenntnis zu besinnen: sich selbst!

Ja, es ist viel Langeweile zu überwinden, viel »Mist« vonnöten, bis man seine Farben, seine Pinsel, seine Leinwand gefunden hat! Und selbst dann ist man noch lange nicht Meister seines Fachs – aber wenigstens Herr in der eigenen Werkstatt. Der Weg dahin ist weit. Und auf diesem Weg kann Trading die Hölle sein; und die Hölle selbst kennt nicht diese Wut, die einen vom Chart-Verlauf verschmähten Trading-Anfänger blindlings überfällt. Das Leid, das mancher Trading-Anfänger erdulden muss, scheint in der Regel nicht nur gänzlich unverdient, unberechtigt zu sein, sondern ist immer auch ganz und gar unerwünscht.

Stellen wir uns spaßeshalber daher einmal folgende Frage: Zu welchen Tradern würden wir uns wohl in einer Börsenwelt entwickeln, in der es keine Verluste, keinen Schmerz aus unüberlegten, ungeduldigen Trades, keine Tage der innerlichen Zerrissenheit gäbe, kurz: wenn keine zu schlagende Schlacht in Sicht wäre?

Eine spannende Überlegung!

Die Antwort lautet doch offensichtlich: Es gäbe keinerlei Grund, sich anzustrengen, nichts, was einen herausfordern könnte, keine zu lösenden Probleme oder zu überwindenden Schwierigkeiten. Auf den ersten Blick wäre dies eine wunderbare Börsenwelt, das stimmt – und es erschiene uns auch fürwahr als Wohltat. Bei näherer Betrachtung sieht es aber anders aus. Einzig und allein die unangenehmen Erfahrungen mit der eigenen Gefühlswelt sowie die tagtägliche Umsetzung von anscheinend verstandenem, aber nur scheinbar verinnerlichtem Fachwissen können einen Trader überhaupt erst zu einem fürsorglichen Umgang mit seinem eigenen oder dem ihm anvertrauten Geld und vor allem mit sich selbst als Händler bringen.

Fragen Sie sich daher:

Sollten Sie wirklich die Segel streichen und einem Erlebnis ausweichen, sobald es nicht sofort und ausschließlich Wohlbehagen und Vertrauen erzeugt? Sollten Sie also aus der Hölle abreisen, wenn das Trading sich hin und wieder unheimlich, unverständlich, peinlich und anstrengend entwickelt? Wäre es nicht besser, zu bleiben und sich das anzusehen und sich dem auszusetzen? Gerade dabei gibt es tatsächlich etwas zu lernen …

Gedanke 17: ALS TRADER SEINE EIGENE SACHE DURCHZIEHEN?!

Worin besteht der Lebenssinn eines Traders? Keineswegs handelt es sich um eine Frage des Augenblicks, weshalb auch keine wunderbaren Antworten zur Sinnhaftigkeit vom Himmel fallen.

Wie in jedem Beruf, Hobby und auch in jeder Beziehung handelt es sich hier um eine ganz auf geheimes, persönliches Wachstum angelegte Frage, die ein Werk langer, sehr langer, womöglich seit dem ersten Trade unbewusst gehegter Gedanken ist.

Fakt ist aber eines: Alle Trader sind verschieden und müssen Entscheidungen treffen, die nur sie treffen können. Doch obwohl alle Trader die gleichen Bedürfnisse nach Freundschaft, Nahrung, Vergnügen, Glück, Erfolg und so weiter haben, unterscheiden sich ihre Bedürfnisse je nach Person deutlich in ihrer Art und Intensität. Der eine Trader erträgt kaum eine Stunde des Alleinseins, der andere liebt die Einsamkeit. Der eine ist immer auf der Suche nach dem Kick, der andere bevorzugt eher ein ruhiges Trading mit viel Abstand zum Markt und empfindet eine allzu intensive Chart-Erfahrung als Störung.

Einer entscheidet sich für ein Trading, eingebunden in ein geistig anspruchsvolles Leben, ein anderer braucht neben den Charts die pulsierenden

Rhythmen des Alltags. Wieder ein anderer will beides, noch ein anderer will nichts von all dem, sondern nur die Charts. Der eine braucht viel Geld, der andere wenig. Der eine hätte keine, ein anderer große Schwierigkeiten damit, vehement zu beteuern, dass es auf einige Tausend Euro nicht unbedingt ankomme, da Geld am Werte eines Menschen doch nichts ändern würde.

Den einen zieht die Mathematik, den nächsten die Finanzierung seiner Hobbys und den übernächsten der lang ersehnte, aber teure Sommerurlaub an; ein anderer will seine Rente mithilfe von Trading aufbessern, wiederum ein anderer will nicht mehr früh um sechs Uhr aufstehen, zehn Stunden arbeiten und seine Familie nur am Wochenende sehen. Beim anderen möbelt der Handel sein Ansehen innerhalb seines Freundeskreises auf, der nächste will für andere deren Geld verwalten …

Kurzum: Es gibt Tausende Gründe und es wird sie immer geben!

Man könnte also durchaus sagen, die Ehre eines Traders besteht darin, dass er sein eigenes Leben lebt und seine eigene, noch so bescheidene Sache durchzieht.

Das klingt gut!

Das klingt sogar sehr gut!

Seine eigene Sache durchziehen – genau! Aber: Es gehört viel Lebenserfahrung dazu, sich mit den Verfügungen und Einschränkungen als Trader einzurichten, sozusagen mit diesem freiwillig gezogenen Los zu paktieren und sich auf einen Kompromiss zwischen den veränderbaren und den unveränderlichen Umständen eines Trader-Lebens einzulassen. Mitunter nennen wir es »Reife«, »Persönlichkeit« und »Größe«. Die wesentliche Voraussetzung dafür ist Geduld …

Fragen Sie sich also:

Wie ein guter Wein reift auch ein guter Trader. Mithin lautet die Frage: Traden Sie noch, oder »reifen« Sie schon?

Gedanke 18: STIL & TRADING. UND ... DIE GEISTIGE RÄUCHERKAMMER

Lieber Leser, worin liegt die Schwierigkeit, im Börsenhandel seinen eigenen Stil zu finden? Unter anderem darin, den eigenen Wünschen ein konkretes Ziel in Zahlen zuzuordnen.

Wenn ein Trading-Anfänger über die Monate und Jahre reifer wird und sich bei längerer Bekanntschaft mit dieser Räucherkammer des Geistes der Wirklichkeit angepasst hat, dann kann er den endgültigen Zustand eines ausgebildeten Traders erreichen: Er beschränkt sich auf seinen Stil und wird für den Rest seines Lebens mit seiner Überzeugung – auch wenn das eine oder andere Regelwerk besser sein könnte – im stillen Einvernehmen leben.

Er weiß dann, dass es keinen Zweck hat, permanent über alles nachzudenken, denn es geht einzig und allein um die Beständigkeit. Somit muss ein Trader zum Bewahrer werden, zum Bewahrer von richtig gelebten und ernst genommenen Wahrheiten.

Mit anderen Worten: Der Begriff »Stil« drückt somit nichts anderes aus als dieses entspannte Wesen, das alle erfolgreichen Trader auf der Welt haben: Links und Rechts interessieren nicht mehr. Was zählt, ist nur der eigene Stil. Das ist alles. Sich nicht um potenzielle andere Möglichkeiten zu kümmern, lässt dem Konto am ehesten Flügel wachsen.

Seinen Stil gefunden hat der Trader, der die Begierde beim Anblick eines Charts im Zaum zu halten vermag und den Zorn nach einem beendeten Trade bändigen kann, stets eingedenk dessen, dass mit einem einzelnen Trade nur ein unendlich kleiner Teil alles Wünschenswerten erreichbar ist. Wenn ein Trading-Anfänger dann erst einmal ein Stück auf dem Weg der Duplizierbarkeit und Beständigkeit gelustwandelt ist, wird es noch leichter für ihn. Positive Trades erzeugen weiteren Erfolg – schon allein deshalb, weil man den Druck, das eigene Konto zu retten, nicht mehr so exzessiv verspürt. Positive Trades, gepaart mit Nachvollziehbarkeit, bringen Ruhe und Sicherheit und sie bringen vor allem, unabhängig vom Ausgang der Trades, eine Art inneren Gleichmut.

Ein Beispiel:

Zuerst tradet der Trading-Anfänger ein Signal, angenommen, einen markttechnischen *Punkt 2*, und wundert sich, dass dieses Signal bereits den vierten Minus-Trade ergab. Er hatte doch ein tolles markttechnisches Signal! *Wow!* Dennoch klappt es bei ihm einfach nicht. Irgendwann müsste daraufhin erkennbar werden, dass das Signal das eine ist, hingegen das große Radarbild, in welchem jenes Signal gerade auftaucht, das andere. Der Trader wird demnach also anfangen, immer mehr die übergeordnete Zeiteinheit und deren Trends zu betrachten ...

Erweist sich dies als erfolgreich, wird es Eingang in seinen eigenen Stil finden. Denn: Er wird nicht nur anfangen, sich über seine Wahnsinnserfolge zu freuen, sondern sich auch wundern. Dabei wird er herausfinden, dass bei diesen erfolgreichen Trades in Trade-Richtung – unabhängig von der Beachtung der übergeordneten Zeiteinheit – fast immer zusätzlich weitere markttechnisch relevante Punkte in unmittelbarer Nähe lagen. Ergo wird er immer mehr auf solche Punkte achten und nur noch solche *Punkte 2* handeln, die auch die entsprechenden Zusätze aufweisen. Dadurch wird sich noch größerer Erfolg einstellen.

Fragen Sie sich also:

Wie steht es um Ihren Filter für die eigene Wahrnehmung? Sind sie bereits zum Bewahrer von richtig gelebten Wahrheiten vor den Charts geworden?

Gedanke 19:
GELINGT IHNEN PRODUKTIVE UNZUFRIEDENHEIT?

Im Vergleich zur normalen Unzufriedenheit gibt es eine Unzufriedenheit, die uns vorwärtsbringt: die produktive Unzufriedenheit. Sie ist tatsächlich ein Geschenk der Natur.

Im Sinn der produktiven Unzufriedenheit gibt es keinen Unterschied zwischen dem Wert einzelner Tätigkeiten. Es gibt keine höhere und keine untergeordnete Arbeit. Gleichgültig ist, ob unsere Arbeit eine immer sich wiederholende Tätigkeit in der Werkstatt ist oder ob sie darin besteht, dass wir uns an der Universität bestimmte Kenntnisse für einen wissenschaftlichen Beruf aneignen. Es kommt nicht darauf an, ob wir eine E-Mail schreiben, in einem Laden als Verkäufer arbeiten, eine Firma leiten, den Geschirrspüler einräumen oder uns mit dem Börsenhandel beschäftigen. Immer ist unsere Arbeit eine kürzere oder längere Folge von Verrichtungen. Wir tun erst dieses, dann jenes, dann wieder etwas anderes. Aber gerade davon, wie wir jede einzelne Verrichtung ausführen, hängen die Güte und der Erfolg unserer Gesamtarbeit ab.

Daraufhin sollten wir uns unsere Arbeit nicht nur ein einziges Mal, sondern immer wieder ansehen. Wir sollten mit jedem Teilgebiet (und im Börsenhandel gibt es gar viele Teilgebiete), mit jeder Einzelverrichtung unserer Arbeit *unzufrieden* sein! Wir sollten uns vorstellen, jede Teilverrichtung noch besser machen zu können. Kurzum: Wir sollten kritisch gegenüber unserer Arbeit sein!

Hier ist der Ansatzpunkt, wirklich zum produktiv Unzufriedenen zu werden: Wir fangen bei unserer eigenen Arbeit an, bei unseren täglichen Teilverrichtungen, gewissermaßen den Atomen unserer Tagesarbeit.

Unserer Gewohnheit gemäß müssen wir auch dabei, dies zu lernen und einzuüben, stufenweise, schrittweise vorgehen. Zuerst müssen wir uns – und das fällt den meisten leicht – abgewöhnen, mit den Dingen um uns, dann jedoch vor allem auch mit unserer Arbeit zufrieden zu sein. Es ist dabei ganz gleichgültig, wie unsere Arbeit beschaffen ist.

Zu diesem Zweck schreiben wir unsere Teilarbeiten, unsere »Arbeitsatome«, in Form einer Liste untereinander. Ob hier nun steht »die Küche aufräumen« oder »Börsenhandel betreiben und mit den Charts arbeiten« – das ist egal. Es gibt immer viele dieser »Atome«. Neben diese Liste mit Arbeiten kommt eine Spalte mit der Überschrift: »Wie mache ich diese Arbeit jetzt?« Daneben setzen wir eine zweite Spalte: »Wie machen andere diese Arbeit?« Eine dritte Spalte nimmt die Antworten auf die Fragen auf: »Womit bin ich unzufrieden bei meiner Arbeit? Was sollte ich besser machen?«

Jetzt kommt die eigentliche Prüfung. Diese Spalten füllen wir sorgsam und gewissenhaft aus – ohne Selbsttäuschung. Es wird uns durchaus nicht gleich beim ersten Mal glücken, zu jedem Eintrag die besten Antworten auf die jeweiligen Fragen zu finden. Das ist auch nicht nötig. Es ist nicht einmal erwünscht, denn wir sollen uns nicht damit begnügen, die Liste nur dieses einzige Mal zu bearbeiten. Wir sollen sie vielmehr wiederholt und recht oft zur Hand nehmen und uns Punkt für Punkt mit ihr beschäftigen. Die Beschäftigung mit dieser Liste sollte geradezu zur Gewohnheit werden.

Dabei werden wir merken, dass uns die Selbstkorrektur allmählich Freude bereitet und im Börsenhandel zu wirklichen Fortschritten führt. Automatisch stellt sich bei allem, was wir tun, in uns ein bestimmtes Gefühl der produktiven Unzufriedenheit ein.

Fragen Sie sich also:

Lieber Leser, was mahnt Sie heute: »Kannst du es nicht noch *besser* machen?« Und wie sieht heute Abend Ihr Plan aus: »*Wie* kann ich es besser machen?«

Gedanke 20: WERDE ZUM STEINMETZ IN DEINER ARBEIT ALS TRADER

Lieber Leser, sind Sie ein Mensch mit vielen Fragezeichen? Jemand, der die Wie-Frage geübt stellt?

Glück hat als Mensch, wer *fragen* kann. Einst als Kind waren unsere Gedanken noch farbig, körperhaft, anschaulich. Wir sollten uns diese Art des Denkens auch im späteren Leben bewahren. Oder noch besser: Wir sollten uns dieses Denken nicht nur bewahren, wir sollten es sogar üben und weiterbilden!

– Warum?

Bisweilen stehen die Menschen immer wieder in der Notwendigkeit, sich mit einer ganz neuen Materie beschäftigen zu müssen. Beispielsweise mit dem Börsenhandel. Es könnte aber auch eine ganz neue Materie sein, zum Beispiel der Ultraschall. Was ist dann zu tun?

Wir machen uns zunächst einmal vom Neuen ein körperliches Bild. Liegt es nicht vor uns wie ein riesiger, grober Stein- oder Felsbrocken, den man eben erst aus dem Steinbruch herausgesprengt hat? Wir wissen noch nichts von dem, was darin steckt. Sowohl der Börsenhandel als auch – beispielsweise – der Ultraschall sind solche groben Steinbrocken, höchstens durch eine aufgemalte Aufschrift gekennzeichnet. Was tut jetzt der

Steinmetz, um mit solch einem rohen Brocken fertig zu werden, um ihn zu formen? Er holt seine Werkzeuge: die Steinsäge, das Stemmeisen, den Meißel.

Auch wir müssen uns nach Werkzeugen umsehen. Mit diesen Werkzeugen wollen wir dann der neuen Materie zu Leibe rücken, genau wie es der Steinmetz mit seinen Geräten tut. Unsere Werkzeuge im Alltag sind die Fragewörter. Die Arbeitstechnik, die wir für uns entwickeln müssen, ist eine schlaue Fragetechnik. Aber wenige Menschen beherrschen sie. Das Hauptfragewort, das wie ein Bohrer mit Diamantspitze auch in den härtesten und widerständigsten Felsbrocken eindringt, ist das Wörtchen »Wie?«. Menschen, die mit dem Fragewort »Wie?« richtig zu arbeiten verstehen, kommen ihrem Lebenserfolg wirklich näher. Sie bohren damit immer weiter, immer tiefer.

Der geübte Wie-Frager wird nacheinander immer ein neues »Wie?« formulieren und darauf eine neue Antwort finden. Aber das »Wie?« ist nur eines der Werkzeuge. Wir haben eine ganze Reihe solcher Fragewort-Werkzeuge, die den geschickten Frager, je nach Bedarf, auf seinen Felsbrock einhämmern oder losbohren lassen: Warum? – Weshalb? – Wo? – Woher? – Wohin? – Was? – Welches? – Wie viel? – Wann? – Wer? – Womit? – Wodurch? – Wozu? – Wofür? – Worauf? – Worin? – Woran?

Die Handhabung dieser Fragewörter sollten wir im Alltag und vor allem zu Beginn des Börsenhandels üben, wie auch der Steinmetz erst den Gebrauch seiner verschiedenen Werkzeuge üben muss. Wir sollten unsere Fragetechnik entwickeln und damit fragen, fragen und immer wieder fragen! Nach Richtungen, Größen, Menschen, Zeiten, Dingen, Ereignissen, Zahlen, Graden, Stärken, Methoden, Farben, Gründen, Ursachen und Wirkungen sollten wir fragen – kurz: nach allem, wonach man fragen kann.

Fragen Sie sich also:

Haben Sie sich stets jene Antworten sofort notiert, die ein immer tieferes Nachfragen ergeben haben? Wenn das nicht auf der Stelle möglich ist, sollten Sie gleich weiterfragen: »Wie beschaffe ich mir die gewünschte Antwort?« Und dann sollten Sie handeln, sich bemühen, so lange, bis Sie die Antwort gefunden haben.

Gedanke 21:
DIE TODESURSACHE VIELER TRADES UND KONTEN VERMEIDEN

Bei so manchen Trades überkommt den Anfänger oft ein Gefühl wie kurz vorm Verlieren eines Schachspiels: das Gefühl, überlistet worden zu sein. Doch wer ist dabei der Betrogene, und vor allem: Wer ist der Betrüger?

Eines ist vorab schon klar: Das Gefühl und die Bewertung sind bei so manchem Trader leider untrennbar miteinander verbunden. Das objektive Bewerten wird vom subjektiven Erleben beeinträchtigt. Ist das sinnvoll? – Natürlich nicht.

Emotionen sollten erst weit hinter dem gesetzten Stopp aufkommen, nie davor. Aber: Aufgrund der jeweiligen persönlichen Bewertung sind die genauen Grenzen, wo für einen Händler ein Gefühl von Druck anfängt und aufhört, weder exakt definierbar noch anderweitig standardisiert. Je mehr der aktuelle Trade gerade an Buchgewinnen oder -verlusten generiert, umso weniger vermag der Händler stillzusitzen, weswegen diese Erscheinung auch als »Rumrutschfaktor« beschrieben wird. Auffällig an dieser Erscheinung ist, dass bei dessen Auslösung ein gewisser Hang zur Untreue entsteht. Unter Treue ist dabei die Einhaltung des Lieblings-

Setups oder der gestellten Vorgaben zu verstehen. Mithin wird ab diesem Moment allen Kursveränderungen mehr Bedeutung beigemessen, als ihnen tatsächlich zukommt.

Möge dies auch noch so befremdlich klingen: Es scheint, als sei der Händler ab Erreichen seines persönlichen Rumrutschfaktors plötzlich seiner fachlichen Überlegenheit zur objektiven Wahrnehmung und seines Selbstbewusstseins beraubt, als kröche er nun vor jedem Tick und jedem noch so unbedeutenden Marktgezappel jämmerlich zu Kreuze. Hierzu zwei Auszüge aus privaten 1:1 Beratungen mit Lesern meiner Bücher:

Nick berichtet: »Bei Trades, bei denen mein persönlicher Rumrutschfaktor (dieser liegt bei ca. 300 Dollar) bei Long-Trades weit über den vom verwendeten Regelwerk vorgegebenen Einstiegen und Stopps oder bei Short-Trades weit darunter liegt, öffnet sich bei einem kurzzeitig gegenläufigen Markt, dessen Kursbewegung an und für sich noch keinen Regelbruch darstellt, die Tür sowohl zur fachlichen Untreue als auch zur Untreue gegen mich selbst. Nicht bei jedem Trade durchschreite ich schlussendlich die Tür; weswegen ich dann auf die Nase falle, aber das sei nachrangig. Wichtig erscheint mir hingegen die Feststellung, dass diese Tür, losgelöst von den von mir betrachteten Zeiteinheiten und Trendgrößen, offensteht und nun jedes Kursgezappel die Bühne bildet für jene Ein- und Ausdrücke, für jenes Gehabe und jene Elektrizität, die das wahre Chart-Bild nahezu völlig in den Hintergrund verdrängen.«

Marcel berichtet: »Mit Gänsehaut erinnere ich mich deutlich meiner vielen Trades, der unzähligen Momente, die ich hinter meinen Monitoren aufgesprungen bin und hervorgestoßen habe: ›Fuck, Scheiße! Der Markt brennt!‹ Es gilt zu bemerken, dass meine Flüche keineswegs aus einem realisierten Minus-Trade resultierten, sondern bereits beim Eintritt in einen Trade zu hören waren, dessen Ergebnis noch gar nicht feststand. Na ja, wie gesagt, ich habe Monate gebraucht, um zu erkennen: Was mich störte, war nicht, dass ich zehn oder hundert Punkte, Pips, Ticks hinten oder vorne lag. Was mich tatsächlich in den Wahnsinn trieb, war der in Euro oder Dollar ausgewiesene absolute Betrag (mein Rumrutschfaktor liegt bei ca. 1.200 Euro), der daraus resultierte. Dass dieser allerdings stets und allein über die Positionsgröße gesteuert wird, versteht sich zwar von selbst; wie aber soll ich denn mein Konto sonst wieder auf den Originalstand bringen, außer mit dem Handel mit hohen Kontraktanzahlen?«

Fragen Sie sich also:

Wo genau liegt Ihr persönlicher Rumrutschfaktor? Die Antwort ist bedeutsam, denn: alles Fachwissen wird bedeutungslos und führt zu nichts, wenn der Händler eine Zahl sieht, deren Existenz ihn »herumrutschen« lässt ...

Gedanke 22: WAS EIN TRADER VON BAY-WATCH ÜBERNEHMEN KANN

Lieber Leser, Duplizierbarkeit im Börsenhandel ist nichts Einfaches. Denn so rechtmäßig, wie dieser mächtige Impuls als Ganzes auch immer sein mag, zusammengesetzt ist er zunächst aus lauter zusammengereimten Verkehrtheiten.

Wer unbeschadet durch geöffnete Türen kommen will, muss die Tatsache beachten, dass sie einen festen Rahmen haben: Dieser Grundsatz ist einfach eine Forderung des – nennen wir es mal – fachlichen Sinnes für die Wirklichkeit im Börsenhandel. Denn dieser Wirklichkeitssinn gilt als Voraussetzung für Duplizierbarkeit.

Doch auch wenn sich bei einem Trading-Anfänger dieser Wirklichkeitssinn erst nach und nach ausprägt: Das duplizierbare Handeln eines Traders ist als solches noch lange keine eindeutige Angelegenheit, da fachliche Ideen, so schön sie auch sein mögen, nichts anderes als noch nicht eingetretene Wirklichkeiten repräsentieren.

Notwendig ist demnach ein weiterer Sinn: Wenn es folglich einen Wirklichkeitssinn im Börsenhandel gibt, und niemand wird, wie gesagt, bezweifeln, dass er als Voraussetzung und Ausgangstatbestand für die Duplizierbarkeit seine Daseinsberechtigung hat, dann muss es auch etwas geben, was man den Sinn für praktische Umsetzung nennen könnte. Es geht um einen

Sinn für die Realisierung oder besser, für die Überführung in die Wirklichkeit. Denn dies ist wiederum die Voraussetzung, dass sich auch die Mitspielerin der Duplizierbarkeit einstellt – die Beständigkeit!

Sie ahnen, dass das Vorhandensein jenes zweiten Sinns bemerkenswerte Folgen haben kann, denn ein mögliches fachliches Ergebnis oder eine mögliche fachliche Wahrheit gleicht keineswegs einem wirklichen Ergebnis und einer tatsächlich eintretenden Wahrheit.

Man könnte auch sagen: Um aus dem Ersteren das Letztere zu formen, wird etwas sehr Menschliches benötigt, was man auch als Willen zur Umsetzung bezeichnen könnte, als einen Willen, der die fachliche Wirklichkeit nicht scheut. Er kann auch als Feuer, Biss, Selbstbewusstsein oder Kampfgeist aufgefasst werden, der sich jeder Aufgabe als Herausforderung stellt. Schlicht und einfach könnte man auch von Taffheit sprechen.

Zugegeben, man kann den Begriff »Taffheit« nur schlecht definieren, denn die eigentliche Auswirkung dieses Zustands beginnt erst dort, wo alle fachlichen Erklärungen und Begrifflichkeiten aufhören. Und doch erkennen wir in unserem tiefsten Inneren, was er besagen will: Alles, was wir an fachlich guten Regelwerken besitzen und verwenden, wird bedeutungslos und führt zu nichts, wenn es nicht gehärtet ist durch das Wissen, vier oder fünf Minus-Trades ertragen zu können.

So lässt sich kaum erklären, wie es dem Trader geht, der, gleichgültig, was er fachlich zu geben vermag, erst dann wirklich stark ist, wenn er gehärtet ist im Umgang mit Minus-Trades. Das ist unabhängig davon, was sich auf dem Konto des Traders abspielt, es vollzieht sich in seinem Innersten und wiederholt sich mit jedem neuen Trade immerfort.

Seien wir doch ehrlich! Gewiss haben auch Sie schon häufig darüber nachgedacht, dass ein technischer oder kaufmännischer Abteilungsleiter einer Firma doch eigentlich jeden Trader an besonderem fachlichen Können beträchtlich übertrifft.

Von einem ausreichend hohen Standpunkt aus betrachtet, lässt sich konstatieren: Es existieren als fachliche Voraussetzung für Duplizierbarkeit im Börsenhandel heutzutage zwar in Hülle und Fülle fachliche Ideen, Regelwerke, zu vermeidende Sackgassen und was dergleichen. Sie können von Interessierten an jeder Ecke erworben werden. Indes setzt die Fähigkeit, sich dieser Instrumente zu bedienen, im Gegensatz zu den Fähigkeiten des oben erwähnten Abteilungsleiters, besondere Eigenschaften voraus. Diese Eigenschaften lassen sich nicht durch Geld oder durch das Studium diverser Bücher, durch einen Börsen-Smalltalk oder durch eine Recherche in Forenbeiträgen erwerben. Durch diese Eigenschaften unterscheidet sich der gewöhnliche vom beständigen Trader.

Somit ist dieser zweite Sinn, der »Taffheitssinn«, das, was das Tun eines Traders immer als eine Art Subtext, als innere Stimme auf positive Weise beeinflussen sollte. Mit diesem »Taffheitssinn« wird – nebenbei bemerkt – viel Schwindel getrieben. Ein Trading-Anfänger wird diese nicht messbare Eigenschaft mitunter viel zu schnell für gegeben halten, zumal die Werbeindustrie sie im Börsenhandel als angeboren darstellt …

Fragen Sie sich also:

Besitzen Sie diesen Taffheitssinn? Denn gleichwohl gilt: Fehlt dieser »Taffheitssinn«, dann hat der Wunsch nach einer beständigen Trade-Abfolge etwas von einem Baywatch-Rettungsschwimmer, der noch nicht richtig schwimmen kann: Den Anlauf ins Wasser kann man noch schön in Zeitlupe zeigen, aber dann … dann wird's ungewiss …

Gedanke 23: »H-E-R-B-E-R-T …! WO IST MEINE 50-METER-YACHT?!«

Außer Frage steht, dass jeder Trade – auch jener, der im Minus endet – trotzdem immer gut gemeint war. Schließlich gilt es mitunter, den familiären Druck abzuwehren, der stellenweise nach großem monetärem Erfolg verlangt und damit nach übertriebenen Handlungen geradezu schreit. Folgende Ausgangslage ist zu überdenken:

»H-e-r-b-e-r-t! Wo sind die Villa, dat Rennpferd, der Luxusschlitten, und vor allem: Scheiße-Himmel-Herrgott, warum lieg isch immer noch nit mit Schirmchendrinks an unser'm beheizten Pool, und wo ist die Fünfzig-Meter-Yacht?! Du, H-e-r-b-e-r-t, hörste mir überhaupt zu? Jung', wie lange beschäftigst du dich jetzt schon mit dem Börsenkram? Drei Jahre, sachste? Ha, is' dat denn zu fassen? Wie jetzt, dat Träding is' kompliziert? HAST du'n Knall? Willste mir tatsächlich erklär'n, dass du für die mickrige bunte Bildchenscheiße Jahrzehnte brauchst? Jung', du selbst has' doch jesacht, dat is' irre einfach! H-e-r-b-e-r-t, isch R-E-D mit dir! Ja, also, wie jetzt? MACH DAMPF! KOMM IN DIE PÖTTE!!!«

Ist das Alltag oder maßlose Übertreibung? Tatsache ist: Eine Trading-Kontoeröffnung und die ersten Trades erzeugen gewiss gewaltigen Druck, wissen es nun doch alle – Eltern, Partner, Freunde, Bekannte –, dass man fortan Händler ist und daher, überspitzt dargestellt, in Kürze mit dem neuesten Spielzeug, egal ob yacht- oder porscheförmig, auf dem hohen und erhabenen Thron namens Geldüberfluss sitzen wird.

Daraus resultiert – mit fortschreitender Zeit vor den Charts – eine enorme Erwartungshaltung, der wenige Trader zu Beginn ein adäquates Ergebnis gegenüberzustellen vermögen.

Es gilt daher aufzupassen!

Denn dieser Druck kann zum Schluss mitunter so stark werden und kann damit die Ursache dafür werden, dass sich auf dem Konto unglaubliche Trades und in Familien unglaubliche Szenen abspielen, Szenen wie die nachfolgende:

»Ich schwöre, ich mache nie wieder einen Trade in diesen Seitwärtsphasen. Das heißt, falls ich überhaupt jemals ins Plus komme! Ein ziemlich großes ›Falls‹, denn inzwischen habe ich die letzten Tage, außer vergangenen Mittwoch, keinen positiven Handelstag mehr gehabt. Doch ich muss mich weiterhin Stunde um Stunde, Tag um Tag mit diesem ›unberechenbaren‹ Markt herumschlagen. Ich muss! Schließlich habe ich meiner Frau seit Tagen nicht mehr den Kontostand präsentiert, wie ich es zuvor so oft und so stolz beim Demokonto getan habe. Lange kann ich sie aber nicht mehr hinhalten, denn vom Handelsverlauf spreche ich immer öfter nur noch im Allgemeinen und übertünche so das wahre tagtägliche Geschehen; wobei mir dabei die generelle Unkenntnis meiner Frau bezüglich der Börsenwelt zugutekommt.«

»Auf ihre Frage, Wie läuft's?, nach den Ergebnissen, sage ich seit Tagen stets: ›Alles ist gut.‹ Jeden Abend fürchte ich die konkrete Frage: ›Willst du mir nicht mal das Trading-Konto zeigen? Ich würde wirklich gern wissen, wie unsere Zukunft so aussieht!‹ Die Zukunft – oha … Ich betrachte dieses Wort seit dem Verlauf der vergangenen Wochen als das schwammigste Gebilde, das man sich nur denken kann.«

»Aber die Fragen nach dem Konto und meinen Handelstagen sind – obwohl schon schlimm – nicht einmal das Allerschlimmste. Das Allerschlimmste ist das Zurückkommen in mein Arbeitszimmer, an denselben Schreibtisch, dieselben Bildschirme, dieselbe Maus, dieselbe Tastatur, dieselbe Handelsplattform, dieselbe Ungeduld und denselben Aktionismus.«

Die Unsummen von Geld, die Fincas und schnellen Autos, die in der Werbung über den Börsenhandel gezeigt werden, stellen lediglich eine Parabel für die Zukunft dar, also für das, was ein Trading-Anfänger sich für seine Zukunft erhoffen darf. Er will darauf bauen, dass es einmal Zukunft sein wird, sprich: dass sie sich – wie immer sie sich im Einzelnen tatsächlich entwickeln mag – anders gestaltet als die Gegenwart.

Fragen Sie sich also:

Welchem Erwartungsdruck sehen Sie sich beim Trading ausgesetzt? Pauschal formuliert steht außer Frage, dass jeder Trade stets von guten Absichten motiviert und gut gemeint ist. Schließlich gilt es, die eigenen wie die externen Erwartungen zu erfüllen. Dennoch darf dieser Druck nicht nach monetär völlig übertriebenen Handlungen verlangen, ja regelrecht danach schreien. Andernfalls erinnern Yacht- und Porsche-Träume tagtäglich schmerzlich daran, dass Hoffnungen enttäuscht werden und Träume zu Staub zerfallen können …

Gedanke 24: TRADING UND DAS MYSTERIUM DER VERGLEICHBARKEIT

Das Selbstwertgefühl eines Menschen – und damit wohl auch eines Traders – hängt oft in hohem Maße davon ab, wie sich der Betreffende im Vergleich zu anderen sieht, das wissen Sie so gut wie ich.

Folgende Ausgangslage gilt es deshalb zu überdenken: Üblicherweise neigen wir dazu, uns mit Menschen zu vergleichen, die unserer Meinung nach mehr Erfolg haben als wir selbst. Wir schenken im Allgemeinen den weniger Glücklichen keine Beachtung. Aber gleichgültig, wie das Problem aussieht: Eine solche Haltung wird immer zur Unzufriedenheit führen. Denn unabhängig davon, wie gut wir uns innerhalb der Allgemeinheit schlagen, konzentrieren wir uns bei der Suche nach Vorbildern ausschließlich auf die, denen wir nicht beziehungsweise noch nicht das Wasser reichen können. Wie sieht dieser Vergleichsmaßstab im Börsenhandel aus?

»Irgendwie muss der Börsenhandel doch messbar sein! Bemisst er sich in 10, 20, 50 oder 100, 1.000 Prozent im Jahr? Oder in 100, 300, 1.000 oder 10.000 Euro am Tag?«

Die Frage nach dem Vergleichsmaßstab ist schwierig, da man Glück oder Erfolg im üblichen, alltäglichen Sinn ohnehin nur schwer definieren kann. Für einen Trading-Anfänger ist die Frage nach dem Erfolg erst recht problematisch.

Andererseits gibt es wiederum Händler, die die ganze Aufregung um die Vergleichbarkeit nicht ganz nachvollziehen können, Sie können der Anonymität des Börsenhandels etwas Positives abgewinnen. Denn sie überlegen sich: Angenommen, es würden, wie so oft gewünscht, wirklich tagtäglich von allen Tradern dieser Welt eine Topliste aller Trading-Ergebnisse und natürlich auch die Flops bekannt gegeben – was wäre dann?

Oder noch schlimmer: Angenommen, es würde sogar noch jene Liste veröffentlicht, die das Verhältnis der einzelnen Ergebnisse zur dafür aufgewendeten Zeit misst. Was wäre die Folge, wenn man wirklich intensiv darüber nachdenkt? Jeden Abend würde der Trading-Anfänger völlig deprimiert nach Hause schleichen!

Warum?

Nun, es wäre egal, was er dem Markt am jeweiligen Tag an Punkten abgerungen hat. Ein anderer Händler hätte stets mehr in weniger Zeit herausgeholt, und dies womöglich trotz fehlendem Fachwissen.

Überlegen Sie sich auch Folgendes: Ist ein Händler, der heute mal überhaupt nicht nach den Märkten schaut, stattdessen mit Frau und Kind über die Felder radelt, unglücklicher und erfolgloser als ein Händler, der bis zum amerikanischen Handelsschluss dem Chart noch tausend Dollar mehr abringt und abends dann, völlig ausgelaugt vom Zwölf-Stunden-Trading, aber mit höherem Kontostand, allein auf der Couch vor dem Nachrichtensender einschläft?

Im Übrigen liegt genau hierin das schwierig zu ergründende Mysterium der Fragestellung: »Worin besteht mein persönlicher Ansporn, in der Arbeit des Börsenhandels vollkommen zu sein? Warum gebe ich mein Bestes?«

Wer ist nun also erfolgreicher: der alkoholsüchtige, zweimal geschiedene Top-Vermögensverwalter mit fünf Handys am Ohr, unzähligen Millionen auf der hohen Kante und einer Zwanzig-Zimmer-Villa mit Swimmingpool, in dem man problemlos einen Tauchkurs machen könnte? Oder jener Familienvater in einer Drei-Zimmer-Altbauwohnung mit sanften Trades auf einem kleinen Trading-Konto, der sich und seiner Familie gelegentlich mit 100, manchmal 200 Euro ein kleines monatliches Zubrot verschafft, wodurch seine Ehefrau endlich keine Überstunden mehr schieben muss und das Familieneinkommen dennoch ausreicht, um den alljährlich herbeigesehnten Familienurlaub im Schwarzwald zu machen …?

Fragen Sie sich also:

Was ist Ihr Leitbild beim Trading? Glück und Zufriedenheit lassen sich nicht in Euro messen, sondern anhand eines individuellen Maßstabs. Wie sieht es bei Ihnen aus? Wagen Sie auch manchmal zu behaupten: *Weniger ist mehr* …?

Gedanke 25:
GIBT ES DAS PERFEKTE LEBEN ALS TRADER?

»Das perfekte Leben? – Als Trader? – Ach du meine Güte!«

Folgende Ausgangslage gilt es zu überdenken: Man summt begütigend bei dieser Frage und erkennt schnell, dass es etwas Besseres als ein »gutes« Leben als Trader nicht gibt – vorausgesetzt, man erlerne und beachte die Mehrdeutigkeit im Begriff des Guten, deretwegen es ein im »fachlichen«, ein im »pragmatischen« und ein im mehr als pragmatischen, im wahrhaft »pflichtbewussten« Sinne ein „gutes" Leben als Trader gibt!

Wir alle streben nach einem guten Leben beziehungsweise sind sinnliche Vernunftwesen! Deswegen haben wir auch zweierlei Grundinteressen: Als Vernunftwesen will jeder Trader fachlich gut, als sinnliches Wesen will er glücklich sein!

Das ist spannend.

Denn demnach kann man einen Trader durchaus dann erfahren nennen, wenn er auch als sinnliches Wesen im Idealfall fachlich vernünftig bleibt, weil er nur zu gut weiß, dass er auf unfachliche Weise unmöglich glücklich werden kann ...

Das Problem ist nun aber folgendes – und jeder dürfte es am eigenen Leibe hinreichend erfahren haben: Die Welt des technisch orientierten Tradings ist leider nicht so eingerichtet, dass sich proportional zur fachlichen Vernunft auch das entsprechende Glück einstellt.

Daraus ergibt sich nun wiederum folgende spannende Bilanz: Die fachliche Vernunft beschert zwar ohne Mitwirkung des Schicksals keine Garantie auf das perfekte Leben, doch sie setzt die Aussicht auf ein solches Leben auch nicht aufs Spiel. Denn: Ohne fachliche Vernunft und ohne fachliche Pflicht ist ein perfektes Leben als Trader nicht einmal im Ansatz zu erwarten!

Fragen Sie sich also:

Wie, lieber Leser, stellen Sie sich – sowohl als Vernunftwesen, als auch als sinnlichen Wesen – ihr perfektes Leben als Trader vor?

Gedanke 26:
IHR ZWEITER UND IHR SIEBTER TRADE IN DIESER WOCHE?

Fragt man einen Anfänger: »Welchen Markt, welche Zeiteinheit und welches Signal hast du diese Woche als zweiten Trade gehandelt?«, wird als Antwort kommen: »Herrje, das weiß ich jetzt nicht mehr genau!«

Folgende Ausgangslage ist zu überdenken: Einerseits gilt: Wie soll sich eine Lernkurve bilden, wenn sowohl ein fallender als auch ein steigender Kontostand keinerlei Detailblick standhalten? Andererseits gilt: Es ist völlig normal, dass ein Anfänger sein ständig wachsendes Wissen durcheinanderbringt, es auflöst und dann neu zusammenfügt. Stoppgrößen und Zeiteinheiten, Handelsfrequenzen und Handelszeiten sowie die Auswahl der Märkte sind für den Anfänger keine abstrakten Vorstellungen, sondern Glieder einer Funktion, sind Werte, die sich jeweils neu aus dem Zusammenhang ableiten, in dem sie sich befinden.

Wie kommt Ordnung in das gedankliche Chaos?

Durch ein Tagebuch.

Wirklich! Denn: Zum einen ist Schreiben eine wunderbare Methode, Gedanken zu ordnen und Gefühle während eines Trades zu klären. Zum anderen sind ein paar Notizen eine Art Entdeckungsreise zu sich selbst, die heilsam sein kann; schließlich bedarf es hierzu keiner besonderen literarischen Fähigkeiten, denn in jedem Menschen ist sprachliches Ausdrucksvermögen in irgendeiner Form vorhanden …

Was wird notiert?

Die gesamten Tages- beziehungsweise Wochenaktivitäten werden erfasst, wenngleich das reine Erfassen von Trades natürlich noch keinerlei Nutzen bringt! Es gilt vielmehr, die Aufzeichnungen so zu führen, dass man in die Lage versetzt wird, den eigenen Kontoverlauf zu bewerten und herauszufinden, ob ein Regelwerk (überhaupt) stringent eingehalten wurde und wie gut die angewendete Strategie und Stoppführung funktionieren.

Man bedenke: Schnell kommen pro Woche zehn, 50 oder 100 Trades zusammen. Jeder Trade kann im Markt, in der Trendgröße, in der Handelsausrichtung, im Einstieg und schlussendlich im Stopp variieren. Ein Trading-Anfänger wird fast immer von Trade zu Trade in all diesen fünf Bereichen umherspringen, sodass ohne eine Aufzeichnung selten noch ein Rückschluss vom Wochen oder Monatsergebnis auf die Art des Handels gezogen werden kann.

Kurzum: Ein Tagebuch hat seinen Sinn, denn es zeigt über die Wochen eines auf: Es braucht lange Zeit – sehr lange Zeit! –, um zu lernen, dass Laster zu Tugenden und Tugenden zu Lastern werden können.

Noch ein Hinweis:

Ein Trading-Tagebuch ändert mit der Zeit seine Aufgabe. Je fortgeschrittener ein Händler, umso mehr reift die Erkenntnis, dass seine Tagebuchaufzeichnung nicht nur ein buchhalterisches Erfassen (Einstiegsgrund, Ausstiegsgrund etc.) darstellt, sondern als Kontrollorgan dient.

Als Kontrollorgan?

Ja. Sofern der Handel sich einzig beispielsweise durch die Marktphasen der übergeordneten Trends erschließt, ist mithilfe eines Tagebuchs immer ein Soll-Ist-Vergleich möglich. Beispiel: In der übergeordneten Marktphase waren sieben Trades möglich, durchgeführt wurden aber nur drei Trades! Wo um Himmels willen sind die anderen vier Trades geblieben? Autsch …

Fragen Sie sich also:

Ein gut geführtes Trading-Tagebuch offenbart die Geheimnisse des eigenen Handels und hilft dabei, die eine oder andere »Sünde« zu entdecken und zu eliminieren. Also, was schreiben Sie heute in Ihr Buch?

Gedanke 27: DIE VERMEINTLICHE TRAUMFRAU

Was macht man, wenn man an einem ganz normalen Tag plötzlich das Gefühl hat, dass die Traumfrau vor einem steht? Ganz einfach: Man kratzt seinen Mut zusammen und nutzt seine Chance!

Was zum Teufel macht man, wenn man an einem ganz normalen Handelstag plötzlich das Gefühl hat, dass endlich der richtige MEGA-Monstertrade vor einem steht?

Der erfahrene Trader würde vermutlich sagen: »Ganz einfach: Man kratzt seinen ganzen Mut zusammen und schaut zu, dass man sofort Land gewinnt!«

Wieso?

Ganz einfach: Wieso sollte ein Trade plötzlich besser sein als ein anderer davor? Sprich: Wenn dieser Trade MEGATOLL ist, *was* waren dann die anderen?

Fragen Sie sich also:

Haben Ihre Trades auch Unterschiede in deren Wertigkeit? Und wenn ja, was um alles in der Welt suchen Sie dann vor einem Tradingbildschirm …?

Gedanke 28: GUTE TRADER KÖNNEN BEOBACHTEN, SCHLECHTE HINGEGEN NUR SEHEN

Beobachten ist eine sehr nützliche Kunst. Menschen, die wirklich zu beobachten verstehen, sind anderen im praktischen Leben überlegen, denn sie haben eine sehr nützliche Waffe im Lebenskampf und im Börsenhandel!

Selten wird ein Wort so häufig falsch verwendet wie das Wort »beobachten«. »Ich habe draußen die Vögel beobachtet« oder »Ich habe den Straßenverkehr beobachtet«, erzählt zum Beispiel ein Spaziergänger, der eben nach Haus kommt. Er missbraucht das Wort.

Wenn man ihn nämlich fragen würde: »Was sind das für Vögel gewesen? Wie viele waren es? Was hatten sie für Schwanzfedern, was für Schnäbel? Waren es Zugvögel oder Standvögel? Was haben sie gefressen?« oder: »Wie viele Personen- und Lastkraftwagen hast du im Straßenverkehr beobachtet? Wie viele Fahrräder? Motorräder? Welches Kennzeichen hatte jener olivgrüne Wagen? Wie schnell mag er gefahren sein?«, so würde er wahrscheinlich erstaunt antworten: »Aber, bitte … das kann man doch *nicht* alles beobachten.«

Hier wurde gar nichts beobachtet! Die Betreffenden haben die Bilder der Vögel in der Landschaft und der Fahrzeuge auf der Straße wie einen unscharfen Film an sich vorbeihuschen lassen! Sie haben sich dabei gar nichts gedacht – oder höchstens: Wie reizend, diese Vögelchen! oder: Was ist das für ein Betrieb herrscht heute auf der Straße! Das ist kein Beobachten, das ist nur Sehen.

Oft trifft dies auch im Börsenhandel zu!

Alle Menschen, denen diese Fähigkeit des Beobachtens schon von Natur aus gegeben ist, sind vor den Charts glücklich zu preisen! Doch auch hier gibt es für die weniger Bevorzugten einen Trost: Beobachten kann man sehr wohl erlernen und so lange üben, bis es zur Gewohnheit geworden ist. Kein Mensch sollte versäumen, das zu tun! Selbst Menschen, die schon eine angeborene Anlage dazu haben, sollten damit nicht zufrieden sein. Sie sollten sie weiterentwickeln und immer mehr vervollkommnen. Auch ein Trader, der ein hohes Maß an Beobachtungsgabe braucht, muss daher sein ganzes Leben hindurch bemüht sein, diese Fähigkeit systematisch weiterzubilden und zu schulen.

Denn: In den Charts kommen wie am laufenden Band immer wieder neue Eindrücke auf uns zu. Wir brauchen uns gar nicht darum zu bemühen. Fast unaufhörlich begegnen uns Dinge, die wir scheinbar noch nicht gesehen haben. Sie schreien förmlich danach, beobachtet zu werden.

Kurzum: Auch ein Börsenhändler muss lernen, zu beobachten. Man mache auf der Stelle einen Versuch: Man unternehme es, auf einem Blatt Papier den Chart-Verlauf des gestrigen Tages genau zu skizzieren, auf Anhieb natürlich, ohne sich die einzelnen Muster erst noch einmal genau anzusehen. Vielleicht gelingt es manchem Trader. Den meisten wird es nicht gelingen, obwohl sie den Chart (DAX etc.) *stundenlang* gesehen haben. Sie haben also den Chart-Verlauf des Markts, in dem sie sich täglich aufhalten, überhaupt noch nicht beobachtet.

Kurzum: Ein Trader darf sich vor den Charts nicht damit begnügen, die Dinge als gegebene Erscheinung auf sich wirken zu lassen, er muss sich damit auseinandersetzen. Auch durch Hilfen kann man sich zum Beobachten von nahezu allen Formationen, markttechnischen Trendverläufen und Mustern zwingen. Ein Mittel hierzu ist das Sammeln.

Nach jedem Handelstag und jeder Handelswoche sollte ein Trader eine Art Sammelmappe anlegen. Neben den eigenen Notizen sollte er in diesen Mappen die ausgedruckten Chart-Verläufe zu verschiedenen Zeitpunkten und verschiedenen Zeiteinheiten notieren. Auch viele andere, oft recht merkwürdige Dinge gilt es aufzuschreiben. Das zwingt ihn, unterwegs dauernd nach allem Neuen und Eigenartigen Ausschau zu halten. Das Bekannte wird durch unerwartete Bezüge neu und regt – verknüpft mit neuen Gedanken – zu Aufmerksamkeit, zum Nachdenken und zum Urteilen an.

Fragen Sie sich also:

Die Jagd nach dem nächsten Trade sollte durch das Sammeln von Informationen im Vorfeld beginnen. Ein schlauer Jäger beobachtet seine Beute zunächst, bevor er sie erlegt. Wie genau beobachten (nicht *sehen*!) Sie das Geschehen im Trading-Alltag heute?

Gedanke 29:
WENN DAS TRADING EINER SCHLAFTABLETTE GLEICHT

Lieber Leser, blicken wir in die erzählte Welt des Börsenhandels, so ist jene elegante Selbstbeherrschung, welche den inneren Druck, »jeden Dreck« zu handeln, unterbindet, wahre Männlichkeit. Soweit die Theorie …

Die Realität sieht allerdings anders aus: Wenn das eigene Lieblings-Setup doch nur alle Jubeljahre in den Charts vorbeirauscht und damit das Trading Tag für Tag von hirnerweichender Ödnis angefüllt ist, dann ist es kaum verwunderlich, dass ein Trading-Anfänger ein wenig nach Aufregung sucht. Wenn das Trading einer Schlaftablette gleicht, während Hunderte von Punkten und Tausende von Dollars nur so im Lieblingsmarkt vorbeiziehen, bricht schnell das Klagen über den Sinn des Ganzen aus. In jedem Trading-Anfänger keimt daher nachvollziehbar die Frage, ob Disziplin und Treue zu einem Lieblingssignal nicht doch zu einem Hemmschuh, zu einem konservativen Element werden.

Und das Resultat?

Die aus der Disziplin resultierende trockene Langeweile entfacht in einem Trading-Anfänger ein wahres Feuer, auch bekannt als Aktionismus, der wiederum einen neuen Zustand auslöst: die Spannung. Schließlich gilt es – exakt um die allmorgendlich vorgenommene, aber nun gebrochene Treue wissend –, wieder heil aus diesem »Drecks-Trade« herauszukommen.

Frage daher: Ist der Trading-Anfänger also Opfer oder Verursacher?

»Ich bin DAX-Trader!«, »Ich bin Dow-Trader!« oder: »Ich bin Euro-Dollar-Trader« – in diesen Aussagen gipfelt bei vielen Trading-Anfängern die Annahme, der Lieblingshandelsstil gehöre zu einem bestimmten Markt oder Marktsegment oder müsse mit einem Lieblingsmarkt verbunden werden.

Das ist fraglich! Denn: Gleichen doch solche Worte insgeheim der analogen Aussage:

»Ich bin mit Leib und Seele, durch und durch SEGLER!«

»Und was sind deine befahrenen Gewässer?«

»Na hier, der See hier vor Ort! Da kenn ich mich aus!«

Schluck.

»Und du bist wirklich mit Haut und Haar S-E-G-L-E-R?!«

»Jawohl!«

Wenn jemand, um bei dem Beispiel mit dem Segler zu bleiben, wirklich mit Leib und Seele Segler ist, müsste das höchste Begehren doch der Wind, das Kräftespiel der Elemente, das Paradies der schaumgekrönten Wellen inmitten der schönsten Segelparadiese sein. Dann wären nicht die Begrenztheit des Dorfteichs, sondern die Weiten des Meeres das gewünschte Zuhause – sonst ginge das doch am Thema Segeln gänzlich vorbei …

Fragen Sie sich also:

»Segeln« Sie auch nur in bekannten Gewässern? Oder erproben Sie Ihren persönlichen Handelsstil auch in Märkten außerhalb Ihrer »Komfortzone«? Ein sanfter Ellenbogenknuff sei mithin bei einem Trading-Anfänger angebracht, sofern seine Definition des Lieblings-Setups die Definition eines Lieblingsmarkts und die Fokussierung darauf enthält, da dies mitunter die unliebsame Erscheinung undisziplinierter menschlicher Natur namens Aktionismus auslösen kann …

Gedanke 30: IHRE TRADES – UHRWERK ODER SPIELHÖLLE?

Aufgrund der erst noch entstehenden Ansichten zum Thema »Börsenhandel« ist die Spannbreite der Gefühle eines Anfängers – von der Routine, wenn alles so glatt läuft wie ein Uhrwerk bis zur Aufregung, wenn er sich in einer unberechenbaren Spielhölle wähnt – nicht verwunderlich.

Jeder Trading-Anfänger gelangt im Laufe der Zeit an einen Punkt, an dem er sich immer öfter dabei ertappt, über die Macken und Tücken der von ihm angewandten technischen Analyse nachzudenken. Das ist auch gut so, denn ein Trader ist einfach so beschaffen – andauernd muss er nachdenken, überlegen, grübeln, brüten …

Nach dem einen oder anderen Rachefeldzug gegen alle möglichen Chart-Verläufe kommt ein Trader nach einem total vergeigten Handelstag zu der Frage: »In was für einer Welt lebt ein Trader eigentlich?« Die Antwort: Momentan lebt er zweifellos noch in einer Welt, die, soweit es den Umgang mit der technischen Analyse betrifft, von falschen Leitbildern bestimmt wird. Doch was für eine Art von Welt ist das?

Die technische Analyse gleicht für einen Trading-Anfänger noch zu sehr großen Uhrwerken, die sich nach seinem Verständnis aus einer geordneten Anzahl von Zahnrädern und Federn – in seiner Welt kleine Kniffe und

Regeln – zusammensetzen. Eigentlich müsste, so denkt er, dieses Uhrwerk nach logischer Manier funktionieren; sieht er das Trading doch als wunderbar sprudelnde Geldquelle für schnellen Reichtum an.

Daher werden die Tage, an denen der Trading-Anfänger sich den Kopf zerbricht und stundenlang herumrumsinniert, immer mehr zunehmen: Auf der einen Seite wird er ein großer Verfechter der Vision sein, dass die Anwendung der technischen Analyse in ihrer Funktionsweise eben der erwähnten großen Uhr entspricht, bei der jedes Teil des Mechanismus einen voraussagbaren Effekt auf das nächste hat. Andererseits aber wird er genau diesen voraussagbaren Effekt sehr oft vermissen und zu dem Schluss kommen wollen, dass der Börsenhandel vielmehr einem riesigen Spielcasino ähnelt und viel offener für die Absichten sowie das verflixte Walten des Zufalls ist.

Was ist die Konsequenz?

Im Verlauf der folgenden Wochen ist zu erwarten, dass er einzelne Trades – also einen winzigen Teil der Myriade von noch kommenden Trades – herauspickt und diese als Indiz für das Ganze wertet. Daraufhin wird der Trader anspruchsvoller werden und sich nicht mehr zu so profanen Aussagen hinreißen lassen wie: »Mensch Meier, schon wieder ging der Trade ins Minus!« oder »Da schau einer her, ich dachte, ich sähe einen Abwärtstrend – und jetzt steigt das Ding!«. Nun wird er auf die Metaphysik umsteigen: »Das ist mal wieder typisch!«, »Irgendwas hab‘ ich an mir, was auch immer?!«, »Man sagt ja immer: Niemand wird je reich mit der technischen Analyse, warum also ich?«.

Aber … auch diese Phase geht vorbei.

Fragen Sie sich also:

Lassen Sie sich zu sehr von Ihren Erwartungen leiten? Denken Sie mehr an die Macken und Tücken des Tradings als an einen geordneten, regelbasierten Ablauf? Ziel muss es vielmehr sein, mittels guter Literatur und konzentrierten Nachdenkens Ihre bisherige Erwartungshaltung an die Leistungsfähigkeit der technischen Analyse beiseitezulegen und sich stattdessen mit geordneteren Ansichten und noch zielführenderen Fragen zu befassen. Auf diese Weise sollten Sie zu dem Verständnis gelangen, dass Trading weder ein vorhersehbares Uhrwerk noch eine unberechenbare Spielhölle ist, sondern – als dritte Variante – genau in der Mitte von beidem angesiedelt ist. Nichts anderes beschreibt der Begriff »Spekulation«…

Gedanke 31:
DEN CHART IMMER SCHÖN SEKÜNDLICH BETRACHTEN?!

Lieber Leser, was einen Trader oft lähmt, ist die Unlust, vom permanenten Beobachten seines Lieblingsmarkts abzulassen: »Ich muss sehen, was in dem Chart passiert …«

Zum Hintergrund: Ein Trading-Anfänger ist es gewohnt, Trading mit einer anhaltenden Observation gleichzusetzen. »Ich muss immer alles schön im Sekundentakt betrachten«, wird er sich denken. Viel zu selten kann er den Blick einfach abwenden. Und genau hier bietet sich eine außerordentliche Schwierigkeit dieser Betrachtung dar. Denn:

Diese freiwillige »Rund-um-die-Uhr-Observation«, bei der sich natürlich jede Störung durch Kritik verbietet, gilt zu Beginn als innerste Natur des gedachten Trading-Talents. Ein Trader ist aber durch das ständige Beobachten zum Interpretieren geneigt. Er wird viel zu oft denken: »Jetzt müsste der Markt ungefähr das Folgende tun: …«. Damit begnügt er sich mit einer halben Vollkommenheit. Deshalb gilt es, Folgendes zu bedenken: Durch das ständige Beobachten einer kleinen (!) Chart-Auswahl rächt sich die Idee von einem Lieblingsmarkt, denn das Entzücken am reinen Chart-Orakeln und Abenteurertum saugt den Trading-Anfänger dermaßen auf, dass ihn schnell die Treue zum Lieblings-Setup verlässt. Er wird dann die zur Disziplin erforderliche Entschiedenheit verweigern.

Die Folge?

Das Eingesperrtsein in wenigen Märkten endet allzu oft mit einem ungünstigen Ahnen oder Vorwegnehmen von Chart-Verläufen. Ziel eines Trading-Anfängers muss es folglich sein, die erforderliche Zurückweisung zu finden, weil er erkannt hat, dass diese große Affenliebe, dieses Paktieren und Konspirieren mit der andauernden Observation als innerlicher Rädelsführer zum Aktionismus fungiert.

Fragen Sie sich also:

Jeden Handelstag aufs Neue gilt es sich die Frage zu stellen: Gibt es etwas Peinigenderes als sinnlose *Langeweile-Diller-und-Chart-Orakel-Trades* oder die Schmerzen eines Trades, der fachlich zwar richtig war, aber aufgrund überladener Positionen monetär nicht ausgehalten und grausam mit den Worten untermauert wurde: »Ich konnte nicht anders, ich M-U-S-S-T-E …«?

Gedanke 32:
DES TRADERS ERSTE HOCHZEIT UND SEINE KURZE EHE

Als normal anzusehen ist, dass ein Trading-Anfänger, einer Biene gleich, von Blüte zu Blüte – in unserem Fall von Trading-Ansicht zu Trading-Ansicht – wechselt.

Börsenhandel ist für die Spannbreite seiner Gefühle – von Routine oder gar Langeweile bis hin zu Aufregung oder gar einer wahren Achterbahnfahrt der Emotionen – verantwortlich. Daher ist es nicht verwunderlich, wenn er sich lieber mit den harten Fakten verheiratet, statt sich einer Liaison mit bunten Strichen zwischen irgendwelchen x- und y-Achsen hinzugeben. Und so entsteht die erste Ehe.

»Die fundamentale Analyse und deren Berichte sind nüchtern und forschend. Sie ziehen die Firma und deren Zahlen aktiv in Betracht. Sie verhören sie im Scheinwerferlicht des Datenmaterials und suchen ständig nach Beweisen für eine Über- oder Unterbewertung ...«

So in etwa lautete sinngemäß die Begründung für die hohen Stapel von Berichten auf so manchem Arbeitsplatz eines Trading-Anfängers. Interessant ist: Sobald man auf Hinweise der Existenz der technischen Analyse zu sprechen kommt, wird bei so manchem Neuling jede Diskussion abgeblockt, und zwar jedes Mal mit demselben Argument: »Euer Chart-Gefummel –

alles Kaffeesatzleserei!«, und es wird dann stolz auf die unzähligen ausgedruckten Fakten und Nachrichten gezeigt.

Nahezu jeder Trading-Anfänger verheiratet sich zu Beginn seiner Börsenkarriere gern mit den vermeintlich harten Fakten der fundamentalen Analyse und will keine Liaison mit den bunten Strichen der technischen Analyse. Dass fundamentale oder zumindest fundamental angehauchte Berichte eine sehr beliebte Sache sind, ist nichts Neues. In nahezu allen Zeitungen, Newslettern, Börsenseiten und -briefen haben sie einen Stammplatz. Fernsehberichte über die Börsen bestehen fast vollständig aus Fundamental-Kennzahlen, und die meisten Anfänger geben sich vorab ja auch mit diesen (oftmals) pauschalen Aussagen zufrieden.

Ein Trading-Anfänger wird immer die Fundamental-Analyse über alles lieben, jede Aussage todernst nehmen und jede Menge Börsenbriefe abonnieren, je teurer desto besser. Aber: Mit den Monaten vergeht rasend schnell die Hoffnung, die fundamentalen Aussagen mit dem Zeithorizont des Tradings synchronisieren zu können.

Mithin ist es nicht verwunderlich, dass auf die vorschnelle Hochzeit die Scheidung folgt. Diese – interessanterweise – freiwillige Trennung ist sodann nicht ganz der neuen, vermeintlich besseren Liebe geschuldet, sondern vielmehr der fehlenden Zärtlichkeit, sprich der tatsächlich fehlenden finanziellen Ausbeute in dieser ersten Ehe.

Fragen Sie sich also:

Lohnt sich die Beschäftigung mit Fundamental-Daten im Trading? Oder wäre es nicht viel besser, sich auf die technische Analyse zu beschränken? Die Suche nach kurzfristig (!) profitableren Möglichkeiten lässt die Liebe zu den harten Fakten wie Bilanzen, News und Co. schnell erkalten. Plötzlich lösen sich die einstigen Attacken gegen die technische Analyse und die Begründung, sie stelle ein Spiel mit dem Teufel dar, in Luft auf. Stattdessen vertreiben Sie als Trader lieber mit aller Kraft, weit entfernt von KGV und Umsatzprognosen, mittels Stift, Lineal und wilden Linien die Dämonen aus den Charts. Die zweite Ehe beginnt (mehr dazu lesen Sie im folgenden Abschnitt).

Gedanke 33: DIE ZWEITE EHE IM SUPERMARKT DER BÖRSEN-WEISHEITEN

In der Archäologie heißt die goldene Regel: »Grab hier, und der Schatz liegt dort drüben. Wenn du hingegen da drüben gräbst, liegt er hier.« Ähnlich sieht auch das Ergebnis des »kreativen« Börsenhandels aus …

Im Laufe eines Trader-Lebens finden mehrere »Ehen« statt. Der vorangegangene Gedanke galt der ersten Ehe mit der Fundamental-Analyse. Kurz darauf wird des Traders zweite Ehe groß gefeiert. Die technische Analyse hat Vorteile: Schließlich erlaubt sie es als neue Ehefrau ihrem Göttergatten, die Regelwerke selbst zusammenzustellen! Anders als bei der fundamentalen Analyse darf er nun nehmen, wovon er will: Zwei Candlestick-Muster von diesen, fünf von jenen, eine – nein, besser doch erst mal nur eine halbe – von diesem komischen Ding namens Elliot-Welle.

Die Auswahl ist – einer Supermarkttheke gleich – bunt und vielfältig:

»Lust auf ein bisschen Fibonacci?«

»Ja, aber nur ganz, ganz wenig! Und tun Sie ruhig auch noch etwas Schulter-Kopf-Schulter-Formation in die Tüte, für den Future-Handel. Ach ja, und bitte noch ein paar von den Flaggen und Wimpeln, die sollen ja auch viel Geld bringen; schließlich haben wir ja bald wieder Weihnachten. Und dann bräuchte ich noch etwas mit viel Rendite und engen Stopps. Trendkanal-Trading? Okay, das sieht ziemlich cool aus! Und was ist sonst noch im Angebot? Das Point-&-Figure-Trading sieht aber auch interessant aus! Na gut, probiere ich davon auch mal ein wenig. Ach, und bevor ich es vergesse: Bitte noch etwas von diesen superwichtigen und unbestechlichen 100- und 200-Tage-Linien.«

So oder so ähnlich deckt man sich als Trading-Anfänger im »Supermarkt der Börsenweisheiten« mit Werten und Wahrheiten ein, eigentlich mit allem, worauf man gerade Lust hat. Alles, was vielleicht schmecken könnte, stopft man in die Tüte mit der Werbeaufschrift »Kreative Anwendung technischer Analyse«, gleich einem Kind, das im Kaufhaus an der Süßwarentheke seine Bonbontüte aus den großen, verheißungsvollen Gläsern selbst füllen darf.

Der Reiz der »Mischen-Sie-selbst-Abteilung« der technischen Analyse leuchtet auch jedem sofort ein: »Nur mal eben probieren, ob das den Chart weichkocht.«

Die Folge?

Spätestens nach den Flitterwochen stellt sich eine totale Reizüberflutung ein. Jeden Tag prasseln derart viele Informationen, Logiken, Regeln und Formationen auf den Trader ein, dass er fast ohnmächtig davon wird. Aufgrund falscher Fragestellungen gibt es demnach schnell Ärger im Paradies, und die Kurzfassung des zweiten Ehelebens lautet pauschal: Man kann – zu Beginn – den Chart noch so sorgfältig mit den Inhalten der selbst zusammengestellten Wundertüte analysieren, was bleibt, ist nach wie vor: Tradet man eine Richtung, verhält sich der Markt garantiert anders. Und gerade wenn man meint, den Stopp an der richtigen Stelle gesetzt zu haben, gleitet der Markt elegant zu diesem Punkt, schmeißt dich aus dem Markt und dreht dann mit riesigen Schritten zurück in die angedachte Trader-Richtung. Typisch!

Fazit: Aufgrund falscher Fragen und fehlender Einsichten ist es für den Trading-Anfänger unerklärlich, dass er, trotz Anwendung der vielen Möglichkeiten der technischen Analyse, unterm Strich in diese Ehe nur einzahlt. Er will die finsteren dämonischen Mächte der bösen Candlestick-Charts entmachten und besiegen, und dennoch gibt's kein dauerhaft friedliches Eheleben – im Gegenteil. »Wenn Regel A recht hat, dann hat Regel B unrecht«, derlei Gedanken reiben den Anfänger fast in den Wahnsinn.

Und das Resultat?

Was geht, ist das Geld, was bleibt, ist die Schrecklichkeit einer ständigen Ungewissheit …

Fragen Sie sich also:

Welche Instrumente aus dem unendlichen Supermarkt-Angebot der technischen Analyse brauchen Sie wirklich? Sie können den Horror vor dem Handelstag erheblich eindämmen, wenn sie die technische Analyse nicht mit allzu viel »Kreativität« betreiben und sich klug beschränken.

Gedanke 34:
NA ENDLICH! DAS 1000-PROZENT-MEEEGA-TRADING-SIGNAL!

Lieber Leser, kennen Sie jene E-Mail-Posts, die auf ein Musterdepot hinweisen, das aufgrund eines geheimen Signals bisher stolze zigtausend Prozent erreicht hat? »Aus 1.250 Euro binnen 21 Wochen nachweislich 15.338 Euro! Klicken Sie hier!«, »In wenigen Monaten auf die Überholspur des Lebens …« – solche und weitere Glücksbotschaften klingen verlockend. Klugheit oder Dummheit, Realität oder Augenwischerei? Das ist nicht immer eindeutig, mitunter lohnt sich im Zweifelsfall daher der Antwort-Button: Hier ein überspitzter, aber inhaltlich korrekter Entwurf dessen, was Sie auf solche Botschaften antworten sollten:

Sehr geehrter Börsendienstbetreiber, mit Bedauern nehme ich tagtäglich zur Kenntnis, dass ich über wenig Geld verfüge, und sehe daher den Börsenhandel als ein tolles Sprungbrett. Mit Begeisterung und großer Faszination habe ich daher Ihren Werbepost gelesen und bin mithilfe meines Taschenrechners zu dem Ergebnis gekommen, dass ich mit meinen 3.400 Euro Sparbuchguthaben bereits – nach Ihrer Rechnung – 41.719 Euro verdient haben müsste. Bei diesem Gedanken bekomme ich Schmetterlinge im Bauch. Gut, eigentlich bräuchte ich gar nicht so viel Geld, aber man soll ja einem geschenkten Gaul nicht ins Maul schauen, Sie wissen schon. Dennoch habe ich vor Abschluss Ihres Abonnements einige Fragen und wäre Ihnen dankbar, wenn Sie mir diese ausführlich beantworten könnten:

1. Wie sähe die Performance aus, wenn ich nicht seit Start des Signaldienstes, sondern erst vor – sagen wir – zwei Monaten eingestiegen wäre? Ich meine damit, dass ich einen Graph vermisse, der die Performance jedes Trades seit Auflegung des Dienstes darstellt. Sie wissen schon, mir geht es um den Drawdown. Es wäre doch schon gut, nicht nur das Ziel zu sehen, sondern auch den Weg zum Ziel zu kennen. Womit es mich auch schon zur nächsten Frage drängt.
2. Welches Management wurde angewandt, um die erwähnten 1.200 % zu erreichen? Ich bräuchte bitte einfach ein paar Kennzahlen. Sie wissen schon, einen Trade-Report. Also die Frage nach der Stabilität Ihres Systems.
3. Wie können Sie als Herausgeber der Signale davon ausgehen, dass ich als Nutzer Ihres Informationsdienstes beständig handle? Wenn Sie mich als Nutzer Ihrer Signale nicht mit unzähligen Zeilen, Hinweisen und Plakaten aufklären, dass das Money-Management irre wichtig ist, wie wollen Sie dann sicherstellen, dass ich nicht mal hier den einen Trade mache, dabei verliere, den nächsten Trade auslasse, um meine Wunden zu lecken, dieser Trade wiederum den irren Profit bringt, ich daraufhin beim nächsten Signal wieder mitmache, dieses dann wieder in die Hose geht und so weiter? Das ist doch wichtig, finden Sie nicht? Denn sonst wäre es ja durchaus möglich, dass ich, obwohl ich Ihren Dienst abonniert habe, eine von Ihrer total abweichende Performance-Kurve habe.
4. Wie wollen Sie verhindern, dass ich, aufgrund meiner riesigen Depotschwankungen, völlig genervt Ihren Dienst abbestelle, weil mir ja nie ausführlich erklärt wurde, dass ich auf keinen Fall mit unterschiedlichsten Beträgen handeln darf? Was mich gleich zur letzten Frage führt.
5. Können Sie einen historischen Maximalverlust benennen und damit das prozentuale Risiko, das ich aktuell höchstens eingehe?

Ich bedanke mich für die Beantwortung meiner Fragen schon im Voraus.

Vielen Dank

Fragen Sie sich also:

Welche Voraussetzungen sind die Grundlage derart immenser Erfolgsversprechen? Sind diese realistisch? Obgleich sich diese Frage nur mit den oben genannten fünf kleinen Teilfragen beantworten lässt, ist doch klar: Im *eigenen* Trading werden Sie die angegebenen Erfolgszahlen schon deshalb nicht erreichen, weil der Anbieter für seine Empfehlungen keine Verantwortung übernimmt und es gänzlich Ihnen überlässt, welche seiner Empfehlungen Sie wie genau ausführen.

Gedanke 35: DIE FÜNF MERKMALE DES FORTSCHRITTS

Woran erkennt man bei sich einen Fortschritt als Händler? Es geht hier weniger um besonderes Fachwissen. Vielmehr ist ein Fortschritt von fünf Merkmalen gekennzeichnet:

6. Ein Trader findet selbstständig aus Not und Dummheit sowie Aktionismus-Panikphasen heraus, erkennt also jene Trades, in denen ihn namenloses Entsetzen überfällt, gegen das weder Argumente noch Rhetorik helfen – sondern einzig frische Luft, ein paar Liegestütze oder ein heißes Wannenbad.
7. Ein Trader ist seinen Gefühlen beim Trading immer näher gekommen. Er ist aufmerksamer geworden, aber nicht dem Markt, sondern sich selbst gegenüber.
8. Er erkennt, dass er heute nie mehr sagen würde, er sei verliebt in den Handel oder in die Charts, sondern er betrachtet das Trading endlich nur noch als Job.
9. Durch das Ende der »Verliebtseinsphase« schwindet der Glaube, am Erleben der Kursveränderungen sei das Wichtigste, dass man es erlebe, und am Beobachten der Märkte, dass man sie beobachte.

10. Er versteht immer mehr: Es geht nur um das Erreichen des festgelegten Ziels und nicht um eine Beschäftigungstherapie.

Fragen Sie sich also:

Welches der fünf Merkmale haben Sie, lieber Leser, die vergangene Handelswoche live erlebt? Und welche Merkmale bedürfen bei Ihnen noch der besonderen Aufmerksamkeit?

Gedanke 36: WIE VIEL ZEIT FÜR IHRE TRADES BLEIBT IHNEN NOCH?

Ein Trading-Anfänger besitzt stets das Gefühl, die Zeit für mögliche Trades würde ihm wie Sand durch die Finger rinnen: »Wenn ich jetzt nicht trade, bin ich in fünf Minuten 70 und komme nicht mehr dazu, a) mein Konto aus dem Minus zu hieven oder b) die ersehnten Millionen auf dem Kontoauszug zu sehen.«

Es ist keine Frage: Für einen normalen Trading-Anfänger verkörpert das Thema *Zeit* eine sehr ernste Herausforderung. Ein Beispiel: Ein Trader mit seinen 24 Jahren hat noch, wie Demografen versichern, rund 55 Jahre zu leben. Jeder Moment eines Charts hält ungezählte Möglichkeiten für Trades bereit, und er hat noch mehr als fünf Jahrzehnte voller Chart-Situationen vor sich. Die Anzahl seiner Entscheidungsmöglichkeiten für oder gegen künftige Trades ließe sich praktisch kaum berechnen – sie würde sicher gegen unendlich tendieren.

Denselben Demografen zufolge hätte ein Trader mit 55 Jahren nur noch 20 Jahre Leben zu erwarten. Für ihn ergäbe sich eine weit geringere Anzahl der Möglichkeiten und sie nähme zudem noch rapide ab. Dieses mathematische Grundprinzip wirkt sich auf einen jüngeren Trader, der am Beginn seiner Karriere steht, intensiv aus, ohne dass er sich dessen bewusst ist. So gesehen beherrscht ein Trading-Anfänger die Differenzialrechnung bis zur Perfektion – und er betreibt sie auch pausenlos.

Ein Trader betreibt also unablässig höhere Mathematik, ob er es nun weiß und wahrhaben will oder nicht. Denn: Im Unterbewusstsein ahnt er genau, wie schnell die Zeit einer Handelsstunde, eines Handelstags oder einer Handelswoche vergeht und in welchem Tempo die Wahlmöglichkeiten für ihn abnehmen. So hat ein Trading-Anfänger eben stets dieses Gefühl, als würde ihm die Zeit für mögliche Trades wie Sand durch die Finger rinnen: »Wenn ich jetzt nicht trade, bin ich in fünf Minuten 70 und komme nicht mehr dazu, a) mein Konto aus dem Minus zu hieven oder b) die ersehnten Millionen auf dem Kontoauszug zu sehen.«

Eben dieser unbewusste durch die Finger rieselnde Sand verursacht jenen inneren Druck, unter dem das Leben eines Trading-Anfängers oftmals zur unendlichen Qual wird. Für jedes Bedürfnis, das in das Bewusstsein eines Traders dringt, drängen fünf weitere Bedürfnisse im Unbewussten auf Erfüllung.

Kurzum: Der Wille treibt einen Trader unbarmherzig an. Sobald ein Trade befriedigt ist, tritt sogleich ein weiteres Verlangen an seine Stelle, und so geht das tagein, tagaus. Das Leben eines Trading-Anfängers kreist demnach, gleichsam für alle Ewigkeit, um eine Achse der Bedürfnisse nach mehr Geld und deren Erfüllung.

Ob ein Anfänger durch diese Erfüllung befriedigt sein wird?

Leider nur für kurze Zeit.

Fast unverzüglich setzt Langeweile ein, und erneut wird der Händler zum Handeln getrieben, diesmal aber – wenn man ganz, wirklich ganz genau hinschaut – häufig sowie einzig und allein deswegen, um dem Schrecken der Langeweile zu entfliehen.

Fragen Sie sich also:

Verspüren Sie häufiger den Drang, alles traden zu müssen? Passen Sie unbedingt auf, dass sich das nicht wie ein Gefängnis auswirkt. Ein Gefängnis, dessen Gitterstäbe unsichtbar sind und das Sie immer mit sich herumgetragen …

Gedanke 37:
DIESEN TIGER KANNST DU NICHT BEZWINGEN. KEIN TRADER KANN DAS.

»Ach du Schreck!« Lieber Leser, wer kennt sie nicht, jene katastrophalen Trading-Tage, an denen es geheißen hat: »Mit vollem Karacho rein ins Abenteuer! Und dann galt eben nicht: ›Ende gut, alles gut!‹, Sondern: ›Ende sch…, alles sch…!‹«

Diese Frage kommt einem Trader gar nicht so selten in den Sinn: Ob die Börse wohl Rache kennt? – Natürlich kennt sie keine Rache! Und obwohl wir es wissen, folgt tagtäglich der wütende Ausspruch: »Das hole ich mir alles gleich wieder zurück!« Jeder Trader mit einem scharfen Konto weiß, was man bei einem Minus-Trade gedanklich durchmacht. Dennoch: Die Börse kennt weder Rache noch sinnlosen Aktionismus. Sie kennt auch nicht den Schmerz, wenn wir einen Trade mit einem Minus schließen müssen, oder den Zorn, der uns übermannen kann, wenn wir wie ein Kind vor dem Rechner sitzen und uns über unsere letzte Aktion so ärgern, dass wir fast schon heulen könnten. Die Börse kennt auch nicht den Hass, der in uns aufwallen kann, wenn wir sehen, wie der Markt, kurz nachdem eine Position durch den Stopp-Loss eliminiert wurde, in die beim Trade angedachte Richtung schießt und wir vor lauter Wut nicht mal eine Träne zum Wegwischen finden. Nein, nein – das alles kennt die Börse nicht.

Jeder Trader erkennt irgendwann, dass er aufgeben sollte, sich vorzunehmen, die »Nahrungspyramide« der Börse umzudrehen! Diesen Tiger kannst du nicht bezwingen!

Sie haben als Trader zwar tolle Werkzeuge, sprich Regelwerke und Gedanken, aber trotzdem werden Sie diese »Pyramide« nie umdrehen können! Sie bezwingen weniger den Markt, sondern quälen vielmehr sich und Ihr Konto. Die Realität des Chart-Verlaufs und damit das Verhalten aller Marktteilnehmer in der Summe sind unüberwindlich – gewöhnen Sie sich daran!

Es ist sinnlos, vergangene Trades mittels blinder Wut zu rächen. Das gilt selbstverständlich nicht für eine bestimmte Sorte ausgestoppter Trades, nämlich jene Trades, denen ein Folgetrade fachlich zwingend erfolgen muss. Sehr wohl gilt der Ratschlag, auf vermeintlich notwendige Folge-Trades zu verzichten, aber für jene Trades, bei denen, sobald die Jagdhörner ertönen, die Hundemeute von der Leine gelassen wird und die Treiber losspurten …

Fragen Sie sich also:

Inwiefern lassen Sie sich beim Traden vom Wunsch nach Rache und Wiedergutmachung beherrschen? Welche Ihrer Trades sind ausschließlich in solchen Gefühlen begründet? Wenn Sie sich zu einem Folge-Trade genötigt sehen, überlegen Sie sich: Ist er wirklich gemäß Ihrem Regelwerk angebracht? Falls nein, lassen Sie ihn bleiben! Aber das ist alles leicht geschrieben. Für gewöhnlich wird diese Gefahr erst durchschaut, wenn man sich fast schon mittendrin befindet. Man lächelt oder seufzt dazu …

Gedanke 38: WIE GROSS SIND IHRE BEMÜHUNGEN, IHRE PERSÖNLICHKEIT ZU ÄNDERN?

Frage: Verdient ein Trader aufgrund seines Ansatzes im Börsenhandel Geld oder aufgrund seiner Persönlichkeit? Grübel … grübel …

Man kann einen Trading-Anfänger über Tage, Wochen, Monate und Jahre ganze Trading-Bibliotheken studieren lassen. Aber in welchem Regal steht das Buch mit dem Titel »Veränderung der Persönlichkeit?« Selbst wenn es jenes Buch gäbe, nach wie vielen Seiten oder Wochen würde eine nachhaltige Änderung eintreten?

Die Handelsregeln, ob nun Markttechnik, Indikatoren, Candlestick-Muster, Fibonacci, Volumen-Trading, Elliot-Waves, nach den Mondphasen oder was auch immer – lassen sich im Großen und Ganzen nicht ändern. Die eigenen Gefühle, das eigene Verhalten – das ist es, worauf es hier ankommt – all das lässt sich hingegen verändern. Aber: Wie sehr bemüht sich ein Trader, seine Persönlichkeit wirklich zu ändern?

- Die Betonung liegt auf ändern, wandeln!
- Die Persönlichkeit ändern?

- Ja, darauf kommt es an!

Jeder kennt die eine Fliege, die wiederholt gegen das geschlossene Fenster fliegt, obwohl nur zwei Meter weiter die große Terrassentür offensteht. Ähnlich ergeht es einem Trader am Anfang auch. Er hat den Blick auf das Wesentliche noch nicht. Aber im Laufe der Jahre verändert sich seine Persönlichkeit tatsächlich: Trades mit unkontrollierbaren Risiken verabscheut er nun geradezu. Vom ehemaligen Ziel der permanenten Maximierung der Gewinne abgekommen, gilt es stattdessen, nun tagtäglich zu vermeiden, dass ihm seine interessante Geldmaschine namens Börsenhandel weggenommen wird. In die Langeweile irgendeines Büroalltags in der Welt außerhalb des Börsenhandels zurückkehren zu müssen, würde einem Fiasko gleichkommen.

Genau dieser Weiterentwicklung der Persönlichkeit ist es zu verdanken, dass der Trader nun stolz sein kann, seine Strategie so lange durchgehalten zu haben – trotz des immer wieder empfundenen Drucks, bei jedem Trade und jeder Chart-Konstellation seine Männlichkeit unter Beweis stellen zu müssen.

Fragen Sie sich also:

Ein erfahrener Trader stellt seinen Trading-Stil nicht mehr infrage, auch wenn andere mit anderen Ansätzen möglicherweise mehr Geld verdienen. Konnten Sie eine solche Entwicklung Ihrer Persönlichkeit hin zu mehr Konsistenz und Selbstvertrauen schon an sich beobachten?

Gedanke 39: 7:1 FÜR DEN CHART. ODER: KANN NUR EIN STARKER MENSCH EIN GUTER TRADER SEIN?

Für einen Trading-Anfänger gibt es zu Beginn nur einen, der recht hat, und das ist er selbst. Nachgegeben wird nicht und zugegeben schon gar nicht. Okay, so weit nichts Neues.

Betrachten wir einmal eine typische Situation: 9:00 Uhr: Börseneröffnung. Der Trading-Anfänger sitzt – so wie jeder fortgeschrittene Trader einst auch – den ganzen Trading-Tag da und würde so gerne demonstrieren, wie gut er die Marktentwicklung vorhersagen kann, aber der Chart lässt es einfach nicht zu. Deshalb motzt der Trading-Anfänger den ganzen Tag herum, und der Chart setzt ihn jedes Mal wieder neu vor die Tür. 1:0 für den Chart.

- Nächster Trade zu früh rein. 2:0 für den Chart.
- Nächster Trade zu früh raus. 3:0 für den Chart.
- Nächster Trade kein Stopp. 4:0 für den Chart.
- Nächster Trade kleiner Gewinn. 4:1 für den Chart.
- Nächster Trade Monster Loss. 5:1 für den Chart.

- Nächster Trade: super Signal, aber mangels Mut dieses nicht gehandelt. 6:1 für den Chart.

Während man später als fortgeschrittener Trader in weitgehender Ruhe jedes vorgesetzte Regelwerk der Welt nahtlos traden würde, sitzt man gespannt als Trading-Anfänger vor dem Chart, und die Haare stehen einem zu Berge: »Wie? Ich soll warten, bis ein eindeutiges Signal kommt? Was ist das für ein total bescheuertes Trading? Warum sollte ich so viele Punkte verschenken, wenn in jeder einzelnen Periode Hunderte von Euros herumliegen? – Warum? Nur weil die Disziplin das verlangt? – Niemals!«

Und was passiert?

Der Trader hat bereits in der nächsten Periode bewusst das Desinteresse an Disziplin heraushängen lassen. Er will zeigen, was da so geht. Bums, Minus-Trades. 7:1 für den Chart. Der betreffende Trader wird weiter vor lauter Stolz seine Minus-Trades kassieren, später vor Wut fast heulen und von der Familie oder von Freunden später den Kommentar reingewürgt bekommen: »Siehst du, das mit der Börse hast du nicht drauf. Vergiss das Trading und mach was Anständiges.« Die Verwandten und Freunde eines Trading-Anfängers warten nur darauf, dass er einknickt. So was tut natürlich weh.

Und so gibt es – wie für jeden Trader der Welt – eine ganz einfache Entscheidung:

Entweder er lernt oder – kawumm! – er macht das Konto dem Erdboden gleich – und auch alle Konten danach.

Wie aber lernen?

Das Selbstbewusstsein ist in den ersten Monaten mitunter arg beschädigt. Ein Trading-Anfänger hat sich verzettelt und ist unruhig. Er hat aber tief versteckt im Innern das Bedürfnis nach jener Wiederinstandsetzung, die möglicherweise Gewissenserforschung genannt wird. Dennoch: Wenn ein Anfänger hier und jetzt erklären müsste, wie er als Trader eigentlich sein möchte, er würde in Verlegenheit geraten. Denn er hat wahrscheinlich weder sich noch sein Verhältnis zur Börse richtig geprüft. Oder zumindest nicht oft oder tiefgreifend genug, und genau da drängt sich die Frage auf: *Kann nur ein starker Mensch ein guter Trader sein?*

Sicher ist eines: Jeder Trader konnte in seinem bisherigen Leben, also bevor er mit dem Trading begonnen hat, seinem Können stets vertrauen. Er wusste, wie er in bestimmten Situationen reagieren oder agieren musste. Also wird er nicht daran zweifeln, dass der Unterschied zwischen seinen bisherigen Erlebnissen als Trading-Anfänger und den erforderlichen Eigenschaften eines Profi-Traders nur ein *Haltungsunterschied* ist.

Fragen Sie sich also:

Daher, lieber Leser, ist es die Pflicht und Aufgabe, sich in diesem Zusammenhang Tag für Tag aufs Neue zu fragen: Sind Sie bereit, zur Entwicklung und Anwendung eines gewissermaßen aktiven Willensbeschlusses zu gelangen? Denn genau das macht die Haltung eines Profi-Traders aus.

Gedanke 40:
6:00 UHR RING-RING. BUSHALTESTELLE ODER VOR DIE CHARTS?

Schaut man sich ganz frühmorgens bewusst auf den Straßen um, blickt man nicht selten in unglückliche Augen. Für manchen Trading-Anfänger ist genau dies der Grund, mit dem Börsenhandel zu beginnen.

Folgendes ist sicherlich eine Tatsache: Je früher sie aufstehen müssen, desto unglücklicher sind viele Mitmenschen, die man trifft. Das ist so, weil sich vor sechs Uhr kein normaler Mensch freiwillig irgendwohin begeben will. Weil alle müssen. Weil sie vor ein paar Jahren einen Vertrag unterschrieben haben, in dem steht: Arbeitsbeginn sieben Uhr. Und jetzt fahren diese Menschen Tag für Tag, Woche für Woche, Monat für Monat, Jahr für Jahr von A nach B, bevor der Tag überhaupt richtig begonnen hat.

Für manch einen Trading-Anfänger ist genau dies der Grund, mit dem Börsenhandel zu beginnen. Er möchte dies ändern. Ein gutes Ziel. Aber: Jedem Trader muss bewusst sein, dass er jeden Tag nur eine einzige falsche Entscheidung davon entfernt ist, wieder um sechs Uhr an der Bushaltestelle zu stehen. Das war so, das ist so – und das wird auch immer so bleiben. Der eine Trader steht schneller an der Bushaltestelle, bei dem anderen dauert es länger, andere Trader werden hingegen nie mehr dort stehen.

Während beim Anfänger mitunter ein einziger Trade reicht, damit der Wecker ab sofort wieder in aller Herrgottsfrüh klingelt, entscheidet beim erfahrenen Trader etwas anderes darüber, ob ihn der Wecker der Fremdbestimmtheit fortan aus der Kuschelmulde holt. Hier zählt nicht das angeeignete Wissen, sondern es kommt auf die daraus resultierenden Entscheidungen an. Das Bindeglied zwischen beiden ist – wie sollte es anders sein? – die Disziplin.

Fragen Sie sich also:

Haben Sie die Disziplin, als Trader zu bestehen? Wer sie nicht hat, hat zwar unter Umständen tolle Regelwerke, trifft aber dennoch letztendlich Entscheidungen wie ein fachlich nicht versierter Anfänger. Dementsprechend kann bei einem erfahrenen Trader ebenso wie bei einem Trading-Anfänger jeder Trading-Tag der letzte sein – und am darauffolgenden Morgen rasselt wieder um sechs Uhr in der Früh der Wecker: *Aufstehen!!!*

Gedanke 41: STEHT IHR NAME AUCH AUF DER LISTE DER SINNLOS EINZAHLENDEN?

Weshalb wird ein Trader im Laufe der Jahre immer besser? Die Frage hat es in sich.

Die entscheidende Überlegung lautet: Ab wann steht ein Trader nicht mehr auf der Liste der sinnlos Einzahlenden?

- »Wenn ich Tausende von Charts angeschaut habe?«
- Quatsch! Deswegen kann man trotzdem noch Blödsinn machen!
- »Weil ich acht Stunden ununterbrochen vorm Bildschirm sitze – also wegen meiner Ausdauer?«
- Ebenfalls Quatsch!
- »Weil ich alle Bücher gelesen und Webinare gehört habe?«
- Echt?

Eine denkbare stimmige Antwort wäre: Weil der Trader angefangen hat, damit aufzuhören, sich behelfsmäßige Leugnungen über die *Endlichkeit* der Wissensaufnahme im Trading zu konstruieren. Denn: Das ist der Unterschied zwischen vielen Tradern.

Andere Trader wiederum schrecken beispielsweise vor der Vorstellung des *freiwilligen Verzichts* zurück, als hätten sie sich versengt. So sehr sind sie durch und durch gefangen in ihrem Aktionismus beim Trading. Andere wiederum haben mit den Jahren ihre Vehemenz gegen den freiwilligen Verzicht an Schärfe verloren und verbessern sich daher von Jahr zu Jahr.

Ob der oft gehörte Begriff »Demut« womöglich auch in Bezug auf die Frage eine stimmige Antwort wäre?

Durchaus, denn: Vielleicht sind es lediglich der aufgezwungene Verzicht und die aufgezwungene Anwendung des Regelwerks, die den meisten Tradern missfallen. Vielleicht lässt sich daher immer zu schnell fälschlicherweise ein gutes Wort für ein klein wenig kreatives persönliches Trading einlegen – gemeint ist also der Handel mal eben aus dem Bauch heraus. Kurzum: Was wäre schlimm daran für einen Trader, nach einem abgeschlossenen Trade ergriffen aufzustehen und dem Himmel zu danken für die Möglichkeit, an der Börse Geld zu verdienen? Es ist doch nichts Verkehrtes daran, die Börse zu ehren.

Aber STOPP: Das wäre grundlegend falsch!

Denn: Es gilt nicht, den Trade, sondern die erforderliche Disziplin zu ehren, die aufgebracht worden ist. Mit ein wenig Übertreibung kann jeder Trader von seinen ersten Trading-Monaten eigentlich sagen, dass sich darin alles so vollzogen hat, als gehörten die ganzen Trades mehr zueinander als zur eigenen Person. Auf Trade eins ist immer direkt Trade zwei gefolgt. Und zwar unabhängig davon, ob das nun aus Freude über den Gewinn aus Trade eins oder aus Frust über den Verlust daraus geschah …

Fragen Sie sich also:

Sie können Fachliteratur lesen, Seminarinhalte studieren, Signale kaufen und nächtelang Gespräche mit anderen Tradern führen und dennoch stehen sie auf der Liste der sinnlos einzahlenden Trader. Denn: Gewinnen Sie dabei durch den Willen zur Disziplin oder zum freiwilligen Verzicht? Angenommen, Sie lesen und hören tagtäglich davon: Besitzen Sie es dann zeitgleich auch? Nein. Denn der Wille zur Disziplin und zum freiwilligen Verzicht ist vorab zu fest verbunden mit der zufälligen Gestalt seines Auftretens. Das muss sich ändern! – Vielleicht beginnen Sie heute damit?

Gedanke 42: VON CHARTS UND EINER PORTION SPIESSBÜRGERTUM

Angenommen, lieber Leser, die Sprünge der Aufmerksamkeit ließen sich messen, die Leistungen der Augenmuskeln, die Pendelbewegungen der Seele, die ein Trader pro Handelstag vollbringt. Was käme dabei heraus?

Könnte man die Sprünge der Aufmerksamkeit messen, die Leistungen der Augenmuskeln, die Pendelbewegungen der Seele und vor allem all die Anstrengungen, die ein Trader vollbringt, um den Fluss seiner Trading-Tätigkeit aufrechtzuerhalten: Es käme vermutlich eine Größe heraus, mit der verglichen die Kraft, die ein Mensch braucht, um die Sonne oder die Sterne zu stemmen, gering wäre. Und man könnte vor allem ermessen, welch noch viel größere Leistung ein Trader vollbringt, der einen Chart betrachtet und vorsätzlich gar nichts tut!

Wie viele Menschen, die jetzt gerade vor den Charts sitzen, werden wohl augenblicklich ein solcher Trader sein? Man könnte zwei Schlüsse daraus ziehen: Die Leistung und die Disziplin eines Traders, der eine Zeitlang ruhig und ohne Position im Markt dem Fortlauf einer Marktbewegung, sozusagen auf dem Tribünenplatz, beiwohnt, sind bedeutend größer als die eines Sportlers, der einmal am Tag Gewichte stemmt.

Eine spannende Überlegung!

Also besitzen wohl nicht nur die aktiven Trades, sondern auch die kleinen Alltagsleistungen eines Traders, der nicht jeder Marktbewegung hinterherläuft, in ihrer Summe viel mehr Potenzial für das Konto als die heroischsten Trades. Jene von Aktionismus getriebene nutzlose Leistung erscheint dagegen geradezu winzig, klein wie ein Sandkorn, das auf einen Berg namens Trading-Konto gelegt wird in der irrigen Annahme, es würde diesen Berg tatsächlich nennenswert vergrößern.

Dieser Gedanke klingt gut. Vielen Tradern gefällt der Gedanke ans Aussetzen von hektischer Handelsaktivität, aber nicht deshalb, weil sie das *Nichtstun* im Trading lieben würden – im Gegenteil! Schön ist vielmehr der Gedanke an einen Verzicht auf Handlungen, die nur von Aktionismus getrieben wurden und dadurch nur für ein sicher vergrößerndes Minus sorgten.

Fragen Sie sich also:

Vielleicht ist es gerade diese Art des Handlungsverzichts – des »Spießbürgertums« im Trading –, das den Beginn eines besseren, vor allem duplizierbaren und daher beständigen Heldentums markiert. Wie hätte in Ihrem heutigen Handelsalltag der *freiwillige Verzicht* ein noch rationalisierteres oder qualitativeres Trading herbeiführen können?

Gedanke 43: WENN MUTMASSUNGEN ALS WAHRHEITEN VERKAUFT WERDEN

Lieber Leser, gelingt es Ihnen, vor den Charts zwischen Wahrscheinlichkeit und Sicherheit auf der einen sowie Glaube und Mutmaßung auf der anderen Seite zu unterscheiden?

Stellt man sich wirklich immer aktiv vor einem Trade die Frage, ob dieser einer Prognose oder einer Prophezeiung entstammt?

- Die Frage ist durchaus berechtigt.

Denn: Wenn es einen Grund für die Verwechslung der beiden Begriffe gibt, dann lautet dieser, dass manch Trading-Anfänger noch nicht bereit ist, sein eigenes Tun kritisch zu überdenken. Es macht manchem Trader anscheinend richtiggehend Spaß, Mutmaßungen als Wahrheiten zu verkaufen. Aber: Auf diese Weise fassen viele Trading-Anfänger, ohne sich etwas dabei zu denken, allzu schnelle Entschlüsse, die sie oft später in endlosen Stunden bitter bereuen.

Hier irgendwo steckt vermutlich eines der vielen Dilemmata zahlreicher Trader: Sie sind in der Einbahnstraße der schnell vergehenden Zeit gefangen und sie sind angesichts der Spannung, die ein zuckender Chart entwickelt, nahezu unfähig, für einige Minuten, besser Stunden, aus sich herauszutreten, um das Trading aus einem umfassenderen Blickwinkel zu betrachten.

Kurzum: Nicht das Bewusstsein über die noch kommenden Trading-Möglichkeiten ist somit das Problem, sondern eher der Mangel eines solchen Bewusstseins.

- Was ist die Folge?

Bei vielen Tradern besteht der Tagesablauf aus einer rasanten Folge zahlreicher Trading-Entscheidungen, über die wenig oder gar nicht reflektiert wird, da das Hier und Jetzt wichtiger ist als der beruhigende Gedanke, dass es auch noch ein Morgen an der Börse gibt …

Fragen Sie sich also:

Der Börsenhandel bietet jedem Trader leider keine Pralinenschachtel an, sondern stets den Griff in eine Glückstrommel mit unzähligen fest eingewickelten Losen. In manchen steckt ein Gewinn, in anderen eine Minibombe. Wann neigen Sie dazu, gedankenlos zuzugreifen? Gibt es eine Möglichkeit, diesen Impuls abzustellen?

Gedanke 44: DEMUT IM TRADING?! NOTWENDIGKEIT ODER BLÖDSINN?

Lieber Leser, was entscheidet über das Schicksaal eines jeden Traders? Der Untergang seines Kontos. Kein Konto, kein Trader. Gemeint ist folglich das Bewusstsein der – nennen wir es mal – die »Sterblichkeit« als Trader.

Jedes Dasein als Trader besitzt in diesem Sinne immer einen Anfang und ein Ende. Jeder Trader hat seinen persönlichen Kontostand, seine persönlichen Logiken, seine während des Tradings eigene und einzigartige Tagesgestaltung und sein ganz eigenes sowie exklusives Verhältnis zu 100 oder 1.00 Euro Gewinn oder Verlust, die niemand anders auf der Welt in exakt der gleichen Form aufweist.

Mit dem Verlust des Kontos wird demnach die Existenz all dieser Verhältnisse enden, und das bedeutet, dass somit immer eine Grenze der eigenen Trading-Welt existiert. Denken wir an den Alltag: Nicht nur der jeweilige Ausgang der einzelnen Minus-Trades schockiert einen Trader, sondern viel mehr noch die permanente gedankliche Konfrontation mit dem endgültigen Untergang seines Kontos.

Damit kann nur umgehen, wer eine gewisse Demut an den Tag legt. Okay, nun liegt aber die Frage durchaus nahe: Ist diese Demut bei einem Trader eine Frage des Charakters? – Durchaus, ja, aber natürlich genauso eine Frage der Erziehung wie auch der intellektuellen Reife, des eigenen Muts oder der eigenen Feigheit – wie immer man es betrachtet. Ganz unabhängig davon: Eines bleibt für den Trader stets bestehen, ob er das nun akzeptiert oder nicht: dass es tatsächlich eine Grenze, ein Ende seiner Existenz als Trader gibt.

Somit repräsentieren Unvernunft und Dummheit im Trading also nichts anderes als genau dies: einen Mangel an Demut …

Fragen Sie sich also:

Nun heißt das aber nicht, dass ein Trader gefordert wäre, sich fortan noch mehr mit dem Gedanken an einen hundertprozentigen Verlust auf dem Tradingkonto zu martern. Stattdessen regt der Gedanke aber dazu an, sich etwas sehr viel Einfacheres und Selbstverständlicheres anzueignen: nämlich die Einsicht, dass ein Trader ein Mensch und folglich von Haus aus schwach und begrenzt ist. Daher ist er zur mentalen Arbeit an sich selbst verurteilt und sollte sich – voller Demut – darüber freuen, was ein Trading mittels Disziplin hergibt, also ein Trading ohne das aggressive Begehren, mit überhöhtem Risiko und sämtlichem, nur irgendwie verfügbaren Hokuspokus aus jeder stattfindenden Chart-Bewegung Profit schlagen zu wollen. Hand aufs Herz: Wie ist es angesichts der allgegenwärtigen Verlustrisiken um Ihre Demut bestellt?

Gedanke 45: WARUM ALS TRADER VERNÜNFTIG SEIN?

Warum, lieber Leser, sollte man als Trader ein moralisches Leben führen, beziehungsweise warum sollte man ein vernünftig handelnder Trader sein?

Das Minimalinteresse besagt: Man will pflichtbewusst sein, um die kommenden Handelswochen und Handelsmonate erfolgreich zu überstehen.

Ein etwas fortgeschritteneres Interesse impliziert zudem, durch Pflichtbewusstsein die Chance auf ein glückliches und gelungenes, ein sinnhaftes Leben als Trader zu erhöhen.

Im optimalen Fall gibt es sogar noch eine weitere Steigerung. Denn nur mittels fachlicher Pflichterfüllung lassen sich die Möglichkeiten, ein guter Trader zu sein, strukturell voll ausschöpfen.

Fragen Sie sich also:

Ein freier Händler zu sein, bringt eine moralische Pflicht mit sich, die der Betreffende dem Chart und damit – und das ist wichtig – allen vorangegangenen fachlich sauberen Minus-Trades schuldet. Diese Pflicht an jedem einzelnen Handelstag erfüllt zu haben, kann einen Händler allabendlich mit einem wahrhaftigen inneren Frieden erfüllen. Sind Sie sich dieser Pflicht bewusst und leben Sie als Trader entsprechend?

Gedanke 46: ZURÜCK ANS UFER ZU SCHWIMMEN IST UNMÖGLICH!

Erinnern Sie sich noch, lieber Leser? Wie war es bei Ihnen damals, als Sie angefangen haben und den ersten Chart verfolgten?

Bestimmt jeder Trader war einst begeistert von dem Geld, von der Einfachheit, von der ganzen Romantik der paar Mausklicks, mit denen sich vermeintlich so viel erreichen ließ. Welch glänzendes Glück winkte einst? Ja, sie sind zauberhaft, die Charts, wenn man sie im Demohandel, in Zeitschriften, im Fernsehen durchstreift. Jeder fühlt es, wenn er zum ersten Mal damit in Berührung kommt. Was träumte man da nicht alles? Den Charts wollte man mit Laptop am Strand seine ganze Zeit widmen, die heiligen Indikatoren erfahren, die Nachrichten studieren, wissenschaftlich arbeiten, die wirtschaftlichen Zusammenhänge ergründen – sozusagen ein Missionar der Vorhersehbarkeit werden.

Man könnte durchaus sagen: Alle, die kommen, träumen diesen Traum. Aber wer dann einmal dieses Feld betreten hat, verliert in diesem unsichtbaren Glashaus nach der ersten Halbierung des Kontostandes die Kraft und spürt die Panik aufsteigen – mag derjenige noch so viele Bücher gelesen haben. So mancher Trading-Anfänger wird nahezu irre, wird weich im Kopf wie eine Qualle.

Im Glashaus der Charts gefangen, ist ein Trading-Anfänger plötzlich irgendwie von seinem wahren Wesen abgeschnitten, und über kurz oder lang kriegen einige einen Knacks. Im Kopf formiert sich ein Schrei: »Soeben noch 1.000 Euro im Plus, steht kurz drauf 1.000 Euro Minus auf dem Konto.« Er möchte die eigenen kreisenden Gedankenschleifen anhalten, sie zerbrechen, sie zermalmen, die Grammophonplatte anhalten, die immerfort spielt, die ihn foltert, ohne dass er auch das Geringste dagegen tun könnte. Er wird verrückt dabei, andauernd zuhören zu müssen! Und doch ist er es letztlich selbst, in seiner dünnen Haut, mit seinen blank liegenden Nerven, der diese Tonleitern spielt, diese Tasten drückt ...

Ein erfahrener Trader weiß aus Erfahrung, dass man von der Andersartigkeit des Börsenhandels nicht in die vertraute Welt zurückkehrt wie von einem Waldspaziergang ...

Fragen Sie sich also:

Das Abenteuer »Börse« zieht uns in die Ferne. Es nimmt uns mit auf sein Boot, und wenn wir ans Ufer zurückwollen, stellen wir fest, dass es unmöglich ist. Sind Sie sich der Unumkehrbarkeit des eingeschlagenen Weges bewusst?

Gedanke 47: AUS DEM TAGEBUCH KANN DIE TO-DO-LISTE DES TRADERS WERDEN

Erinnern Sie sich noch an Ihren ersten Trade? Die erste Handelswoche? Das erste Trading-Signal? Den ersten Gewinn, den ersten Verlust?

Viele Trader führen von Anbeginn ein Tagebuch, und wer gezielt über seine ersten Aufzeichnungen geht, muss mitunter schmunzeln. Denn diese beinhalteten bereits eine Art To-do-Liste, die sich der Trader auferlegt. Zu Recht empfiehlt man jedem Anfänger, mit eigenen Aufzeichnungen zu beginnen und diese immer fortzuführen.

Daran ist nämlich Folgendes spannend:

Jeder kann anhand seiner Aufzeichnungen nachvollziehen, wie sich die eigene To-do-Liste im Laufe der Jahre ändert. Die ersten Einträge stammen beispielsweise vom Beginn der Trading-Laufbahn, Jahre später dann Eintragungen, die wie folgt lauten könnten:

1. Hör endlich auf, Verluste so ansteigen zu lassen.
2. Lies mehr! Hol mehr Analysen ein.
3. Widme dem Handel mehr Zeit!!! Die Börse hat fast rund um die Uhr auf!

4. Informiere dich gründlicher. Recherchiere mehr!

…

7. Mach auch mal eine Pause.

…

Die Punkte 8 bis 11 sind auch nicht schlecht, denn sie decken sich exakt mit den Punkten 1 bis 4.

…

…

14. Such dir schon mal einen neuen Job. Das wird so nichts mit dem Handel.
15. Wann bestehst du endlich all die Prüfungen, die dir deine Emotionalität auferlegt?

…

…

35. Stell dich niiiiiiieeeeeee mehr gegen den Trend. (Geschrieben ungefähr im dritten Trading-Lehrjahr.)

…

…

40. Der Tod des Kontos ist die Unmöglichkeit weiterer Möglichkeiten!

…

81. Weniger ist mehr – wann hörst du auf, den ganzen Tag vor der Kiste zu sitzen?

…

…

99. Widme dich mehr deinen Arbeitsstilen statt deinen Handelsstilen.

…

Fragen Sie sich also:

Viele Trader würden zutiefst bedauern, einen solch verlässlichen Begleiter nicht ihr Eigen zu nennen. Genau deswegen empfiehlt es sich – besonders abends – die eine oder andere sehr überschwängliche Zeile zu schreiben, denn irgendwie muss man den Gefühlen, die sich im Verlauf eines Handelstags einstellen, ein Ventil verschaffen. Sind Sie sich der Vorteile eines solchen Instruments bewusst? Und falls Sie eine solche To-Do-Liste noch nicht führen, wann beginnen Sie damit …?

Gedanke 48: WER ODER WAS BEFINDET SICH AM ENDE DER ANGELSCHNUR?

Jeder sagt es. Jeder schreibt es. Nämlich dass ein beständiger Börsenhandel allein dann Realität werden kann, wenn das Äußere wie das Innere ist.

Wenn die große fachliche Expertise des eigenen Handelssignals zusammen mit dem tiefsten Sehnen und dem Willen eines Traders eine Einheit verkörpert, dann ist der Weg frei für einen beständigen Börsenhandel.

Was soll das heißen?

Wer in bequemer Weise den fachlichen Wirklichkeitssinn und den inneren Taffheitssinn voneinander unterscheiden möchte, muss sich lediglich folgende Situation bildlich vorstellen: Ein Trader, der nur fachlichen Wirklichkeitssinn besitzt, gleicht einem Fisch, der nach dem Köder schnappt und die Angelschnur nicht sieht. Dagegen zieht ein Trader, der nur über den inneren Taffheitssinn verfügt, eine Schnur durchs Wasser und hat keine Ahnung, ob sich am Ende der Schnur ein Köder befindet. Dies zeigt, dass Torheiten aufgrund fehlender Taffheit ähnlich »ehrenvoll« sind wie fachliche Verbrechen im Chart.

Das lässt nur den einen Schluss zu: Es bedarf einer Kombination aus beidem!

Nun könnte man spaßeshalber die Frage stellen, ab wann der innere Taffheitssinns nicht greift: Ist das eher nach einem Minus-Trade mit einem außergewöhnlich hohen eingezahlten Betrag der Fall, der zu einem wackeligen Allgemeinzustand geführt hat? Oder führen eher mehrere erfolglos unternommene Anläufe dazu, die selbst zusammengenommen nicht mit einem hohen Minusbetrag gleichzusetzen sind?

Die Antwort ergibt sich sozusagen von selbst:

Das erste Szenario scheidet bei näherer Prüfung bereits deswegen aus, weil ein Kneifen aufgrund eines einzelnen hohen Verlusts für einen Mangel oder ein Versagen geltender und ordnender Grundsätze des fachlichen Wirklichkeitssinns steht. Ein funktionierender fachlicher Wirklichkeitssinn ist aber unerlässliche Bedingung, sodass ein einzelner, das Konto gefährdender Trade bei Beachtung des Geldmanagements, der Diversifikation und des Rumrutschfaktors weder vorkommen kann noch darf!

Ergo bleibt nur noch das zweite Szenario übrig. Nach fachlich richtigen Trades wird nach drei, vier Situationen, in denen der Markt »Nein, danke!« sagt, unabhängig vom Kontostand kurzzeitig eingestellt.

Fragen Sie sich also:

Was befindet sich an Ihrem Ende der Angelschnur …?

Gedanke 49: SIE KÖNNEN EINEN KUSS BESCHREIBEN? DANN KÖNNEN SIE AUCH EIN SIGNAL BESCHREIBEN!

Ist ein Signal immer ein Signal? Ein Kuss immer ein Kuss? – Ein komplexes System von Zeichen verrät die Details.

Lieber Leser, die Untersuchung eines Handelssignals auf einen geeigneten Ein- oder Ausstiegspunkt ist immer im Zusammenhang mit der Lehre von der Tücke des Signals zu sehen, das sollte tagtäglich beachtet werden. Ein Trader muss daher herauszufinden versuchen, ob sein Signal richtig ist, indem er zunächst überprüft, ob es nicht vielleicht falsch ist! Dabei muss er rigoros bestrebt sein, seine eigenen Vermutungen durch den Abgleich mit dem Gesamtbild des Charts zu widerlegen.

Es ist wie mit einem Kuss. Diesen einzig als Kontakt zweier Münder zu beschreiben, wäre dürftig. Ein komplexes System von Zeichen verrät, ob dieser Kuss ein mechanischer, flüchtiger Kuss, eine geistesabwesende Begrüßung, ein schuldbewusster Versuch, den vergessenen Hochzeitstag wettzumachen, ein Ausdruck von Zuneigung oder gar Liebe oder der Beginn eines erotischen, knisternden Abenteuers ist. Irgendeine Bedeutung lässt sich schon herauslesen.

Gleiches gilt für ein Signal, beispielsweise den Durchbruch des letzten lokalen Hochpunkts eines Trends etwa auf einem Zehn-Minuten-Chart: Ein solcher Durchbruch kann nun einen Trend abbilden, der gleichgerichtet innerhalb eines übergeordneten Trends auf einer größeren Zeiteinheit wie zum Beispiel auf einem Stunden-Chart liegt. Er kann aber auch nur die Korrektur eines übergeordneten Abwärtstrends darstellen. Der Durchbruch könnte aber ebenso dazu führen, dass ein übergeordneter Abwärtstrend gerade gebrochen wird. Auch könnte ein solcher Durchbruch im Rahmen eines übergeordneten Abwärtstrends zu einem Trendwechsel führen. Und es gäbe noch unzählige andere Interpretationsmöglichkeiten …

Fragen Sie sich also:

So gesehen muss ein Trader, wenn er Erfolg haben und erfolgreich bleiben will, den seiner jeweiligen Handelslogik entspringenden, sich anbietenden Signalen *stets* äußerst kritisch gegenüberstehen. Welche Interpretation ergibt sich aus dem Chart-Gesamtbild ihres gerade offenen Trades …?

Gedanke 50: WAS FLÜSTERN SIE VOR DEM HANDELSTAG IHREM SPIEGELBILD ZU?

Was helfen Mut und bunte Excel-Tabellen im Hinblick auf das Geldmanagement, wenn wir trotzdem von vorn bis hinten von den eigenen Emotionen betrogen werden?

Gehen wir einen weiten Schritt in Richtung Abgrund, um uns folgenden Trade vorzustellen: Die roten Lampen des Geldmanagements leuchten bereits *vor* dem Stopp-Punkt auf, der dem jeweiligen Regelwerk inhärent ist. Und: Der Höhepunkt der emotionalen Gereiztheit des Händlers ist bereits *vor* dem Erreichen des Stopp-Kurses weit überschritten. Mit einem Satz: Der betreffende Trade endet mitunter in einer einzigen Panne, denn es stehen gleich zwei Türen für wahrscheinliche Fehlentscheidungen offen: die der eigenen Emotionen und die der Mathematik. Wahrscheinlich ließen sich mit der elektrischen Energie, die bei diesem Trade-Schema zwischen dem Trader und dem Chart fließt, mühelos sein Rechner und sämtliche seiner Bildschirme betreiben.

Wie oft flüstert wohl heimlich ein Trader in das Spiegelbild seiner Monitore: »Diese Sch… Erregung. Unerträglich! Nicht schon wieder! Heute

DARF das NICHT WIEDER mein Handeln beeinflussen! Herrgott – ich bin ein MANN!«

Betrachtet man diese Worte genau, weiß man, dass sie nicht nur fachlich falsch, sondern auch dumm sind. Wenn schon Selbstmotivation, dann so: »Ich muss mich immer *unterhalb* jenes Punktes aufhalten, ab dem eine bis zur Unerträglichkeit angestaute Erregung meine Handelstätigkeit beeinflusst!«

Dass solch ein Punkt existiert – solange es Menschen gibt, die Börsenhandel betreiben, bleibt wohl unbestritten.

Fragen Sie sich also:

Wo, lieber Leser, liegt dieser Punkt bei Ihnen …?

Gedanke 51:
FÜR DEN MARKT NUR EIN VORSPIEL, FÜR DEN TRADER EIN TODESKAMPF?!

Augenringe, die bis zu den Mundwinkeln reichen. Eine brüchige Stimme. Und dann das Mantra: »Ich hole mir das alles zurück! Aber jetzt brauche ich erst mal eine Pause!«

Die Augen folgen jedem Tick der Marktbewegungen, als hätten wir uns das gesamte Vorhaben, Trades aus der Korrektur heraus vorzunehmen, nicht wirklich umfassend überlegt. Denn: Es hat den Anschein, als würde dies nur die Annehmlichkeit einer »märchenhaften Sinnlosigkeit« vermitteln.

Handel aus der Korrektur heraus – Menschenskind, das ist ein schweres Los! Denn: Wir erleben mit jedem Trade neu die unerhörten Sensationen im Verlauf der Korrektur hin zum neuen lokalen Hoch- oder Tiefpunkt. Das beunruhigt! Das lässt auf unanständige Weise das Blut kribbeln. Und: Der Trader findet sich – tagein, tagaus – bemüßigt, seine Trades zu verbessern und mittels eines noch tolleren Kniffs, mittels eines noch viel, VIEL besseren Einstiegs anzugehen. Mhmmm!

Trotzdem ist es immer wieder das gleiche Spiel: Der Kampfgeist – gleichgültig, welche Neuerungen man sich erarbeitet und anwendet – treibt seine üblichen Scherze und lässt den Trader nach zwei, drei Mal, wo der Markt »Nein!« sagt, im Stich.

Das Resultat?

Das oben beschriebene Szenario mit den tiefen Augenringen und der brüchigen Stimme. Und das Mantra: »Ich hole das alles nach, wenn ich zurück bin – aber jetzt brauche ich erst mal eine Pause!«

Das Geschehene hätte man genauso gut auch so beschreiben können: Das, was für den Markt wohl nur ein Vorspiel für die anstehende zügige Bewegung zum neuen lokalen Hoch- oder Tiefpunkt darstellt, wird vom Trader als eine Art Todeskampf wahrgenommen. Es ist daher mehr als nachvollziehbar, wenn der Trader nahezu täglich ein prächtiges Feuerwerk an Flüchen abbrennt, weil der genaue Wendepunkt der Korrektur entgegen der fachlichen Erfahrung wie durch Magie jedes Mal an einem anderen Punkt zustande kommt und der Trader tagein, tagaus nach den ersten Fehltrades von möglichen Folgetrades ablässt.

Und was ist die unmittelbare Folge?

Nachdem der Trader die »Nein!«-Rufe des Markts verdaut und den Akku namens Beständigkeit wieder aufgeladen hat und zu den Monitoren zurückgekehrt ist, zeigt sich fast jedes Mal ein identisches Chart-Resultat: Das fachlich gut ausgesuchte Setup ließ sich – trotzt der ausgestoppten Trades – super an, und der Markt steht nun genau da, wo man ihn erwartet hat, nämlich weit über beziehungsweise unter dem lokalen Hoch- beziehungsweise Tiefpunkt …

Autsch!

Fragen Sie sich also:

Nach einem ausgestoppten Trade innerhalb einer stimmigen Marktphase von einem Folgetrade abzulassen, ist so, als würde ein Rennfahrer frühzeitig das Rennen beenden, nur weil er in die Boxengasse fährt, da die Reifen gewechselt werden müssen. Frage daher: Stellen Sie beim Handel aus der Korrektur heraus die Frage nach dem übergeordneten Chartbild und damit: ob es wirklich sinnvoll ist, jetzt aufzuhören, nur weil es anfangs Fehltrades gab?

Gedanke 52:
DISZIPLIN STICHT ÜBERZEUGUNG

Im Alltag betrachten wir Taten und sogar uns selbst stets unter zwei Aspekten: dem des fachlichen Inhalts und dem der Qualität. Sollten wir das als Trader auch tun?

Der Begriff »Qualität im Trading« impliziert das, was etwas über das Wesen der Beziehung zwischen dem Trader und seinen Reaktionen auf sein eigenes Gefühlsleben verrät. Während für viele Menschen da draußen das Leben von uns Tradern und jede seiner Spekulationen eine unnütze und störende Episode in der seligen Ruhe der Menschheit darstellt, hat ein Trader – wenn er einmal diesen Weg beschritten hat – keine Wahl mehr. Er ist dazu verurteilt, sich fortan mit sich und den Charts zu beschäftigen, und muss deshalb versuchen, mit so wenig Herzattacken wie möglich zu leben und zu traden.

Entsprechend wichtig ist es, eine ausreichende Anzahl von Lektionen erlebt zu haben, die uns aufzeigen, dass wir treu zu uns selbst bleiben und rational alles fachliche Wissen anwenden müssen und dass es sich lohnt, überemotionale Trades und nachfolgende Beschwichtigungen sowie erlogene Begründungen zu meiden. Es gilt, ein gutes Bild von sich selbst als Händler zu haben und Risiken sowie Fixierungen auf alles, was wiederum davon ablenken kann, zu meiden. So weit, so gut. Solche Aussagen sind nicht neu.

Dennoch ist bei diesen Worten Vorsicht geboten. Denn klar ist, dass gerade ein Trader, der aus eigener Sicht große Gelder vernichtet hat, besonders große Schwierigkeiten haben wird, Vertrauen aus der Geschichte zu gewinnen. Seine Gedanken rund um das Trading gleichen einem leergeräumten Haus: Tradern, die in einer von Misstrauen und Verlusten geprägten Anfangszeit den Börsenhandel kennengelernt haben, fällt es nachvollziehbar schwer, eine eigene Identität aufzubauen und eines Tages ein Händler zu sein, der von sich sagen kann: »Ich kann mich auf mich und meine eigenen Grundsätze rund um die Uhr verlassen.«

Kurzum: Der Glaube an eine gute Zukunft fällt verständlicherweise schwer. Denn das Vertrauen auf das eigene Regelwerk und die eigenen Vorsätze – wie auch immer sie aussehen mögen, ist geschwunden. Auch hat sich die Hoffnung in Luft aufgelöst, selbst mit seinem Geldmanagement so vernünftig umzugehen, dass die Positionen klein, die Stopps sauber bleiben und die Gewinne aus durchdachten, konsequent durchgeführten Trades resultieren.

Fragen Sie sich also:

Interessant ist, dass ein desaströser Handelstag besonders jenen Trader beunruhigt, der noch so jung ist und der im Trading die vermeintlich einzig wahre Zukunft sieht. *Disziplin sticht Überzeugung.* Fragen Sie sich daher gerade an Verlusttagen: Wie lässt sich diese Disziplin trotz gegenteiliger Überzeugung in Ihrem künftigen Trading wieder einhalten?

Gedanke 53: UNTREUE. STOSSGEBETE. REAKTIONSSCHEMATA.

Wie erklärt man einem Nicht-Trader, dass bei Erreichen eines Minusbetrags bei einem Händler oftmals ein gewisser Hang zur Untreue entsteht?

Zu einer auffälligen Erscheinung bei Tradern gehört es, dass bei dem Erreichen eines Minusbetrags ein gewisser Hang zur Untreue entsteht. Unter dem Begriff »Treue« ist hier die Einhaltung eines Lieblings-Setups oder der eigenen sich gestellten Vorgaben zu verstehen. Kleinste Kursveränderungen bedeuten in einem Szenario der Untreue plötzlich mehr, als ihnen tatsächlich fachlich zukommt. Es scheint – möge es auch befremdlich klingen – als sei ab dem Erreichen eines gewissen Minusbetrags ein Trader plötzlich jeder fachlich wahrnehmenden Überlegenheit und jedes Selbstbewusstseins beraubt. Das ist durchaus der Fall.

Aber nur ein Trader kann nachvollziehen, wie es ist, wenn die Augen plötzlich ruhelos werden und wenn die weiteren Aktionen vor jedem Tick und vor jedem unbedeutenden Marktgezappel jämmerlich zu Kreuze kriechen, ja wenn sogar stellenweise Stoßgebete in Richtung Chart geflüstert werden.

Ein Trader – ob nun Trend-, Bewegungs- oder Ausbruchshändler – kann den größten übergeordneten Trend oder die mittleren bis hinunter zum Tick-Chart reichenden Trends zum Traden heranziehen, das ist letztlich egal. Er kann ein Konto von tausend, fünfzigtausend oder hundert Millionen traden. Er kann 24 Stunden oder nur zehn Minuten am Tag mit Chart & Co. zubringen, das ist auch egal. Aber: Das Bild, das er von seinem eigenen inneren Rumrutschfaktor hat, ist ihm von seiner Herkunft her aufgenötigt und bleibt von unermesslicher Mächtigkeit. Mit dem Begriff »Rumrutschfaktor« ist jener Wert gemeint, bei dem das objektive Betrachten zu einem subjektiven Erleben wechselt. Dieser Wert ist zwar nicht unauslöschlich, aber vorerst dennoch tief in jedem Trader verankert und er ist keine Frage von Bildung, Reichtum, Intelligenz, Macht, gutem Aussehen oder Nutzen für die Gesellschaft ...

Fragen Sie sich also:

Es existiert demgemäß scheinbar in jedem Trader – folglich auch in Ihnen, lieber Leser – so eine Art Blaupause, in der zwar nicht hundert Prozent, jedoch ein Großteil des Verhaltens oder besser des Reaktionsschemas eines Traders vorgezeichnet ist. Daher: Kennen Sie Ihre persönlichen Reaktionsschemata?

Gedanke 54:
WER EINSCHLAFEN KANN, KANN AUCH TRADEN! IST DAS WIRKLICH SO?

Ist es möglich, abends aktiv das Einschlafen herbeizuführen? Ja? Nein? Kann man einen positiven Trade aktiv herbeiführen? Ja? Nein?

Es gibt Ziele, bei denen allein schon der Versuch, sie zu erreichen, genügt, um ihnen nahe zu kommen, weshalb sie auch fügsame Ziele genannt werden. Und es gibt Ziele, die man besser erreicht, wenn man sie nicht aktiv verfolgt, weswegen sie auch als *widerspenstige Ziele* bezeichnet werden.

Die Kraft, die widerspenstigen Zielen anscheinend innewohnt und der Zielerreichung im Wege steht, scheint umso größer zu werden, je mehr man dagegen anzugehen versucht. Nehmen wir beispielsweise das Einschlafen: Selbst wenn wir dafür optimale Bedingungen schaffen – etwa die Fenster gegen Lärm zu schließen oder sie für mehr Frischluft zu öffnen, die Betten frisch zu beziehen, oder ein Glas warme Milch mit Honig zu trinken: Kaum legen wir uns ins Bett und löschen das Licht, haben wir keine Kontrolle mehr darüber, ob wir wirklich einschlafen oder nicht.

Schlimmer noch: Je stärker wir uns das Einschlafen wünschen, desto weniger erreichen wir es!

Das Einschlafen aktiv zu verhindern, gelingt ohne Frage für einen relativ langen Zeitraum ohne Probleme – es ohne entsprechend ruhige Umgebung oder Rücksichtnahme der Umwelt dagegen aktiv und in kürzester Zeit herbeizuführen, ist jedoch so gut wie unmöglich!

Ist es an der Börse nicht genauso?

Kann ein spekulativ orientierter Trader aktiv einen positiven Trade *herbeiführen*? Ein Händler muss über Jahre verstehen lernen, dass er – so wie er Einschlafen zwar aktiv verhindern, aber niemals herbeiführen kann – den Erfolg im Trading, wenn er ihn wirklich will, zwar aktiv verhindern, aber nicht mittels heldenhafter Taten herbeiführen kann!

Fragen Sie sich also:

Wie hilfreich sind demnach wirklich jene pulstreibenden, heroischen, »Jetzt-zeig-ich-es-allen«-Trades, wenn Sie schlussendlich bei jedem Trade immer (!) von dem Verhalten *anderer Marktteilnehmer* abhängig sind?

Gedanke 55: HAT EIN TRADING-COACH EINE MORALISCHE VEPFLICHTUNG?

Entsteht durch die Weitergabe von Wissen eine unausgesprochene spätere Verpflichtung im Börsenhandel? Diese spannende Frage stellt sich einem Trader durchaus.

Hat ein erfahrener Trader gegenüber seinen »Schülern« eine mögliche moralische Verpflichtung, sich an einstige Aussagen auch zu halten? Hierzu eine kurze Frage vorab: Warum verdienen Sie, lieber Leser, Geld im Börsenhandel? Verdienen Sie Geld aufgrund Ihres Ansatzes im Börsenhandel oder wegen Ihrer Persönlichkeit?

– Die Antwort gefällt nicht jedem.

Man darf einem Trading-Anfänger niemals vorschreiben, was er schlussendlich tun soll: Das ist seine Aufgabe, seine Entscheidung, nicht die des Lehrenden. Ein Grund, dass manch Trading-Anfänger scheitert, liegt darin, dass er lernen muss, seinem eigenen Urteil zu vertrauen. Ein weiterer Grund ist der, dass alles, was man über Trading und den Börsenhandel lernen kann, durch Erfahrenere vermittelt wird. Diese erfahrenen Profis sind jedoch in dieser Hinsicht befangen, weil sie bereits wissen, dass das Fachwissen der kleinste Teil des Projekts »Börsenhandel« ist.

Ein Lehrer kann daher nur nachhaltig helfen, indem er sich auf den Anteil des Trading-Anfängers an der misslichen Lage zu konzentrieren versucht. Die Handelsregeln zu vermitteln, ob nun Markttechnik, Indikatoren, Candlestick-Muster, Fibonacci und so weiter, muss reichen. Welche Handelsstrategien, welches Regelwerk aber zu jedem einzelnen passen, das müssen die Trading-Schüler selbst für sich herausfinden. Hier als Lehrer Vorgaben zu machen, wäre falsch.

Und daher ist es die einzige Pflicht als Coach oder Lehrer, sowohl Trading-Anfängern als auch Fortgeschrittenen das Mitdenken beizubringen, damit sie so auf ihrem Weg zum und durch das Trading das fachliche wie geistige Vermögen erwerben, auf sich selbst zu reagieren.

Fragen Sie sich also:

Zu guter Letzt ist es eben dieser Weiterentwicklung der Persönlichkeit zu verdanken, dass ein Trader stolz sein kann, seine Strategie so lange durchzuhalten – trotz des immer wieder empfundenen Drucks, bei jedem Trade und jeder Chart-Konstellation seine Männlichkeit unter Beweis stellen zu müssen. Frage daher: Stellten Sie Ihren aktuell Trading-Stil infrage, auch wenn andere mit anderen Ansätzen reich wurden? Und: Wie gehen Sie mit der Versuchung um, anderen Ihren persönlichen Handelsstil als den einzig wahren präsentieren zu wollen?

Gedanke 56:
AUS UNGEDULD EINE POSITION ZU DREHEN – DAS ERGIBT …?!

Unruhe ist im Börsenhandel – gleich wie im Alltag – nicht förderlich. Okay – das wissen wir. Das steht überall.

Aber was zerstört denn die Ruhe im Börsenhandel? Genau genommen ist Unruhe Gift für die lebensnotwendige Geduld, denn es folgt …?

Es folgt, dass man oftmals am Ende einer Bewegung noch aufspringt – »*Oooohhhhh*« schreit, um daraufhin zuzuschauen, wie die Korrektur ein derart großes Minus aufbaut, dass man nur noch das Handtuch schmeißen kann. Aufgrund von Ungeduld frisst sich die Korrektur oftmals tief in das Fleisch des Traders, unbarmherzig immer tiefer, bis er schließlich verblutet. Die letzten Atemzüge gehen einher mit dem letzten Zucken der Korrektur. Dann, kurz bevor der Markt wieder volle Fahrt in Trendrichtung aufnimmt, unterschreibt der Trader sein eigenes Todesurteil: Er dreht – aus Ungeduld – die Position. Denn der Trader will nur eines: Er will schwarze Zahlen sehen. Er will ein Plus, kein Minus mehr sehen. Einfach nur noch schwarz. Also, raus und in genau die Richtung die Position eröffnen, die ihm diesen unsagbaren Minusbetrag beschert hat.

Das Resultat?

Während der erste Trade zwar am Ende einer Bewegung, aber immerhin noch in Trendrichtung eröffnet wurde, steht nun die gedrehte Position dem Trend entgegen. Das Gefühl, aus dem heraus man die Position gedreht hat, könnte man als Überraschung, gepaart mit Bedrohungsgefühlen und Verlustangst beschreiben, die in die Befreiungshandlung der Positionsdrehung mündet.

Was aber an Gefühlen in einem Trader freigesetzt wird, wenn die Verluste durch die nun gegen den Trend gedrehte Position noch größer werden, lässt sich vielleicht so beschreiben: Erst Unmut, dann Unglaube, verzweifelte Hoffnung, ohnmächtiger Groll, Verbitterung und zum Schluss abgrundtiefer Hass, Zorn auf sich selbst, auf den Markt, auf die Kontraktgröße, auf die bisher geübte Disziplin, auf den Trade, auf den Börsenhandel, auf alle anderen Börsenhändler, Zorn darüber, dass man mit dem ganzen Scheiß überhaupt angefangen hat. Kurzum: tiefer Zorn auf die eigene Ungeduld ...

Fragen Sie sich also:

Es war daher schon immer ratsam, sich neben dem Börsenhandel ein Hobby zuzulegen. Eines, das bei aufkommender Ungeduld zur Anwendung kommt: Einen Hund? Ein Buch? Einen Rasenmäher? Einen Boxsack? Oder im Winter Schneeschippen? Wie können Sie Ihre negativen Emotionen körperlich abbauen, damit sie Ihnen vor den Charts nicht zum Verhängnis werden...?

Gedanke 57: EDDIE MURPHYS LEHRE

Eine Wahrheit im Trading bleibt immer wahr, und die nennt sich Wiederholbarkeit. Okay, okay – allein das Wort treibt viele komplett in den Wahnsinn.

Keinen – wirklich keinen – Traumberuf gibt es am Marktplatz der Eitelkeiten für lau. Auch nicht den des Börsenhändlers. So war das. So ist das. So wird das immer sein. Da blickt man hin und wieder in große Augen.

Dennoch: Jedem Trader geht es zu Beginn so:

Mit einem einzigen Trade will er stinkreich werden. Aber sich richtig ins Zeug zu legen, sprich fünf Handelstage die Woche, Stunde um Stunde, Trade um Trade, zu arbeiten? Das ist hart, wirklich hart, und vor allem vollkommen wenig abenteuerlich, vollkommen unromantisch. Aber wer harte Arbeit scheut – und hier ist weit mehr Arbeit gemeint, als sich zum Beispiel ein Angestellter je aufhalsen lassen würde, ohne zu kündigen – kann seine Börsenträume beerdigen. Und zwar ruckzuck!

Wer kennt ihn nicht, den Film »Die Glücksritter« mit Eddie Murphy, Dan Aykroyd und Jamie Lee Curtis? Wer nur auf Jamie Lee geguckt hat – und in diesem Film ist sie es wert, sehr lange hinzugucken –, hat es vielleicht am besten gemacht. Denn wessen Traum es ist, möglichst wenig zu arbeiten, der tut besser daran, seine Ansprüche herunterzuschrauben, bis er so wenig braucht, dass er sich auch so auf die faule Haut legen kann. Mit etwas Glück findet er jemanden wie Jamie Lee im Film. Oder der Betreffende sucht sich, wie die reiche Verlobte von Dan, jemanden, der für den angestrebten Lebensstandard aufkommt.

Wer aber stattdessen im Handel wirklich etwas erreichen will, für den fängt alles mit diesem einen, sich wie ein Mantra wiederholenden grässlichen Wort an: üben, üben, üben.

Aber natürlich gibt es auch die gute Nachricht: Wer ein persönliches Ziel erreichen will, wird wesentlich motivierter an die Arbeit gehen, und zum anderen die Arbeit an sich selbst als Trader als glücksbringend empfinden, vom finanziellen Erfolg einmal ganz abgesehen. *Okay, vielleicht nicht am Anfang …*

Fragen Sie sich also:

Statt heute nur auf die Charts zu starren und sich das Erstbeste aufschwatzen zu lassen, wie wäre es, wenn sie sich heute aufs Üben konzentrieren? Und vor allem darauf, sich in Geduld zu üben?

Gedanke 58:
EIN CHART. EINE BELLEZZA. EINE FENSTERFRONT.

Im Mittelpunkt einer jeden Party zu stehen, das klingt gut. Ganz besonders dann, wenn man von einem gigantischen Monster-Trade berichten kann.

Der Trader beugt sich vor, um den aktuellen Chart zu entziffern, der auf dem Bildschirm zuckt. Der Trader zoomt den Chart auf. Zoomt ihn zusammen, um mehr von der Chart-Historie zu erkennen. Und wieder auf. Und wieder zusammen … Wow – welch ein Signal!

Beispielsweise dieses: Nach einer weiten Abwärtsbewegung, gefolgt von einer zügigen Korrektur, läuft der Markt nun in Richtung des lokalen Tiefpunkts innerhalb eines intakten Abwärtstrends, und kurz darunter befindet sich ein weiterer großer Punkt 2. Ein Signal, wie es nach allen fachlichen Vorgaben schöner nicht hätte sein können! Eine Bellezza der Trading-Welt. Nur noch wenige Punkte bis zum Durchbruch.

Noch … 20 … 19 … 18 Punkte …

»Soll ich handeln?«

Zitternd denkt der Trader an seine letzten Stunden: Tausende Euro rauf. Tausende Euro runter. Besser, der Trader hält kurz inne. Denkt kurz nach: Statt hohe Positionsgröße besser nur eine sehr geringe handeln. Vielleicht nur einen Kontrakt oder CFD! Ja, ja – man weiß es. Es gilt, noch mal mit einem Blick den Chart zu checken: Selbst wenn der Trend als Ganzes gehandelt würde und damit der Stopp um weitaus mehr Punkte entfernt läge, wären bei einer geringen Positionsgröße nur wenige Euro riskiert.

Interessant ist nun Folgendes:

Da sich mit den aus einem solchen Trade resultierenden Zahlen nie der Beweis erbringen lässt, was man für ein cooler Typ ist, wird man auch mit diesem Trade nie zum Gesprächsmittelpunkt einer Party werden. Somit ist es vorerst auch nicht notwendig, eine schneller werdende Atmung zu unterdrücken. Ausgehend von diesem Gedanken bleiben die bekannten Gefährten auf den Schultern – der weiße und der schwarze Struppi beziehungsweise der gute Engel der Einsicht und der böse Teufel des Aktionismus – genauso fern wie die Versuchungen der Abzählmethode: Trade? Ja – nein – ja – nein …

Fragen Sie sich also:

Wie wäre es, lieber Leser, sich für heute vorzunehmen, Orders ohne große Aufregung in den Markt zu legen, man könnte fast sagen, sogar etwas gelangweilt? Im Weiteren könnten Sie kurz – mit genauso wenig Anteilnahme – die Position eröffnen und Ihren Stopp irgendwo kurz über dem relevanten fachlichen Punkt platzieren. Zu jeglicher Genauigkeit haben Sie bei dieser geringen Positionsgröße ohnehin keine Lust – 30, 40 Euro mehr oder weniger – einfach lächerlich! Wie wäre es, wenn Sie in einer solchen Situation statt eines Monstertrades einfach nur eine normale Positionsgröße eingehen – und daraufhin Ihren Stuhl in Richtung Fensterfront drehen und den Blick in die Ferne genießen würden …?

Gedanke 59: »SCHATZ?« – »JA, ZEHN MINUTEN! …«

Erwartungsvoll lässt sich die Partnerin auf der Couch nieder, schön wie Aphrodite, und wartete auf ihren Liebsten: Den Trader…

Ihre Haare fallen verführerisch über die Schultern, sie ist von Kopf bis Fuß mit Körperlotion eingecremt, damit ihre Haut, wie die Werbung ebenso lebhaft wie glaubhaft versicherte, zart ist …

»Schatz?!«

»Zehn Minuten …!«

Und aus den zehn werden 20 und aus den 20 Minuten 60 und schließlich mehrere Stunden … Stunden, in denen ein Trader ohne Unterbrechung immer noch nahezu in der gleichen Haltung bis Handelsschluss vor seinen Bildschirmen sitzt.

Ja, großer Gott, wo war die Zeit geblieben?!

Verronnen, verflogen, enteilt!

Kurzum: Familiärer Ärger … ist vorprogrammiert.

Aber wie soll es ein privater Trader einem »Laien« und noch dazu seiner eigenen Frau beibringen, dass sie es ihm bitte nicht übelnehmen solle, dass es ihm kraft des Fehlens jeden »Zeitorgans« in seinem Inneren, mithin kraft seiner Unfähigkeit, unmöglich ist, den Ablauf der Zeit von sich aus und ohne äußeren Anhalt auch nur mit annähernder Zuverlässigkeit zu bestimmen…?!

Liest man beispielsweise hin und wieder Berichte von Bergleuten oder Erdbebenopfern, verschüttet, abgeschnitten von jeder Beobachtung des Wechsels von Tag und Nacht, so veranschlagen diese bei ihrer glücklichen Errettung die Zeit, die sie im Dunklen zwischen Hoffnung und Verzweiflung zugebracht hatten, auf beispielsweise drei Tage. In Wahrheit waren es zehn gewesen.

Gleichsam ergeht es einem Trader fast Abend für Abend: Man sollte meinen, dass in der höchst beklemmenden Lage bei so manchen Trades die Zeit einem Trader hätte lang werden müssen, stattdessen schrumpfte sie auf einen Bruchteil des objektiven Umfangs zusammen.

Es scheint folglich, dass des Traders Hilflosigkeit – unter solch verwirrenden Bedingungen eines offenen Trades! – eher geneigt ist, die Zeit in starker Verkürzung zu erleben, als sie zu überschätzen.

Fragen Sie sich also:

Wann haben Sie das letzte Mal versucht, bewusst der Verschwommenheit und Versponnenheit zu entrinnen und sich klarzumachen, wie viel Zeit erneut vor den Charts verstrichen ist?
Die Scheu, die einen daran hindert, ist möglicherweise eine Scheu des Gewissens – denn es ist mitunter die schlimmste Gewissenlosigkeit, die familiäre Zeit nicht zu achten …

Gedanke 60: UNBEOBACHTET LASSEN? DAS IST KEIN LEBENSINHALT!

Ist es verwunderlich, dass ein Trader seelisch kaum damit leben kann, nicht permanent anwesend zu sein, und das Gewicht seines ganzen Daseins und sein Recht auf Anwesenheit in die Waagschale wirft?

Versteht man die Anspannung vor den Charts recht, so unterliegt manch ein Trader vor den Charts sehr der Negativität seiner angriffslustigen Kampfposition. Allen voran beim Trendhandel. Denn: Einen Trade einfach unbeobachtet zu lassen, ist für einen angehenden Trader kein Lebensinhalt.

Aber wozu führt das?

Mit eigenen Augen und mit dem mutmaßlich vorhandenen Fingerspitzengefühl entdeckt ein Trader beim Trendhandel die merkwürdigsten, unverständlichsten, in keiner Form nachvollziehbaren, um nicht zu sagen, die abstrusesten Zusammenhänge: Er sieht das, was er sehen will, und nicht das, was er sehen soll. In weiterer Folge stellt er willkürliche Zusammenhänge her zwischen dem Trendverlauf und der Anordnung von Eröffnungs- und Schlusskursen, dem Aussehen der Kerzenkörper, deren Zuordnung zueinander, der Art und Weise, wie sie entstehen, ihrer Größe, ihrer Art, sich zu formen, sowie zwischen der Schnelligkeit oder Langsamkeit ihrer Kursschübe.

Es fließen also – gerade im Trendhandel – Wesentliches und Unwesentliches ineinander, Perioden und Dojis überlappen sich, Umkehrstäbe und Innenstäbe, kleine und große lokale Hoch- und Tiefpunkte, Tageshochs und -tiefs, Pivot-Punkte und Fibonacci-Verhältnisse sowie Candlestick-Formationen. Demzufolge wird die Gefahr eines Irrtums von Periode zu Periode umso stärker.

Ziel könnte daher sein, während des Trendhandels den inneren optisch scharf vom äußeren Verlauf zu trennen. Oder mit anderen Worten: Ein Trader muss lernen, die äußeren Zwänge einer einzelnen Periode besser von seinen inneren Intentionen getrennt zu halten, und verstehen, dass ihm die Gewöhnung an den Verlauf einzelner Perioden im Trendhandel absolut nicht weiterhilft.

Der Handel eines Trends ist, unabhängig von dessen Größe, in seinem rein fachlichen Ablauf das eigentlich Harmloseste, was es im Trading gibt. Die zwanghafte Begeisterung und Faszination für jede einzelne Periode wie auch die permanenten Kursveränderungen sind allerdings schon regelrecht beunruhigend.

Fragen Sie sich also:

Bei aller Begeisterung für vermeintliche oder tatsächliche Zusammenhänge im Trendhandel: Was ist Ihr »wesentliches Merkmal« auf das Sie sich beschränken?

Gedanke 61: NEUJAHRSVORSÄTZE EINES TRADERS

Wie, bitte schön, definiert ein Trader den Erfolg für das neue Jahr? Definiert das Tagesergebnis oder das an den Tag gelegte Verhalten die Neujahrsvorsätze?

Eine Frage vorab: Welche Rechte genießt ein Trader? Diese Frage drängt übermächtig aus jedem Trader heraus, allen voran, wenn er aufs vergangene Jahr zurückblickt. Das erscheint zunächst völlig verständlich, denn schließlich brauchen nun mal alle Menschen das Gefühl, in irgendeiner Disziplin etwas geleistet zu haben, und sei es nur, dass man als Schuljunge im größeren Bogen pinkeln konnte als alle anderen. Der Jugendliche will das neueste Handy. Der Angestellte besteht auf einer grüneren Topfpflanze, einem besseren Stuhl und dem Recht, anstatt braune Ordner weiße benutzen zu dürfen. Die Sängerin bei der Talentprobe träumt davon, wie Madonna zu sein. Jedes Kind auf dem Bolzplatz spielt in seiner Fantasie für die Nationalelf.

Also: Welchen Verwendungszweck darf ein Trader auf die Schecks schreiben, um sie dann für die ganze Plackerei des vergangenen Jahres einzulösen?

Eine schwierige Frage.

Denn: In Bezug auf die Anatomie des Erfolgs im Trading gilt es ohnehin – wie im Alltag auch – zwischen relativem und absolutem Erfolg zu unterscheiden, also zwischen der höchstpersönlich erreichbaren Messlatte und der Topleistung bei allem, was man als Trade anpackt.

Den einen interessiert das Erreichen bestimmter Geldziele: »1.000 Euro am Tag«; den anderen die Entwicklung einer bestimmten Fähigkeit: »Ich will mich endlich disziplinieren«. Es gibt natürlich auch die Kombination aus beidem. Ein anderer versteht unter Erfolg das Ziel seiner Anstrengung oder die berufliche Laufbahn: »Ich will Fondsmanager werden« oder »Ich will das coolste und tollste Handelsbüro eröffnen«. Ein weiterer fokussiert auf die kreative Leistung: »Ich will den Topindikator zur Vorhersage kreieren.« Noch ein anderer wiederum möchte der Top-Mega-Fernseh-Guru werden, der von der größten bis zur kleinsten jede Marktbewegung im Voraus analysieren kann und vor der Kamera in die Welt hinausposaunen darf. Wiederum ein anderer sieht im Erfolg für das neue Jahr den persönlichen Akt des Werdens, die vollständige Nutzung des eigenen Potenzials und nicht den damit zufällig verbundenen Job des Chart-Interpretierens …

Fragen Sie sich also:

Was sind also – angenommen, heute wäre Neujahr – Ihre Vorsätze für das kommende Jahr?

Gedanke 62: ZU VIEL AUFMERKSAMKEIT – UND ES BLÄST DAS HIRN FORT

Man sagt: Zu viel Aufmerksamkeit, die jedem noch so unbedeutenden Signal gewidmet wird, bläst Tradern einfach das Hirn heraus.

Was Tradern oft als letzte Baustelle fehlt, ist das Verständnis für das *Gesamtbild* des Charts. Viele Trader stehen sozusagen vor der letzten Stufe, auf der das vorhandene Fachwissen auf den Kerngedanken einer *Börsen-Spekulation »Wer kauft nach mir?«* zurückgeführt oder, anders gesagt, damit verbunden wird.

Mit anderen Worten: In den Augen vieler Menschen erfordert die generelle Meisterschaft dieses Berufsstandes eine ungeheure und hingebungsvolle Unterwerfung unter eine Autorität namens übergeordneter Trend beziehungsweise Großwetterlage.

Interessant ist Folgendes:

Dieses Gesamtbild kann allein durch die neutrale Absicht, es zu erlangen, erreicht werden. Jedem muss also klar sein, dass er Spuren im Orderbuch hinterlässt. Jeder will am liebsten in Korrekturen kaufen oder in sie hinein verkaufen, was wiederum Trends entstehen und vergehen lässt. Alle, die in einem Chart gefangen sind, machen rund um die Uhr bei einer Jagd mit. Wobei nicht immer klar ist, wer Jäger und wer Gejagter ist. Es gilt daher zu lernen, dass sich dies sekündlich ändern kann. Eben noch bist du Jäger – zack –, und plötzlich bist du Beute …

Fragen Sie sich also:

Was folgt daraus nun als guter Vorsatz? Nun – es wird Zeit, den selbst auferlegten Druck, permanent vor dem Schirm zu sitzen, Trade um Trade durch die Kante zu schieben und von morgens bis abends erfolgreich sein zu wollen, abzulegen. Besser wäre sich stattdessen intensiv der Frage zu widmen: »Wer kauft nach mir?«

Gedanke 63:
GREIFE ICH BEI TRADES MIT BEIDEN HÄNDEN IN DIE BONBONSCHALE?

Muss ein überlegtes Eigeninteresse als Händler mehr verfolgen als bloß das eigene Interesse? Das ist eine durchaus verwirrende, aber auch spannende Frage.

Auch wenn ein Trading-Anfänger mit dem Lesen von Büchern und den ersten Webinaren ein gewisses fachliches Niveau erreicht und nach Monaten langsam seinen eigenen Handelsstil herausbildet, so muss dieser jedoch noch lange nicht mit dem hohen Maß der Vernunft übereinstimmen.

Ein Beispiel: Wenn es dem Trading-Anfänger hinsichtlich der zeitlichen und der monetären Komponente stimmig scheint, nur vormittags und da auch nur maximal zwei Stunden vor den Charts zu verbringen, und er sich ebenfalls vorgenommen hast, nach Erreichen eines Tageslimits von – sagen wir: 300 Euro – den Handelstag sofort zu beenden, und er heute entweder nach zwei Stunden oder dem Erreichen des Tageslimits die Monitore strikt abgeschaltet, dann ist das für ihn als Trading-Anfänger durchaus lobenswert. Aber: Es gilt hier, eine weitere fachliche Stufe zu erlangen.

Denn: Wenn der Trader den Rechner abschaltet, obwohl der übergeordnete Trendverlauf beispielsweise gerade einen beginnenden Bewegungsast aufweist und des Traders Arbeitspensum heute eine längere Anwesenheit vor den Charts zulassen würde, bei dem mehrere Folgetrades mit einem Gewinn von – beispielsweise 1.000 Euro – möglich gewesen wären, dann – tja – dann ist es fachlicher Nonsens, so frühzeitig zu gehen.

Nun könnte man einwenden: »Wenn sowohl meine tägliche Handelszeit als auch ein spezielles Tageslimit meinen persönlichen Handelsstil kennzeichnen und ich diesen befolge, dann ist das doch kein Nonsens! Das widerspricht sich doch!«

Nun: Zu Beginn lebt der Trading-Anfänger mit seinen erarbeiteten fachlichen Fertigkeiten und dem gefundenen Stil meist in einem für sich definierten Tages- und Handelsrhythmus, wie zum Beispiel einem solchen: Vormittags ein paar Stunden, an anderen Tagen stattdessen abends ein, zwei Stündchen, dann mal wieder ein, zwei Tage Familie oder irgendwelche Pflichten, und dabei wird auch mal gar nicht auf die Märkte geschaut …

Dies ist durchaus akzeptabel, zumal innerhalb dieses frei definierten Rhythmus die fachlichen Komponenten stimmig und die Ergebnisse durchaus akzeptabel sein können. Gleichwohl ist es unzureichend! Denn was ist, wenn man heute das Geld auf dem Tisch liegen lässt und sich am kommenden Handelstag die übergeordnete Marktlage gedreht hat und nun gegenüber dem Vortag mitunter nur noch minderwertige Setups vorliegen und Fehltrades wahrscheinlicher sind?

Fragen Sie sich also:

Wenn Ihnen, lieber Leser, in den kommenden Handelstagen die Bonbonschale hingehalten wird, sind Sie dann bereit, mit beiden Händen zuzugreifen und im Idealfall alle oder zumindest so viele Bonbons wie möglich zu erhaschen? Oder wollen Sie sich wirklich nach einer kurzen Stippvisite und einem kurzen Naschen mit nur wenigen oder gar nur einem einzelnen Bonbon aus der Schale begnügen?

Gedanke 64:
DIE QUAL DER WAHL: ABSCHIED VOM LIEBLINGSCHART

»Mannomann, ich hab heute einen Markt gehandelt – du, ich kann gar nicht sagen, welcher Index, ob Nasdaq, MDAX oder FTSE 100, keine Ahnung.« Sie schmunzeln, wenn Sie Sprüche wie diese hören? »Der Name des von mir gehandelten Marktes? Himmel, du stellst vielleicht Fragen! Das ist doch so was von scheeeißegal!!! – Du brauchst mich gar nicht nach der Branche zu fragen, wen interessiert die schon? Ist doch alles Blödsinn. Das Ding, und das ist doch das einzig Wichtige, hatte einen AFFENGEEILEN Chart! So was haste noch nicht gesehen. Eine Marktphase wie im Bilderbuch! Himmlisch! Das Ding ist mir so im Vorübergehen untergekommen. Wenn nicht diesen Chart handeln, welchen dann?«

Es mag seltsam klingen, wenn ein Trader sich kaum dafür interessiert, auf welchem Markt er gerade unterwegs ist. Denn gewöhnt sind wir anderes. Ein typischer Eintrag in Foren oder Webinaren sieht eher so aus: »Ob der DAX, was meinst du, ob er jetzt zehn Punkte ansteigen könnte? Ich denke nämlich, dass die Trendlinie dort – wie, das siehst du nicht? – na, HERRGOTT, die da – mach doch mal die Augen auf! – gut greifen könnte. So, so, die siehst du nicht! – Mhm. Dann hab ich da noch eine andere Idee. Ich denke da so an das Löffel-Doji-Tassen-Schiebezonen-Fibo-Trendbruch-Umkehr-Candlestick-Korrektur-Muster. Also das geht eigentlich irgendwie so – aber wurscht, der Markt MÜSSTE demnach eigentlich fallen. – Meinst du nicht? – Ach herrje, soll ich etwa? Ach Mann. Na gut, das dann halt long, aber nur ein paar Pünktchen, dann geh ich wieder short, da der Markt jetzt drehen müsste, also demnächst, er ist doch schon soooo lange gestiegen …«

Aber ist das wirklich besser?

Mitnichten!

Das Ziel eines Traders muss es durchaus sein, sich von der Vielfalt der Möglichkeiten inspirieren zu lassen, und dennoch fällt es vielen Tradern so schwer, sich von ihrem Lieblingschart abzuwenden. Es ist auch völlig normal, dass einen Trading-Anfänger zu Beginn die Vielfalt der Märkte jedes Mal auf Neue erschreckt. Denn für den Trading-Anfänger heißt Diversifikation vorerst, viele Märkte mit der bekannten Frage, »Wo willste denn jetzt wieder hin?« abzuklappern. Doch nur so lassen sich wirklich gute Trades finden – durch die Öffnung auch für andere Märkte und die Charts, die sie abbilden.

Fragen Sie sich also:

Mehrere Märkte zeitgleich zu handeln, bedeutet, bewusst Abschied zu nehmen von der *Observation* und der Begeisterung für das Hier und Jetzt eines *einzelnen Markts*. Das mag zu Beginn irritierend sein. Aber ist es nicht auch schön, die Vielfalt der sich bietenden Chancen in mehreren Märkten wahrzunehmen?

Gedanke 65:
HEISST GRÖSSERE NÄHE BESSERE WAHRNEHMUNG?

Wer abends nur noch zwei Stunden Zeit hat, dem wird die Frage bekannt vorkommen: Soll ich nun lieber auf den Drei- oder doch besser auf den Zehn-Minuten-Chart traden?

Es ist natürlich nicht falsch, sich auf den Zehn, Fünf- oder Ein-Minuten-Charts zu tummeln und diese zu handeln! Ein beliebter Fehler vieler Trading-Anfänger ist jedoch, für diesen Handel nur ein sehr begrenztes Zeitfenster vorzusehen!

»Ja, aber gerade weil ich nur begrenzt Zeit habe, handle ich doch dort!«, lautet häufig die Antwort. Auf den ersten Blick mag das stimmig erscheinen. Doch eine weniger oberflächliche Betrachtung zeigt: Hier liegt ein Denkfehler vor: Denn zum einen bedeutet Nähe nicht eine bessere Wahrnehmung. Zum anderen ist der Minuten-Chart als vermeintlich praktikable Lösung für Zeitmangel nur scheinbar eine gute Lösung.

Wenn man jeden Handelstag nur ein geringes Zeitvolumen zur Beobachtung von Charts zur Verfügung hat und damit der zeitliche Abstand zwischen den tagtäglichen Marktbeobachtungen zwangsläufig sehr groß ist – beispielsweise heute 17:45 bis 19:00 Uhr, dann erst wieder am Donnerstag von 20:20 bis 22:00 Uhr und so weiter, dann ist es besser, Zeiteinheiten beziehungsweise Trendgröße zu wählen, deren zeitlicher Trendablauf immer die Chance ermöglicht, ein gutes Setup vorzufinden.

Mit anderen Worten: Man sollte sein Trading sowohl mit Blick auf die eigenen Anwesenheits- als auch auf die Abwesenheitszeiten betrachten: Das bedeutet: Wenn ein Trader pro Tag nur ein, zwei Stunden lang die Möglichkeit hat, sich einem Markt zu widmen, dreht sich die Großwetterlage viel zu langsam, um ihm, selbst bei geduldigstem Warten, innerhalb seines Zeitrahmens ein gutes Setup zu präsentieren.

Wenn ein Trader schon wenig Zeit hat, gibt es einen besseren Weg:

Statt sich den kleinen Zeiteinheiten lieber den mittleren Zeiteinheiten zu widmen. Denn deren übergeordneter Trendverlauf dreht sich so langsam, dass die Zeichen möglicherweise sogar über mehrere Tage hinweg auf Grün stehen. Auf dieser Trendgröße muss er zum einen für einen Handel nur relativ wenig Zeit investieren, nämlich eigentlich nur für etwaige Stoppversetzungen. Zum anderen wird er hier im Universum von Märkten so gut wie immer zur Genüge fündig, ohne seine knappe Zeit mit andauerndem Suchen zu verbringen …

Fragen Sie sich also:

Wie viel Anwesenheits- und auch Abwesenheitszeit planen Sie, lieber Leser, heute für den Markt ein? Haben Sie das bei der Auswahl Ihrer Charts entsprechend berücksichtigt?

Gedanke 66:
TRADING – DER KRITISCHE ZWIESPALT

Ohne Fachwissen gibt es kein rechtes Leben als Trader, aber mit zu viel Fachwissen auch keines – das ist eine Gratwanderung.

So mancher Anfänger, aber auch mancher fortgeschrittene Trader gerät in einen sonderbaren Zwiespalt: Er meint – trotz vorhandenen Fachwissens – permanent weiter tüfteln zu müssen. Dies allerdings fungiert, da gängige Regelwerke ja bereits zur Fülle vorhanden sind, bei genauer Betrachtung oftmals nur als ein künstlicher Filter für die wahre kritische Information, nämlich schlichtweg dafür, es ertragen zu müssen, dass der Markt drei, vier Mal hintereinander »Nein!« gesagt hat!

Und genau deshalb gerät der Trader in einen Zwiespalt. Einerseits glaubt er jeglicher Art von Trading-Fachwissen nicht mehr, andererseits hat er – aus Erzählungen und Büchern – gelernt, dass es ohne Fachwissen kein rechtes Leben als Trader gibt. Aus eigener Erfahrung muss er aber feststellen, dass es mit zu viel Fachwissen definitiv auch keines gibt.

Und so, wie sich an einer Angel ein Grasbüschel statt eines Fisches verfangen kann, hängt auch in diesem Zwiespalt ein wirres Büschel von Antworten. Denn: Man kann ein so verwickeltes Gebilde, wie es der Börsenhandel darstellt, von vielen Seiten betrachten und in der theoretischen

Überlegung dieses oder jenes als alles entscheidende Achse wählen. Gleichwohl erwächst erst aus der gegenseitigen Durchdringung fachlicher, psychologischer und philosophischer Teilwahrheiten langsam die eigene praktische Wahrheit.

Aber warum dauert das alles so dermaßen lange?

Tja, weil alles ein ineinander verwobener Mix ist und es sich bisher jedes Mal gerächt hat, wenn man eine Teilwahrheit als das allein Gültige im Trading erachtet. Andererseits wiederum wäre man aber kaum zu einer solchen Teilwahrheit gelangt, hätte man sie nicht zeitweise im Trading überschätzt.

Fragen Sie sich also:

Es hängen also die Geschichte der praktischen Wahrheit und die des Gefühls im Börsenhandel auf mannigfaltige Art zusammen, wenngleich das Gefühl dabei leider allzu oft unbeleuchtet bleibt. Wie wäre es also, in den kommenden Tagen Licht in die Sache zu bringen?

Gedanke 67: GEDANKENSCHLEIFEN FERNAB VOM EIN- UND AUSSTIEG?!

»Ist die Absicht, dass ein Trader glücklich ist, im Schöpfungsplan eines Händlers nicht vorgesehen?«

Jeder Händler, der im jahrelangen Alltag vor den Charts Stress, Mühsal und manchmal nahezu einen Nervenzusammenbruch erleidet, sehnt sich nach einem Zustand, in dem nicht bloß das gegenwärtige Elend, sondern alle nur denkbaren Mühen und Plagen, und vor allem die endlosen Gedankenschleifen endlich aufhören.

Eine interessante Feststellung!

Denn: Dies könnte durchaus ein Indiz dafür sein, dass es sich bei solchen Fragen wie »Was wünsche ich mir eigentlich von einem Leben als Trader?«, »Was will ich?« und »Was ist der allabendliche Frieden? Wie führt man ein glückliches Leben als Trader?« um ein wahrhaftes und echtes Problem handelt. Eines, das, um eine endgültige Klärung und nachhaltige Lösung zu erfahren, vieler Jahre des Nachdenkens bedarf, was zu Recht als ein langwieriger Prozess angesehen werden kann!

Spannend ist, dass in vielen Augen von Anfängern hier ein gewisses Unverständnis und eine ansteigende Gereiztheit über die Zähigkeit dieses oft gehörten Themas zu sehen sind: »Glücklich sein kann doch nicht sooo schwer sein?!«

Während also die wichtigsten Basics zum Ein- und Ausstieg, zum Setup und zur Beschaffenheit von Charts & Co. schnell gelehrt sind, gehören andererseits diese Fragen zu den schwierigsten für einen Händler überhaupt, weshalb in der Folge schon gleich gar nicht klar ist, welchen praktischen Beitrag zur Beantwortung der Frage »Was wünscht man sich vom Leben als Trader? Was will man?« von einem Coach oder Seminar geleistet werden kann …

Fragen Sie sich also:

Kann es sein, dass der als lang und schwierig beschriebene Weg Börsenhandel ein Indiz dafür ist, dass es sich hierbei um eine Frage handelt, die von einem Trader gar nicht im Handumdrehen ernsthaft geklärt, geschweige denn jemals gelöst werden kann? Denn die bisher noch nicht erwähnte Tatsache, dass die Frage nach dem Glück und der Zufriedenheit auch eine der generellen, seit Jahrhunderten ungelösten Fragen der Philosophie darstellt, könnte als Hinweis darauf gedeutet werden, dass ein Händler sich hieran einfach vergeblich die Zähne ausbeißt – was meinen Sie …?!

Gedanke 68: »IHR VERDAMMTEN SCH… W…SER!«

Der Trader will erfolgreich sein, und die Börse sagt »NEIN, DANKE!«.

Das Herz rast. Der Trader bewegt sich unruhig auf dem Stuhl. Er schaut hoch konzentriert auf seine Position. Lässt die Maus los. Schnäuzt sich umständlich. Reibt sich die Stirn. Chaos pur.

Die gedankliche Situation ist ein riesiges Tohuwabohu.

»Ist das wirklich nur ein kurzer Rücksetzer?«

»Wie weit läuft er?«

»Soll man weitere Kontrakte nachkaufen?«

»Vielleicht dreht der Markt nun aber endgültig?«

»Besser vielleicht gleich raus?«

»Aber was, wenn der Punkt 2 dann doch geknackt wird?«

»Was aber, wenn nicht, und der Trend kippt?"

»Reißt der Trendbruch den übergeordneten Trend gleich mit in die Tiefe? Sollte ich besser gleich die Position drehen und dann wenigstens bei diesem neuen Trend von Anfang an dabei sein?«

Oder … oder … oder …

Der Trader blickt auf seine im Chart eingezeichnete Stopporder. Die gedankliche Schmerzgrenze ist nicht nur erreicht, sie ist um Meilen überschritten. Er lächelt belämmert. Das Gehirn fühlt sich schrecklich schwer und schwammig an.

Die Folge?

Der Trader beschließt, die aktuelle Marktbewegung mit Ignoranz zu strafen und fast wie in Trance murmelt er unablässig, einem Mantra oder einer Endlosschleife gleich: »Ihr verdammten sch… W...ser!« vor sich hin …

Fragen Sie sich also:

Spannend ist, das viele Trader weitaus mehr Geld verlieren, weil sie sich auf eine *Korrektur* vorbereiten oder versuchen eine Korrektur vorauszusehen, als in den tagtäglichen Korrekturen selbst an Geld verloren wird. Können Sie diese Aussage auch bestätigen …?

Gedanke 69:
BÜCHER UM BÜCHER – UND DOCH BEISST MAN IN JEDE WURST

Ist uns wirklich bewusst, warum das ganze Unterfangen, Trading zu verstehen, so lange dauert?

Wenn Wille, Disziplin und freiwilliger Verzicht allein dastehen – als nackte Hauptwörter, kahl und schmucklos –, wie ist es dann? Nun, wir können Fachliteratur lesen, Video- und Seminarinhalte studieren, nächtelang Gespräche mit anderen Tradern führen, aber gewinnen wir dabei den Willen zur Umsetzung, zur Disziplin und zum freiwilligen Verzicht?

Angenommen, wir lesen und hören tagtäglich davon, besitzen wir es dann zeitgleich auch? Nein. Denn der Wille zur Umsetzung und zur Disziplin ist zu fest verbunden mit der zufälligen Gestalt seines Auftretens! Dieser Wille geht durch den Trader, der ihn aufnehmen möchte, hindurch und lässt nur ein wenig Erschütterung zurück.

Daher stellt sich die Frage: Was fängt man also mit all dem gelesenen und gehörten Fachwissen an? Es wird auf Massen von Papier und Beamer-Leinwänden mit geradezu astronomischen Ausmaßen immer aufs Neue gedruckt und reproduziert, liegt verstreut auf Tischen in Regalen und wird ebenso unablässig aufgenommen und konsumiert.

Aber was geschieht dann mit diesem vielen Fachwissen?

Manchmal könnte man meinen, es entzöge sich beim Betrachten eines Charts dem irdischen Gesetz der Erhaltung. Wie Staubteilchen, die herabsinken und langsam zur Ruhe kommen, steht dieses Wissen mitunter in keinem Verhältnis zum Aufwand, mit dem man es sich angeeignet hat. Schwupps, entschwindet der Wille, dieses Wissen mittels Disziplin und freiwilligen Verzichts auch anzuwenden …

Wer tagtäglich mit dem Trading loslegt, wird noch eine ganze Weile in die erste Wurst beißen, die ihm der Chart hinhält. Klar, als Trading-Anfänger ist man hungrig, man will jetzt endlich ans Ziel. Aber je länger man dabei sein wird, umso mehr wird man die Alternativen checken und sich nicht des erstbesten Chart-Gezappels annehmen.

Also nimmt man anfangs noch das erste Angebot des Charts an und macht eigentlich alles mit, was der Chart gerade vorgibt. Manch ein Anfänger ist so berauscht von der Möglichkeit, jetzt endlich Gas geben zu können, dass er völlig durch den Wind ist. Wenn er dann einige Minus-Trades hinter sich hat, will er danach erst recht nur noch am Ziel ankommen und endlich mal einen positiven Trade haben. Erwischt er dann einen Trade, der sich positiv entwickelt, hat er Angst, auch dieser Trade könnte plötzlich anders verlaufen, und verstolpert sich.

Fragen Sie sich also:

Muss es wirklich jede Wurst sein? Und wenn Sie sich auf einen Trade eingelassen haben: Wollen Sie ernsthaft auf den letzten Metern an der Logik zweifeln, aufgrund derer Sie sich darauf eingelassen haben? Sie würden den Trade und damit sich selbst unter Wert verkaufen …

Gedanke 70: KÜNSTLER UND TRADER UND DIE PLATONISCHE IDEE

»Na ja, ich dachte, das gäbe einen super Trade, und den wollte ich halt eben noch schnell machen ...«

Wir wünschen uns einen Trade. Wir bekommen, was wir wünschen. Wir genießen einen kurzen Moment der Befriedigung, der sich rasch zur Langeweile abschwächt und auf den dann unweigerlich der Gedanke folgt: »Ich will einen nächsten Trade.«

Gut, das ist nichts Neues. Das steht überall. Das Verlangen zu stillen, ist kein Ausweg. Wir müssen ganz vom Rad springen, sonst sind wir als Trader dazu verurteilt, uns endlos mit dem Rad des ständigen Wollens zu drehen. Gut, auch das steht überall.

»Vom Rad abspringen?« Was genau bedeutet das?

Zum einen bedeutet es, erst die grundsätzliche Nichtigkeit unserer eigenen Illusion zu erfassen und uns dann daran machen zu müssen, eine Möglichkeit zu finden, unser ständiges und unüberlegtes Wollen zu negieren. Wir müssen uns, genau wie ein großer Künstler, zum Ziel setzen, in einer Welt der reinen platonischen Idee zu leben; der Idee, immer und zu jeder Zeit traden zu können.

Ja, das trifft es!

Auch ein Künstler schafft nicht jeden Tag ein Kunstwerk. Das bedeutet, dass man als Trader gleichzeitig Beobachter und Akteur werden muss. Man muss sich der eigenen Lebenskraft fernab der Charts bei jedem Balken bewusstwerden. Jener Lebenskraft, die sich im Sein eines jeden Traders individuell manifestiert. An dieses Vorbild, diese Idee, gilt es sich als Händler in den turbulenten Zeiten – allen voran jenen der letzten Tage – streng zu halten.

Aber wie diesem Begehren begegnen?

Nun, des einen Trader ist fortan das Wichtigste seine Familie, des anderen die Verbindung zu den großen Denkern, deren Bücher der Trader parallel zu den Charts jeden Tag verschlingt. Um sich körperlich fit zu halten, läuft der eine Trader Marathon, und um nicht den Bezug zu anderen Ebenen des menschlichen Daseins zu verlieren, bereist ein anderer Trader die Welt, wann immer sich die Gelegenheit bietet. Andere Trader wenden andere Mittel an: Sie spielen nebenbei ein Instrument, erfreuen sich an Hausarbeit, legen einen schönen Garten an, knechten sich in Fitnessstudios, sammeln leidenschaftlich Münzen oder tun, was immer sonst ihnen hilft, um dieses Begehren im Zaum zu halten …

Fragen Sie sich also:

Wie begegnen Sie heute Ihrem Begehren?

Gedanke 71: DAS AUFGEZWUNGENE SPIEL?!

Entsinnen Sie sich, lieber Leser, auch einst jene Trader verachtet zu haben, die sich mit dem Spruch »Weniger ist mehr« der Freiheit auf unendliche Marktbewegungen beraubten?

Man sagt ja, dass mit den Jahren des aktiven Handels die verschiedenen Märkte – ob DAX, Dow oder Co. – nur noch Utensilien seien, die dem in sich ruhenden und daher erfolgreichen Trader Macht verleihen und auf der anderen Seite die Lust der Zocker-Gemeinde an emotionaler Unterwerfung befriedigen.

Zugegeben: Wir bemerken durchaus mit der Zeit, dass die eigene Vehemenz gegenüber dem Ausgang jeder einzelnen Periode an Heftigkeit verliert.

Spannend!

Denn vielleicht war es früher wirklich lediglich das aufgezwungene Spiel, das einem Trader gefiel?! Und vielleicht ehrt ein Trader mit dem erlernten Anti-Aktionismus im Laufe der Jahre auch sein eigenes Leben als Trader? Nun – was hat ein Trader denn sonst? Was hat ein Trader sonst, außer diesem wunderbaren, begnadeten Intervall seiner Charts und seinem eigenen Selbstbewusstsein? Fast könnte man sagen: Wenn etwas geehrt und gesegnet werden sollte, sollte es das kostbare Geschenk der bloßen Existenz der Börse sein. Zu verzweifeln, weil das Trading unendlich ist oder weil es keinen höheren Zweck oder schon gleich gar nicht einen festen Entwurf hat, könnte man als pure Undankbarkeit empfinden.

Sich einen allwissenden Trader zu erträumen und vor jedem Trading-Guru endlose Kniefälle zu machen, erscheint sinnlos – und außerdem verschwenderisch: Warum all diese Energie an ein imaginäres Trugbild vergeuden, wenn doch eigene Disziplin und der Aktionismus jedem Super-Super-Millionen-Handelssystem grundsätzlich entgegenstehen?

Besser daher, sich stattdessen jene Haltung zu eigen zu machen: Sich einfach verneigen, den eleganten Gesetzen und Mysterien der Charts seine Reverenz erweisen und sich der Aufgabe des Nachdenkens über sich als Trader zu widmen. Kurzum: Es gibt Wissen und Wissen.

Die tagtägliche nahe Gegenwart eines einzigen unüberlegten, ruinösen Trades fördert das Wissen. Nicht etwa, dass man weiser wird. Es ist nur so, dass mit den Jahren immer mehr das Wegfallen von Ablenkungen – nämlich jenen Gedanken an immensen Reichtum, Prestige, Applaus, Popularität als Trader – Stück für Stück ein unverfälschteres Bild des Börsenhandels bietet.

Fragen Sie sich also:

Ist ein derartiges Ablassen vom aufgezwungenen Spiel nicht die eigentliche Wahrheit im Trading, die allerdings niemals in Büchern & Co. öffentlich gemacht wird?

Gedanke 72:
WENN DAS FACHLICHE NIVEAU DER TRADES SICH DEM EINES MÜNZWURFS NÄHERT

Trotz Minus – irgendetwas zieht einen Trader immer stark zu diesem Beruf hin. Weshalb nur? Was sind die Motive?

Für einen Nicht-Trader wird dies niemals nachvollziehbar sein, aber ein Trader kennt gewiss hin und wieder diese Tage: Der Markt – beispielsweise der DAX – weist einen stabilen Abwärtstrend auf, in dessen Korrektur sich der Trader – warum auch immer – short positioniert, um den weiteren Kursrutsch jubelnd mitzunehmen, um dann, als der Markt – aus des Traders Sicht – massiv gegen ihn läuft, seinen Trade mit einem satten Minus zu beenden.

Der darauffolgende Trade im – sagen wir Dow – hat auf den ersten Blick auch nicht schlecht ausgesehen. Aber er kam zu spät. Am Ende einer Bewegung noch short aufzuspringen und dann zuschauen zu müssen, wie die nun einsetzende Korrektur wieder ein derartig großes Minus aufbaut, dass man nur noch davonrennen will … ein geradezu lehrbuchhafter Fehler. Die Position frisst sich ins Konto. Das Loch wird immer größer. Der Trader hält bei jedem weiteren Fortschritt dieser – aus seiner

Sicht – MEGA-Korrektur unwillkürlich die Luft an, sodass sein Atmen im selben Rhythmus erfolgt wie die Zuckungen des Markts. Er will nur eines sehen: positive Zahlen. Er sieht nur eine Lösung: diese Position zu drehen, um sein Minus dann eben in der anderen Richtung wieder einzuspielen. Dumm nur, dass der Markt ebenfalls wieder dreht und nun kräftig in Trendrichtung weiterläuft …

So irrt der Trader auf abenteuerlichste Weise und äußerst heftig weiter durch die Charts. In der Folge passiert nun das: Nach weiteren Minus-Trades infolge entwickelt sich bei dem Trader sowohl gedanklich wie auch in der Umsetzung ein gewisser Grad an Ungeduld, der ihn nach jedem weiteren Minus-Trade immer schneller dazu motiviert, sofort in die entgegengesetzte Richtung überzutreten, sich dort zu positionieren und dabei auf schwindelerregende Orders einzulassen – bis ein Zögern oder Ausbleiben des Erfolges ihn auch von hier wieder vertreibt.

Der Trader, mittlerweile ebenfalls der Instinkthaftigkeit dieses Zustandes verfallen, eilt von Trade zu Trade, sobald ihm sein Gefühl signalisiert, der richtige Augenblick sei gekommen, wobei *Wille*, *Absicht* und *Bewusstsein* nach und nach jeglichen Einfluss auf seine Entscheidungen verlieren und das fachliche Niveau seiner Trades sich dem eines Münzwurfs nähert.

Vor lauter Aufregung und Verbissenheit kann der Trader die wahren Geschehnisse des Marktverlaufs nicht mehr erfassen und bekommt beim Anblick seiner Positionen, sobald das kleinste Kurszucken gegen deren Richtung auftrat, panische Angst, dass der Markt wieder drehen könnte. Ein weiteres Minus wäre unmöglich zu ertragen – schließlich war das angehäufte Gesamtminus doch schon groß genug. Einen Augenblick lang malt sich der Trader aus, wie er klammheimlich abhauen und in einem weit entfernt liegenden Dorf als Mönch ein Leben ohne Geld & Stress leben würde. Er wäre den Handel endlich los! Die ganze leidige Sache von gestern und heute und morgen – einfach weg!

GEDANKE 72:

Fragen Sie sich also:

Die Vorstellung, das Trading aufzugeben, stimmt jeden Trader noch trauriger als das Minus selbst. Das ist seltsam! Irgendetwas zieht einen Trader trotz der leidlichen Tage immer noch stark zu diesem Beruf hin. Weshalb nur? Ja, welches sind Ihre Motive, lieber Leser …?

Gedanke 73: TRADER VERSTARB UM 14:32 UHR

»Seht euch das an!« – so lautet die typisch kreischende Reaktion um 14:30 Uhr zur Bekanntgabe etwaiger Wirtschaftszahlen.

Tag für Tag, Woche für Woche ist es das gleiche Spiel: Die Bekanntgabe wichtiger Wirtschaftszahlen, seien es nun Sitzungsergebnisse von Zentralbanken, Handelsbilanzen oder die allzeit beliebten Zahlen zur US-amerikanischen Arbeitslosenquote, löst beim Trading-Anfänger pure Faszination aus, beim erfahrenen Trader verursacht sie hingegen pure Gänsehaut. Denn während die einen von dem unendlichen Marktschub und Hunderten von Ticks binnen Sekunden träumten, wissen die anderen um deren schnellen und vor allem detaillierten Verlauf. War es doch allzu oft schon so, dass die extreme Kursveränderung erst in die eine, dann binnen Sekunden in die andere Richtung ging, um dann erneut in die ursprüngliche Richtung auszuschlagen.

Im Nachgang, je nach betrachteter Zeiteinheit, sieht man eine klare, oftmals ach so deutliche Marktbewegung, welche im Detail betrachtet aber ihre Opfer fand.

Das tut weh!

Diese Opfer starben nicht etwa durch einen sauberen Schuss – oh nein, sie wurden *gequält* und vom Markt *gegrillt*. Binnen Sekunden wurden Positionen gedreht, ausgelöst vom Blick auf den negativen Positionsertrag, welcher nach der Drehung erneut erschien, um dann erneut gedreht zu werden. Binnen Sekunden wurde so auf manchen Grabstein eines Traders der Todeszeitpunkt gemeißelt:

VERSTORBEN UM 14:32 UHR.

Viele Trader lernen hier sehr schnell den mentalen *Point of no Return*. Wie im Trading, so ist dieser Begriff auch in der Luftfahrt gebräuchlich, denn auf einer Startbahn gibt es einen Punkt, hinter dem der Start nicht mehr abgebrochen werden kann, weil die verbleibende Länge nicht mehr ausreicht, um das Flugzeug sicher abzubremsen. Es startet durch und gegebenenfalls folgt auf den Start eine Notlandung. Im Trading ist dieser Punkt jener Zeitpunkt, ab dem die Entwicklung einer Verlustposition nicht mehr realisiert wird oder ab dem Entscheidungen zur Positionsschließung nicht mehr rational getroffen werden können, da das Minus bereits zu hoch ist …

Fragen Sie sich also:

Zu solchen Wirtschaftsnachrichten offenbart sich häufig eine weitere Hürde des Tradings auf der Bühne: Aber was für ein banaler Auftritt – die Vorhänge mit einem Ruck weggerissen vor einer Serie sinnloser Trades. Und wie könnte die Schlussszene aussehen? Höchstwahrscheinlich ebenso banal. Die Handlung? Eine Serie weiterer Trades mit ständig erhöhter Kontraktanzahl. Als Kostüm ein durchgeschwitztes T-Shirt, als Ausdruck ein blasses Gesicht und zitternde Hände. Die Kulisse? Derselbe Rechner, an dem der Trader seit Monaten sitzt, derselbe Stuhl, dasselbe Büro, auf dem Tisch daneben ein Stapel Trading-Tagebücher mit Ideen und Vorschlägen, die ihre Zeit jetzt scheinbar nie mehr bekommen werden. Wie, lieber Leser, wollen Sie es vermeiden, der traurige Held einer solchen Inszenierung zu sein?

Gedanke 74:
ZWEI WELTEN, EIN HUND UND EIN STOCK

Was für ein Wortspiel: Aus der Redewendung, »sich Gedanken machen«, entwickelt sich die Aussage, »die Gedanken machen sich«. Ist das so im Börsenhandel? Machen sich die Gedanken selbst?

Ein Trader ist zwei Welten ausgesetzt: Auf der einen Seite ist da das Bewusstsein des Traders mit seinen Gedanken. Auf der anderen Seite ist da nur ein Chart. Also gewissermaßen eine innere und eine äußere Welt, die sich beide erst im Kopf des Traders zusammenfügen.

Die auf den Trader einwirkende äußere Seite, der Chart, ist eine in Formeln gehüllte Zahlenmenge – eine positive oder eine negative Zahl irgendwo in den Untiefen der Rechentechnik, im Grunde gar nicht mehr den Menschen zuzuordnen, deren Tun weltweit zum selben Zeitpunkt auf den Bildschirmen eben jenen Chart ergibt. Bemerkenswert ist dabei, dass es in der weiten Welt selbst bei einem so einfach darzustellenden Gebilde wie einem Chart nur wenige Trader gab, die zum selben Zeitpunkt dasselbe über dessen Verlauf denken.

Verrückt, oder?

Man muss folglich konstatieren: Ein Trader, der nur ein bisschen nachdenkt, gerät gewissermaßen in recht unordentliche Gesellschaft, da er nie weiß, was die anderen Trader gerade wohl denken mögen! Komplizierter wird es beim Aspekt der sich nach außen richtenden inneren Seite: dem Bewusstsein und den Gedanken. Es ist unglaublich schwierig, Nicht-Tradern und Trading-Anfängern zu vermitteln, wie ein erfahrener Trader eigentlich denkt. Wirklich. Wie oft wird man in einer ruhigen Minute gefragt, wie einem denn während der Lehrjahre die Unterbindung seiner Emotionen gelungen sei. Man antwortet, dass man penetrant darauf hingewiesen wurde, unablässig daran zu denken, sich selbst zu beobachten …

Das bedeutet für die ausgehende Seite, dass sich die positivsten Einfälle und vor allem überlebensnotwendigen Einsichten durch nichts anderes einstellen als durch das Warten darauf. In dieser Hinsicht vollziehen sich die Lösungen der geistigen Aufgaben im Trading nicht viel anders als bei einem Hund, der mit einem Stock im Maul durch eine schmale Tür will. Der Hund dreht den Kopf so lange, bis der Stock hindurchpasst – und ganz ähnlich muss es der Trader machen, allein mit dem Unterschied, dass er mit zunehmender Erfahrung schon ungefähr weiß, wie er es anzustellen hat.

Fragen Sie sich also:

Man muss nicht studiert haben, um die äußere ein- und die innere ausgehende Seite im Handel erfolgreich zu interpretieren. Auch wenn ein kluger Kopf wahrscheinlich weit mehr Geschick und Erfahrungen in den Drehungen entwickeln wird als ein dummer, so kommt die Lösung für jeden gleich überraschend, egal, ob studiert oder nicht. Sie ist auf einmal da, und man empfindet innerlich deutliche Verblüffung darüber, dass sich die Gedanken wie von selbst entwickelt haben … Kennen Sie das auch? Und sind Sie bereit, das zuversichtliche Warten darauf, dass sich die Lösung von selbst einstellt, zu einem Teil Ihrer Strategie zu machen?

Gedanke 75: DER PFEIL DES TRADING-GLÜCKS TRIFFT MITTEN INS HERZ

War man als Mensch im Leben je glücklicher als in jenen Stunden des Trading-Demo-Handels? Zu Recht werden hier viele sagen: Nein.

Demo-Handel. In diesen Wochen bricht eine Art neue Ära an, in der die Selbstverwirklichung zur Bestimmung avanciert und sodann in uns allen auf das Üppigste das Gefühl wuchert, wahrhaft ein Händler zu sein.

Aber wie sollte man auch als Trading-Anfänger nicht eine Art Glückskoller erleben, wenn man plötzlich mit ein bisschen Tastaturdrücken in so mancher Woche, manchmal sogar an einem einzigen Tag, plötzlich mehr verdient als sonst in zwei Monaten Bürojob. Und genau dieses Abenteuer ist etwas dem bisher geborgenen Leben Ungewohntes, was nahezu spielerisch verlockt – eine Art Sensation, die die Nerven fortan wundervoll spannt und elektrisierende Funken durch das Blut jagt.

Wie auch – schließlich denkt ein Trading-Anfänger zu keiner Zeit an die möglichen Schwierigkeiten seines zukünftigen Berufs, weil er sie ja gar nicht kennt. Vielmehr erlebt er den Handel einzig wie einen andauernden

Traum, weshalb jegliche Angst und jedes Bangen vor der Zukunft fehlen und er an ein sanftes und seliges Weiterklingen dieser verehrenden Liebe zu den Charts glaubt, die ihn mit ihrer Einfachheit und scheinbaren Vorhersehbarkeit zuversichtlich stimmen.

Alles erstrahlt mit einem Mal von innen heraus in einer furchtbar schönen Klarheit. Diese Zuversicht, diese innere Gewissheit führt dazu, dass ein Trader anfangs gegenüber seiner Familie eine Stabilität und verblüffende Reife ausstrahlt, und er hat alles an sich, was die Partnerin in der derzeitigen Lebensstufe von ihrem Ehemann erwarten kann: Er ist so unbeschwert, so freudig, so sanft, so freundlich, so gutmütig rebellisch, so lebensbejahend, so ergreifend, so geistig, so kraftvoll, in seiner Art zu leben.

So nehmen Woche um Woche dieses gunstreichen und wohl geregelten Demo-Trader-Lebenslauf dem engen Schauplatz des Bildschirms ihren gleichmäßigen Lauf – und der angehende Trader, in täglicher Erwartung seines Talents, fährt fort, seiner Familie Abend für Abend seine Trades zu beschreiben – und es immer wieder laut kundzutun, wenn das Demo-Konto neue Höchststände markiert.

Fragen Sie sich also:

Obgleich es nur Demo-Handel ist, so liegt darin viel Ehrbarkeit: eine Ehrbarkeit, die freilich, ohne sich so manchen Irrtums gewahr zu werden, bereits für den Anfänger im Begriff steht, dem realen Handel vollends zu gleichen. Sind Sie sich dessen bewusst, dass nach dem Umstieg vom Demo-Handel aufs richtige Trading ein entscheidender Wandel passiert, der Ihren Optimismus und Ihre positive Einstellung zum Trading womöglich in ihren Grundfesten erschüttert …?

Gedanke 76:
ICH TRAU MICH NICHT MEHR. ICH NEHME MIR MAL EINE AUSZEIT.

»Mut für den nächsten Trade« – wo kann man diese nicht messbare Eigenschaft erwerben?

Bei vielen Tradern liegt die Ursache für die Aussage, »Ich trau mich nicht mehr. Ich nehme mir mal eine Auszeit«, nicht in der Unzuträglichkeit des vorhandenen Fachwissens, sondern eher in der Abnutzung des Zusammenhalts, der die falsche Zufriedenheit der eigenen Trader-Seele bisher gestützt hat.

Das Tun eines Händlers sollte stets mit einer Art innerer Stimme auf positive Weise untermauert werden. Fehlt jene mutige innere Stimme, dann wird es schwierig mit dem Wunsch nach einer beständigen Trade-Abfolge.

Mithin ist jener Mut zum nächsten Trade, der intellektuell zugegebenermaßen beträchtlich unterhalb der Höhe des Wissens um Charts & Co. angesiedelt ist, dennoch jene Eigenschaft, die eine Beständigkeit im Trading überhaupt erst ermöglicht. Und nichts wäre verkehrter, als dies leugnen zu wollen!

Dessen ungeachtet offenbart sich Handelstag für Handelstag dasselbe Spiel: Die wichtigsten geistigen Vorkehrungen eines Traders dienen der Erhaltung seines friedlichen Gemütszustands. Alles erworbene Wissen verwandelt sich plötzlich zu einem Nichts gegenüber der ungeheuren, meist unbewussten Anstrengung, die der Händler unternehmen muss, um nach drei, vier, fünf Minus-Trades – sprich Situationen, in denen der Markt »Nein!« sagt – völlig verwirrt von der deswegen einsetzenden Verzweiflung seine Gemütsruhe zu bewahren.

Im Ergebnis ist er plötzlich sogar bereit, fachlich sinnvolle Trades mal einfach auszulassen!

Er kneift!

Fragen Sie sich also:

Insofern fließen von außen eindringende gemütsruhefeindliche Erregungen, deren Anstifter zumeist die Charts und vor allem der Kontostand sind, nicht immer nur als Handlungen im Sinne einer zu vorschnellen oder falschen Stoppveränderung, sondern eben auch als Unterlassung wieder nach außen ab – gleichsam einem mechanischen Spiel. Sind Sie innerlich genug gefestigt, sich von einer Abfolge an fachlich sauberen Minus-Trades nicht entmutigen zu lassen, fachlich sinnvolle Trades *weiter* einzugehen?

Gedanke 77: VON CHARTS SOWIE NASEN- UND AUGENTIEREN

Weshalb ist Zeichnen eine so gute Hilfe, um als Trader die eigene Beobachtungsgabe zu schulen? Weil es dazu zwingt, das, was beobachtet werden soll, gleichsam Punkt für Punkt abzutasten.

Man kann die Lebewesen nach den bei ihnen vorherrschenden Sinnen einteilen: Der Hund zum Beispiel ist ein ausgesprochenes Nasentier, er nimmt seine Umgebung vorwiegend mit der Nase war. Anders ist es bei den Vögeln: Bei ihnen herrscht das Auge vor. Sie beobachten vorwiegend mit den Augen. Vögel müssen also notwendigerweise Augentiere sein. Auch beim Menschen steht das Auge als Sinnesorgan an erster Stelle. Dann kommt das Ohr, der Gehörsinn. Geruchs- und Tastsinn haben geringere Bedeutung.

Was ist demnach beim Trading wichtig?

Das Ohr?

Der Tastsinn?

Natürlich allen voran das Visuelle, also der Gesichtssinn. Wenn wir also unsere *Beobachtungsfähigkeit* schulen wollen, müssen wir uns zunächst mit dem Auge beschäftigen. Dabei geht es aber weniger darum, die Sehkraft im üblichen Sinn zu schärfen. Die Übungen für das Auge sind anderer Natur. Ein Trader tut zu diesem Zweck gut daran, das Auge für die Beobachtung zu schulen und das Beobachten unbedingt zur Gewohnheit werden zu lassen.

Wie?

Er zeichnet *von Hand* Charts nach. Dadurch trainiert er sein Auge im Erkennen des Charakteristischen. Beim Beobachten kommt es nämlich weniger darauf an, möglichst *viel* im Chart zu sehen, als darauf, schnell und schlagartig das Wesentliche – je nach Handelsstil – zu erfassen. Das Nachzeichnen nötigt demnach zur Aufmerksamkeit, und das ist ja doch die höchste aller Fertigkeiten und Tugenden.

Also: Charts zu zeichnen, schult die Beobachtungsgabe. Hierbei ist es nicht mal notwendig, gewisse künstlerische Anlagen mitzubringen. Schöne Bilder braucht ein Trader durchaus nicht zu liefern. Es geht vielmehr darum, eine Entwicklung sauber zu erfassen: ... Eröffnung ... zwei, drei Hochpunkte ... in Summe ergaben diese ein steile Trendlinie ... dann der Bruch gegen Mittag ... dann neues Tageshoch, schnell und steil ... und dann drei Stunden lang neue Tiefpunkte ... eine saubere Trendlinie entstand mit vier Punkten ... und so weiter... Eine von Hand gefertigte Skizze vom Tagesverlauf eines Markts ist mitunter noch nach vielen Tagen bis in alle Einzelheiten im Gedächtnis, selbst wenn sie recht kunstlos ausgefallen ist.

Kurzum: Solche Übungen zwingen uns, den Chart, den wir beobachten wollen, gleichsam Punkt für Punkt, Linie für Linie abzutasten. Beim gewöhnlichen Sehen steht das ganze Bild mit allen seinen Einzelheiten auf einmal vor uns, und weil es mit Einzelheiten überladen ist, kommt keine davon uns recht zu Bewusstsein. Anders beim Zeichnen, beim Abtasten des Bildes mit dem Auge! Eine Einzelheit nach der anderen wird planmäßig in das Blickfeld unserer Aufmerksamkeit gerückt.

Fragen Sie sich also:

Wie lange ist es her, dass sie zuletzt einen Chart von Hand gezeichnet haben? Wie wäre es, wenn Sie statt nur eisernen Fleiß verbunden mit peinlicher Apothekergenauigkeit an den Tag zu legen, den Schwerpunkt auf das *Beobachten* legten? Über Wochen besteht das Ziel darin, dass das Beobachtete einen allmählichen Reifungsprozess beim Handelsstil in Gang setzt.

Gedanke 78:
KANN MAN DAS TRADING ERNSTHAFT LIEBEN?

Eine leise Frage zur Selbstprüfung: Kann man das Trading und den Börsenhandel lieben?

Gewiss stellen wir ehrlich fest, dass wir es nicht können, und alles Nachdenken gipfelt in der Erkenntnis, dass wir, so sehr wir das Trading auch achten, es doch nicht lieben können, und zwar aus einem einfachen Grund: Die angestrengte Arbeit an den Charts zerrt an den Nerven, zuweilen erschöpft sie uns, und ganz offen geben wir zu, dass wir eigentlich viel mehr die freie Zeit lieben, die offen vor uns liegt und in der wir nicht zähneknirschend Trading-Hindernisse überwinden müssen.

Genau – jene unbeschwerte Zeit, an der nicht die Bleigewichte der Mühsal und disziplinierten Quälerei hängen! Wie viele Tage gab es wohl allein bereits in diesem Jahr, an denen die Zeit vor den Bildschirmen scheinbar kein Ende nahm? Der Trader verspürt einen üblen Geschmack im Mund und ihn überflutet das ganze Sammelsurium damit einhergehender körperlicher und geistiger Symptome: das Flimmern vor den Augen, das häufig den Kopfschmerzen vorausgeht, ebenso teilweise die Schlaflosigkeit, die mal leichten, oft aber schweren Gedanken, die ihm in den Nachtstunden zusetzen, und vor allem die allgemeine Überreizung, die unerklärlichen Launen und nicht zu vergessen jene lähmenden Erschöpfungszustände aufgrund großer Minus-Trades, die Übermüdung der Augen, die verschwommene Sicht und Überempfindlichkeit gegen Licht.

Von einer *Liebe zum Börsenhandel* kann also wohl kaum die Rede sein!

Bei der Liebe, so heißt es ja, geht es darum, zu zweit durchs Leben zu gehen und zu wissen, dass die verbrachte Zeit und die Erlebnisse schöner waren, als wäre man dabei allein gewesen. Na ja!

Können wir also von Liebe sprechen? Nein!

Vielleicht gilt es daher, einen schwächeren Begriff zu suchen? Vielleicht Begeisterung? Mhm – das trifft es auch nicht! Der Börsenhandel, als einheitliches Ganzes betrachtet, mag zwar durchaus Gegenstand der Begeisterung sein, aber – von Trading-Anfängern, die mit ihrer druckfrischen Kontoeröffnung herumwedeln, mal abgesehen – ist den einzelnen Tradern – ob fortgeschritten oder professionell – Begeisterung fremd. Wofür sollten sie sich auch begeistern? Oder geht es vielleicht um jene Empfindung, die sie von ihren ersten Trading-Tagen her kennen und von der erneut berührt zu werden sie nie wieder erwartet hätten, weil es zum großen Teil diese Empfindung war, um derentwillen das Trading ihnen einst einen solchen Spaß bereitete hatte: *die Abenteuerlust!*

- War es das?
  War es die Abenteuerlust auf fachlich höherem Niveau …?

Fragen Sie sich also:

Um was geht es bei Ihnen, lieber Leser, heute vor den Charts? Liebe? Begeisterung? Abenteuerlust?

Gedanke 79:
NICHT NOCH EIN FEHLTRADE!!!

»Mir fliegen die Fehltrades um die Ohren, und ich soll es ›sportlich‹ nehmen? Boah!«

Gedanken, Ideen und Visionen zu realisieren, macht jedem von uns unheimlich viel Spaß. An Inhalten zu arbeiten und das erfolgreich umzusetzen, was wir in unserem Hirn ausgebrütet haben, das ist immer klasse. Wie jedoch hinreichend bekannt, muss ein Trader lernen, dass dies wiederum vor den Charts leider nicht so einfach möglich ist. Da kann die von der Wirklichkeit gegebene Antwort sehr verletzend wirken, denn es kann der wirklich tolle, gut ausgedachte Trade, den man gerade frisch kreiert hat, anderen Marktteilnehmern einfach mal nicht schmecken, und der Chart zeigt – trotz fachlicher Analyse und Disziplin – die Rote Karte. PENG. AUSGESTOPPT.

Und nun?

Ein Trader kann einen Fehltrade als kleinen Schmerz, aber oftmals auch als tiefste Kränkung empfinden, wodurch der Schmerz nahezu ins Unerträgliche wächst. Ja, wir sind gehalten, Fehltrades sportlich zu nehmen, sie als eine Art Hindernis anzusehen, von denen wir uns weder einschüchtern noch in blinden Zorn im Hinblick auf die nachfolgenden Trades versetzen lassen dürfen.

Ja, ja, ja, das haben wir schon tausend Mal gehört.

Im Idealfall bemerken wir den Fehltrade wirklich emotional überhaupt nicht.

Ihn emotional nicht bemerken – ein STARKER Gedanke!

Ist das der Fall, ist nämlich nichts anderes geschehen, als dass wir den Fehltrade in den allgemeinen Zusammenhang, nämlich das selbst auserwählte Leben als Trader, eingeordnet haben und wissen, dass wir ihn einfach bewältigen müssen. Und gerade durch diese Einstellung, dass ein Trade – welcher fachlichen Art auch immer – seine Bedeutung ja ohnehin erst durch seine Stellung in einer Kette folgerichtiger Handlungen erhält, hilft einem Trader innerlich, den einzelnen Trade nicht nur als ein persönliches Geschehnis, sondern – durch das Wissen, dass diesem Trade noch Tausende weitere folgen werden – als eine sachliche, nicht persönliche Herausforderung seiner geistigen Kraft und seines unerschütterlichen Willens anzusehen.

Fragen Sie sich also:

Wie wäre es, wenn Sie sich heute um eine solche Sichtweise bemühten? Es muss Ihnen auch heute egal sein, ob Sie nach unzähligen fachlich sauberen Minus-Trades sogar auf dem Bauch kriechen müssten, um Ihr Ziel doch noch zu erreichen …

Gedanke 80: WAS MILDERT DIE BESESSENHEIT?

Wer ist eigentlich schuld daran, wenn ein Trader das Vertrauen in sich und seine Arbeit verliert?

Die Börse ist ein Profi. Sie weiß, wie sie dich als Trader packen und filetieren kann. Jeder Trader hat eine wunde Stelle. Die sucht sie, und dann würgt sie den Betreffenden so lange, bis er da ist, wo sie ihn haben will: am Boden!

Aber genau hier gilt zu beachten: Ein erfahrener Trader sieht im Trading schon immer eher die Berufung als den Beruf, sprich: eine Beschäftigung für Menschen, die gern geistig arbeiten. Demnach ist zu fragen: Empfindet jeder Trading-Anfänger bei sich genügend jener Fürsorglichkeit für sich selbst? Die sollte er nämlich haben. Oder anders gesagt: Ein guter Trader will sein eigenes Leiden lindern, will sich selbst dabei helfen zu wachsen.

Börsenhandel kann für einen Trader, der einmal am Boden liegt, schnell zu einer Sucht werden, wie bei einem Spieler. Der Betreffende glaubt, dass er diese nur durch abrupte Disziplin oder gänzlichen Entzug wieder loswerden kann. In der Sucht gefangen, erscheint plötzlich jede Lösung, jeder Ratschlag fortan verdächtig! Keinem Regelwerk wird richtig gefolgt, und kein Trade wird gut begründet durchgeführt. Zudem hat, was noch schlimmer ist, kein einziger Trade, trotz Zunahme an Fachwissen, die leiseste Auswirkung auf die Trades der darauffolgenden Tage.

Egal, was an Wissen neu hinzukommt, dies wird den wahren Grund der Trades nicht verändern. Der ist geblieben, was er tatsächlich war und ist: der erbarmungslose Drang, das verlorene Geld zurückzubekommen.

Fragen Sie sich also:

Ein Trader muss tagtäglich aufs Neue darauf achten, dass er nicht anfängt, den Wechsel von Ansätzen, Seminaren und die Suche nach externen Signalen nur dazu zu benutzen, einer echten Analyse seiner selbst aus dem Weg zu gehen. Haben Sie bereits selbstständig damit angefangen, Ihre Trades systematisch zu ergründen?

Gedanke 81: GRENZENLOSE SCHWÄCHE ODER WIRKLICHE STÄRKE?

Leistet der Charakter eines mit den Charts und jedem Bar kämpfenden Traders wirklich das, was er verspricht?

Man hört zu Recht häufig, dass alle wesentlichen und grundlegenden Vorgänge im Trading – eben anders als einst im Anfängerstadium – ohne Anstrengung vonstattengehen werden, wenn man erst zum erfahrenen Händler geworden ist. Wer sich der eigenen Zukunft zuwendet und von dort aus rückblickend sich selbst näher betrachtet, sieht aber, dass die aktuell vor den Monitoren demonstrierte Kraft und kämpferische Haltung vielmehr mitunter Ausdruck von grenzenloser Schwäche ist und nicht etwa ein Zeichen von wirklicher Stärke.

Genauer besehen leistet oftmals der Charakter eines kämpfenden Traders nicht, was er verspricht. Wer über diese Erkenntnis und die tagtäglichen Begebenheiten vor den Charts noch intensiver nachdenkt, muss zugeben, dass häufig die innere Einsicht nicht der sich wandelnden Einstellung entspricht.

Spannend wird es, wenn im Trading durch die Überwindung innerer Widerstände in der Tat ein Zuwachs an Kraft festzustellen ist. Dann fließt diese Kraft dem Trader nicht durch aktive Bekämpfung seiner inneren Widerstände zu, sondern erst durch Bildung und Entwicklung eines Willens, der sozusagen über diese Widerstände hinausreicht und sich nicht darin verausgabt, sie – koste es, was es wolle – zu bekämpfen und zu vernichten:

»Soll ich wirklich erst auf ein sauberes Fünf-Sterne-Setup warten oder besser gleich draufdrücken?«

Ja|Nein?

»Soll ich wirklich freiwillig auf die höhere Kontraktanzahl verzichten?«

Ja|Nein?

»Soll ich wirklich, statt mal fix draufzudrücken, mir die Arbeit machen, in den Märkten zu SUCHEN?«

Ja|Nein?

»Soll ich wirklich, statt den Gewinn gleich vom Tisch zu nehmen, den Stopp sauber nachziehen?«

Ja|Nein?

»Soll ich wirklich, statt dem Markt noch eine aller-, allerletzte Chance zu geben, mich sauber ausstoppen lassen?«

Ja|Nein?

Fragen Sie sich also:

Dreh- und Angelpunkt solcher Überlegungen ist damit nicht mehr der an etwaigen Gegensätzen oder Widersprüchen festhaltende und sich negativ behauptende und betätigende tagtägliche Wille des Traders, sondern ein Wille, der die inneren Widersprüche durch Vertrauen (!) in die möglichen Ergebnisse zu besänftigen versucht und sich deswegen schlussendlich in der Bejahung der fachlich rechten Durchführung wiederfindet. Haben Sie, lieber Leser, dieses Vertrauen …?

Gedanke 82:
TAUSEND EMPFINDUNGEN AN EINEM EINZIGEN HANDELSTAG

Es gibt Tage, da ist alles, was an fachlich Richtigem und fachlich Falschem im Trading existiert, angesichts des fallenden Kontostandes irgendwie ohne Bedeutung.

Ein kleiner Plustrade.
Nächster Trade … ausgestoppt.
Nächster Trade … ausgestoppt.
Nächster Trade … ausgestoppt.
Nächster Trade … freiwillig ausgelassen.
(Shit! Der wäre ein Plustrade gewesen!)
Nächster Trade … ausgestoppt.
Nächster Trade … ausgestoppt.

Wie heftig er zusammenzuckt, kann wohl kein Trader an solchen Tagen verbergen! In solchen Situationen zwingen wir uns jedoch zur Ruhe, schließen die Handelsplattform. Sich bändigen, die Nerven beruhigen, nichts Unsinniges vor blanker Wut tun! Wir erheben uns und lehnen uns an unseren Schreibtisch wie an eine Festung. Stumm schauen wir auf die vielen Fachbücher, die sich, an vielen Ecken umgeknickt, auf dem Schreibtisch türmen. Wir sehen unsere Studien, sehen die Kritzeleien, die Spuren der

Konzentration und Zerstreutheit, die wir darauf hinterlassen haben – plötzlich nichtssagende Zeichnungen aus der Feder der eigenen Unaufmerksamkeit. Wir betrachten dies alles so aufmerksam wie ein Hinterwäldler, der noch nie ein Fachbuch oder Skizzen gesehen hat und erkennt: Tausende Empfindungen an einem einzigen Handelstag lassen uns alt aussehen; das Denken und die vielen Gedankenschleifen zehren uns auf.

Diese ansteigende Macht des Wissens um Ein- und Ausstieg sowie die entsprechende Gegenwart der fachlichen Welt sind aber dann, wenn wir uns lächelnd fragen, was wir denn nun an solchen Minustagen damit alles tun, kaum noch von Abwesenheit, Ohnmacht und tiefer Geistesstummheit zu unterscheiden.

Kurzum: Nur darauf ausgerichtet, unentwegt einen verborgenen Sinn in den Dingen um Charts & Co. zu entdecken und mit dem Feuer von geheimnisvollen kausalen Zusammenhängen zu spielen, kann das Trading – wenn man nicht aufpasst – zu einem einzigen metaphysischen Fieber werden lassen …

Fragen Sie sich also:

Mit nur geringer Übertreibung können wir oft von uns sagen, nun überhaupt nicht mehr zu wissen, wo wir waren. Nach allen Seiten herrscht – ja was? – Stillstand darin, wo wir uns eben noch durch den Inhalt der vielen Trading-Bücher hochgehoben und verschwunden zugleich gefühlt haben. Man könnte sagen: »Ich bin verliebt, aber ich weiß nicht, in *wen*!« Wie gehen Sie mit solchen Situationen um. Und vor allem: Wie kommen Sie aus dieser Gefühlslage wieder heraus …?

Gedanke 83: ORIENTIERUNG GEGEN ZERSTREUUNG EINTAUSCHEN

Um unser Konto zu beschützen, unterstellen wir allzu gern jedem Kursgezappel Wichtigkeit und täuschen uns in der Folge gerade in dem, was wir als etwas Gutes wahrnehmen.

Einem Laien ist es schwierig zu vermitteln, jedoch weiß ein Trader aus eigener Erfahrung, dass der Widerstand gegen das Unterlassen der »optischen Dauer-Begleitung« eines jedes Trades schwierig zu brechen ist, da die Abscheu vor einem möglichen Kontrollverlust kaum ohne Weiteres zu überwinden ist.

Denn: Während wir uns durch die ständige Beobachtung der augenblicklichen Periode im Besitz der Kontrolle wähnen und gleichzeitig an die Lust der augenblicklichen Periode klammern, hält genau dadurch oft unter dem Deckmantel der optischen Täuschungen das Böse auf dem Konto Einzug.

Ein Trader achtet in den Lehrjahren entsprechend seiner aktuellen fachlichen Kenntnisse noch nicht so sehr auf das, was der Marktverlauf durch seine Anatomie überhaupt hergeben kann. Vielmehr ist er eher versucht, sich durch das optische Aussehen der einzelnen Perioden die für ihn verräterischen Stilelemente einzuverleiben. Dabei ist er – vor allem als Trading-Anfänger – ständig auf die Entdeckung eines Umkehrpunktes ausgerichtet, dem es aus seiner Sicht auszuweichen gilt, um dann – ausgehend von diesem oft überaus seichten Gelände der Gedanken – jede einzelne Periode in Bezug auf Charakter und Verlauf als möglichen lokalen Wendepunkt oder beginnenden Trendwechsel zu enträtseln …

Autsch!

Interessanterweise sind wiederum oft genau jene Trades die erfolgreichen, die – mal mehr oder weniger deutlich – dann zustande kommen, wenn ein unvorhersehbares Ereignis darüber hereinbricht. Der Trader ist kurzzeitig abgelenkt – wodurch auch immer.

Und was passiert?

Das ebenso aktive wie streng beobachtende Wesen eines Traders hat sich mit einem Mal in eine Art stilles Wesen mit Zwangsabstinenz verwandelt und wundert sich darüber, dass diese Trades oftmals die besten Ergebnisse einfahren …

Fragen Sie sich also:

Die zwingende Neugier für den aktuellen Kurs, die von einem Live-Chart ausgehende Ansteckungskraft und der Wunsch, die Position zu schützen, all das verdrängt die Tatsache, dass dies erst dann gelingen kann, nachdem der Trader erkannt hat, dass er sein *Orientierungsbedürfnis* gegen ein *Zerstreuungsbedürfnis* eintauschen muss. Haben Sie diesen Tausch schon vollzogen? Und könnten Sie dieses Verhalten in entsprechenden Situationen wiederholen …?

Gedanke 84: »JETZT BRINGE ICH DIE SCHEISS-BÖRSE UM!«

Wie in Trance steht der Trader auf, geht zum Fenster, öffnet es und atmet tief ein: »Die Scheiß-Börse macht mich fertig …«

Während wir seit Stunden vor den Märkten sitzen, krabbelt der Markt in ganz leichten und unsauberen Schritten immer näher an den Stopp. »Jetzt bringe ich die scheiß Börse um!«, pressen wir in solchen Situationen zwischen schmalen Lippen hervor. Aber was wir als Trader im Anschluss meist tun, bringt nur uns selbst um: Wir verlieren total die Nerven, ziehen innerlich eine imaginäre Pumpgun und ballern los.

Kurzum: In Wirklichkeit schließt der Trader, ohne jegliche weitere Chart-Betrachtung, seine offenen Kontrakte. Ergebnis: Ein Minus von x Punkten.

Danach folgen meist noch zwei, drei weitere Minus-Trades; ein Trade in die entgegengesetzte, der andere daraufhin in die erneut ursprüngliche Richtung. Aber – und das ist interessant: Der Trader ist sich dieses Handelns nicht bewusst. Er hat nicht getradet, sondern er *ließ sich traden*. Ihm ist, als wären ihm die Trades aus Schwäche passiert. Nicht *er* wollte diese Trades eingehen, sondern diese Trades wollten von ihm eingegangen werden, ohne dass er dies bemerkt hätte.

Ein Trader fühlt sich, als sei sein bewusst gebildeter Wille mit einem mächtigen, wortlosen, aus seinem tiefsten Innern stammenden Befehl in einen unguten Widerstreit geraten und hätte dabei den Kürzeren gezogen. Wie in Trance steht sodann ein Trader auf, geht zum Fenster, öffnet es und atmet tief ein. »Die Scheiß-Börse macht mich fertig. Das ist doch sicher nicht normal, oder?« Er möchte plötzlich einfach nur nach Hause. Zurück in sein Bett und sich irgendwelchen Tagträumen hingeben. Stattdessen muss er sich mit diesem Drecksmarkt herumschlagen. Er muss! Der Markt steht ja schließlich kurz vor dem Durchbruch von was auch immer, und das Konto hat noch keinen Cent zugelegt. Im Gegenteil! Das Einzige, was zahlenmäßig wirklich zugelegt hat, sind die roten Flecken unter den Augen!

Und dann?

Dann knallt er weitere Kontrakte als Market-Order ins System und legt den Stopp aus lauter Frust an das Ende des Bildschirms und lässt sich mit dem Gefühl tiefer Kränkung und Entwürdigung auf seinen Stuhl fallen ...

Fragen Sie sich also:

Einmal mehr drängt sich die Frage auf: Inwieweit sind die zwingende Neugier auf den aktuellen Kurs und das zeitgleiche Empfinden, die aktuelle Position unbedingt schützen zu wollen, wirklich hilfreich? Besitzt der Gedanke, das eigene Orientierungsbedürfnis gegen ein Zerstreuungsbedürfnis zu vertauschen, nicht doch einen *eigenen Wert* an der Börse …?

Gedanke 85: GELD WECKT MAL TRIUMPHGEFÜHLE, MAL VERSAGENSÄNGSTE

Der Gedanke, ein Handelskonto oder einen Chart als Wesen zu betrachten, mit dem man eine glückliche, verkorkste, leidenschaftliche oder nüchterne Beziehung führen kann, ist hoch interessant.

Jeder Trader, unabhängig davon, ob zu Beginn armer Schlucker, jemand, der gerade so über die Runden kommt, der wohlhabend oder gar reich ist, hat seine ganz eigene Beziehungsgeschichte mit dem unsichtbaren und geheimnisvollen, häufig herbeigesehnten, manchmal aber auch verfluchten Lebenspartner namens Geld. Dieser Lebenspartner macht sich, scheinbar unerklärlichen Gesetzmäßigkeiten folgend, mal rar, mal taucht er überraschend potent auf. Immer wieder schafft er es aber, in der Partnerschaft Druck auszuüben.

Jeder Trader lernt im Laufe seiner Karriere, dass die bloße Erwähnung der Worte Dollar oder Euro bei ihm Sorgenfalten auf der Stirn, sehnsüchtiges Augenverdrehen, verächtliches Grinsen oder eine stolz geschwellte Brust provoziert, Triumphgefühle weckt oder Versagens- und Verarmungsängste schürt – je nach gefühltem Reifegrad und innerer Einstellung zum Thema Geld.

Der eigene Kontostand lässt keinen Trader kalt, gleichgültig wie viel oder wenig er zur Verfügung hat – ob 500, 5.000 oder 50 Millionen. Die digitalen Dollars und Euros sind emotional hoch aufgeladen, stehen sie doch gerade bei jedem Trader für Sicherheit, Anerkennung, Macht, Lebensqualität, Autonomie, Wahlfreiheit, Erfolg und Kontrolle über die eigenen Lebensbedingungen.

In einer Zeit wie der heutigen, in der fast alle Menschen fast alle Angelegenheiten nur noch über Geld abwickeln, kann es sich niemand – und erst recht kein Trader – mehr leisten, kein Verhältnis zu dem Stoff zu haben, aus dem Transaktionen bestehen. Der Satz, »Geld interessiert mich nicht«, würde im innersten Kern bedeuten: »Ich interessiere mich nicht für meine Lebensgrundlage.«

Kurzum: In der Art und Weise, wie wir mit unserem Geld umgehen, kommen mitunter – im Nachhinein betrachtet – die bis dahin aufgehäuften, lebensgeschichtlichen Konflikte zum Ausdruck.

Fragen Sie sich also:

Da Geld – jetzt mal ganz *allgemein* gesprochen – nur durch andere Menschen zu uns fließt, kann man doch sagen, dass alle Probleme mit Geld im Kern Beziehungsprobleme sind, oder?

Gedanke 86: TRADING-KNAST UND DER PLAYBOY

Was, wenn die jähen Abwehrtechniken der Börse, Geld auszuzahlen, sich als geschickter erweisen als der Wille, an dieses Geld heranzukommen?

Zu Beginn des Börsenhandels steht eines schnell fest: Aufgrund der vielen Minus-Trades kann sich die Glücksquelle offenbar nicht in der Nähe des eigenen Arbeitszimmers befinden, weshalb sich ein Trader also hin und wieder überhaupt nicht mehr zu hundert Prozent sicher ist, ob der Trader-Job das Richtige für ihn ist.

Irgendwie hat sich mancher diese Tätigkeit ganz anders vorgestellt. Ruhevoller. Entspannter. Gelassener. Abgeklärter. Beherrschter. Gefasster. Stilvoller. Familiärer. Aber nichts von all dem scheint Realität zu sein.

Ergo braucht man mal Ruhe.

Eine Pause.

Eine paar tradingfreie Tage.

Urlaub.

Endlich mal keinen Chart.

Endlich mal keine offene Position.

Endlich mal keine Order.

Endlich mal Abstand von der Frage, wo der Markt steht.

Nichts.

Aber die Realität sieht anders aus: Der Trader schüttelt plötzlich unablässig den Kopf und fragt sich, was um alles in der Welt er an einem solchen freien Tag oder im Urlaub an einem entfernten Fleck am Ende der Welt zu suchen hat. Wie die Luft zum Atmen braucht er den Enthusiasmus der Charts, um sich lebendig zu fühlen – und um sein Konto zu retten.

Kurzum: Für einen Trader würde jede Minute der Einsamkeit, in der er, statt mit den gewohnten Klicks auf der Handelsplattform seine Gefühle aufzuwärmen, nun mit seinen Gedanken allein ist, zur Qual werden. Schließlich ist der Umstand, 24 Stunden am Tag keinen Chart zu sehen, vergleichbar damit, mit geschlossenen Augen den Playboy durchzublättern: Es erscheint erstens sinnlos und ist zweitens enorme Folter.

Keinen Chart zu sehen, schürt zudem vor allem die panische Angst, eine enorme Kursbewegung zu verpassen, die die eigene Ehre retten könnte! Daher entscheidet so mancher kurzerhand, er könnte als Trader ebenso in einem Baumhaus wohnen und aufhören, sich zu waschen. Jede verpasste Stunde hätte den kontorettenden Trade beinhalten können …!

Fragen Sie sich also:

Was ist das Trading für Sie? Ein Gefängnis, dem Sie nicht entkommen? Oder schaffen Sie es, in Ihrer freien Zeit Abstand dazu zu bekommen?

Gedanke 87: GARTENARBEIT VERSUS CHART-ORAKEL

Erschafft ein Trader eigentlich wirklich neue Ansichten? Oder arbeitet er vielmehr meist mit fertigen Ansichten?

Mit den Märkten und ihren den Charts innewohnenden Logiken herumzuspielen, sie zu verknüpfen, sie zu ändern und mit ihnen zu werkeln, verschafft dem Trading-Anfänger offensichtlich ebenso große Freude wie dem Gartenliebhaber die Gartenarbeit. Hunderte Indikatoren, Elliot Wave, Markttechnik, Fibonacci, Candlesticks, heuristische Verfahren, Point & Figure, Stochastik und ATR-Vielfaches, Unterstützungs- und Widerstandsdefinitionen und andere Techniken erwecken den Anschein, der Quell tiefer innerer Befriedigung zu sein …

Nun ja: Folgt man den Lobpreisungen der Kirche, enthält die kreative Kraft der Menschen stets den Hinweis auf Gottes schöpferische Kraft. Ist die Erkenntnis, eine erschaffene Welt zu bewohnen und zu gestalten, für den Trader die grundsätzliche Wahrheit, die auch für einen normalen Menschen einen wesentlichen Aspekt seiner menschlichen Natur ausmacht?

Eine spannende Frage!

Aber vielleicht ist Kreativität auch nicht ganz der treffende Ausdruck, denn den meisten Trading-Anfängern wird irgendwann auffallen, dass sie eigentlich nichts erschaffen, sondern vielmehr in fertigen Systemen, Logiken und Ansichten arbeiten. Indikatoren, Trenddefinitionen, Candlestick-Muster und Formationen sind von kraftvoller Unabhängigkeit!

Was für eine Rose – um das Gartenbeispiel wieder aufzugreifen – ein belebendes Beschneiden darstellen mag, wird einer im Sommer Früchte tragenden Erdbeere wie schwere Körperverletzung vorkommen. Man muss mithin die einzigartige Persönlichkeit der Pflanzen respektieren.

Klingelt da etwas bei Ihnen?

Demnach haben wir es beim Trading scheinbar mit einem äußerst merkwürdigen Abwägen zu tun: Einerseits müssen wir einem Trader freie Entfaltung zugestehen, andererseits dürfen wir ihn nicht mit der Handelslogik aus dem Ruder laufen lassen.

Fragen Sie sich also:

Gerade Anfänger werden von derlei Tun völlig in Anspruch genommen, müssen sie doch ständig herumhantieren, und trotzdem sind ihnen bei ihrem Tun durch ihr Rohmaterial – die verwendeten Handelsregeln – durchaus Grenzen gesetzt. Inwiefern empfinden Sie beim Trading die Möglichkeit und die Grenzen, *kreativ* zu sein?

Gedanke 88: HILFT DEM TRADER DAS LERNEN? ODER DAS UMLERNEN?

Es heißt, die Erfahrung im Trading stehe notwendigerweise am Anfang des Lernens. Hierin liegt eine zweifache Bedeutung.

Einerseits ist die Erfahrung Anfang und Grund des stetig ansteigenden Wissens und damit des Lernprozesses, den ein Händler und Trader durchläuft. Andererseits ist Lernen die fortschreitende Erfahrung, also ein *Dazu*-Lernen und schlussendlich ein *Um*-Lernen.

Aber hierauf gilt es nun die geistige Lupe genauer zu richten, um auf einen interessanten Zusammenhang zu stoßen:

Soweit es den Trading-Anfänger betrifft, handelt es sich beim *Dazu*-Lernen fast immer nur um den Erwerb von immer Allgemeinerem! Oder anders gesagt: Dass ein *Dazu*-Lernen im Börsenhandel schon immer auf weniger Fülle ausgelegt ist als in den allermeisten sonstigen Bereichen von Wissenschaft und Lehre. Das ist letztendlich dem begrenzteren Umfang an Stoff geschuldet.

Sehr gut eignen sich als Beleg hierfür solche Themen wie *Geldmanagement* und *Diversifikation*, aber natürlich auch das Thema der *Großwetter-*

lage, denn diese Themen können – pauschal gesprochen – mit wenigen Sätzen formuliert und mit wenigen Strichen skizziert werden. Dennoch handelt es sich hierbei um hochgradiges *Um*-Lernen. Dies ist darauf zurückzuführen, dass sich – im Allgemeinen genau wie im Besonderen – nicht nur der Erfahrungshorizont erweitert, in dessen Folge wiederum das Vorwissen näher bestimmt werden kann, sondern dass im Trading jeder Horizont weitere Horizonte impliziert.

Dieses Wesensmerkmal ermöglicht es im Trading, durch das Lernen eines Regelwerks ohne Weiteres auf mehrere andere Regelwerke schließen zu können, die prinzipiell nicht einmal im direkten Kontext zum bereits Erlernten stehen müssen.

Kurzum: Wenn ein Trader sich beispielsweise mit Markttechnik auskennt, so sind die Themen Elliott Waves und Fibonacci und deren Verständnis nichts grundsätzlich Fremdes mehr für ihn. Oder: Ist ein Händler im Umgang mit zeitbasierten Charts geschult, benötigt er für den Umgang mit nichtzeitbasierten Charts wiederum kein grundsätzliches *Um*-Denken, auch wenn sie einem anderen Horizont entsprechen. Gleiches gilt beispielsweise auch für die richtige Anwendung vieler Arten von Indikatoren.

Fragen Sie sich also:

Man kann es daher ohne Weiteres die Horizontstruktur der Erfahrung im Trading nennen: Gibt es schon Vorkenntnisse in einem Bereich, dann erscheint etwas Neues, aber Ähnliches im anderen Bereich schon relativ bekannt. Kennen Sie dieses Phänomen? Und machen Sie es sich auch schon zunutze?

Gedanke 89:
DES TRADERS GELDBOTSCHAFTEN AUS DER KINDHEIT

Auch ein Trader hat mindestens eine Geldbotschaft verinnerlicht, die in der Kindheit für ihn prägend war und an der er sich bewusst oder unbewusst orientiert.

»Du kriegst jede Woche ein paar Mark, und damit darfst du machen, was du willst.« Wer aber tatsächlich einst als Kind mit einer riesigen Eistüte oder einem Matchbox-Auto strahlend nach Hause kam, bekam zu hören: »Gib doch das Geld nicht für so einen Quatsch aus!«

Bereits beim Taschengeld haben wir mitunter bereits erste Widersprüche zwischen den über Geld geäußerten Ansichten und der tatsächlich gelebten Praxis erlebt. Was sich im Übrigen recht leicht beweisen lässt, man muss einen Trader nur nach seinen ersten Gelderinnerungen fragen. Fast immer hat das Taschengeld dabei eine zentrale Rolle gespielt.

- Wer hat es verteilt?
- Wie wurde die Höhe begründet?
- Waren Auflagen damit verbunden?

Mitunter traten einst Widersprüchlichkeiten im ersten Umgang mit Geld auf, welche die Eltern möglicherweise gar nicht selbst bemerkten. Dennoch waren sie gerade dadurch womöglich prägender als das, was die Eltern sprachlich in der Gelderziehung vermittelt haben.

Mitunter gibt es für einen Trader folglich nur zwei Möglichkeiten, auf den von den Eltern geprägten Geldstil zu reagieren: Man will auf keinen Fall so knauserig, verschwenderisch, materialistisch oder sicherheitsfixiert werden wie Mami oder Papi und tut alles, um sich von dem, was sie vorgelebt haben, abzugrenzen. Oder man übernimmt den Geldstil der Eltern, weil er sich bewährt hat, und macht es später genauso.

Gewiss gibt es zwischen totaler Ablehnung und kritikfreier Kopie noch viele andere Varianten, aber so irgendwie wird es schon sein. In diesem Zusammenhang taucht das Motiv, die Eltern finanziell nicht überflügeln zu wollen oder zu dürfen, in Händlerkreisen ebenso nahezu regelmäßig auf. Viele Trader, die aus dem finanziellen Rahmen, den die Eltern einst gesteckt haben, herausgewachsen sind, oder die mit ihren Handelsregeln eigentlich die Möglichkeit dazu hätten, deutlich mehr zu verdienen, quälen sich mit einem inneren Verbot. Sie haben ein Problem damit, ihr Herkunftsmilieu zu verlassen und sich mehr Wohlstand zu erlauben.

Fragen Sie sich also:

Die Erfahrung zeigt, dass wir alle mindestens eine Geldbotschaft verinnerlicht haben, die in der Kindheit für uns prägend war. An welcher orientieren Sie sich immer noch bewusst oder unbewusst?

Gedanke 90: DIE UNBEWUSSTE KUNSTFERTIGKEIT

Verrücken wir nicht durch zu viel Genauigkeit, durch Sorgen, durch Bedenken und Befangenheit nur zu oft den natürlichen Ablauf des Markts?

Zu gern fahren wir vor dem Chart aus der Haut, wenn er anders verläuft, als wir prognostiziert haben, oder wenn der Einstieg oder der Stopp nicht dazu passen wollen. Okay – das ist nichts Neues.

Aber: Hin und wieder Minuten, Stunden oder Tage (je nach Handelsstil) danach merken wir: »Heiliger … es war gut so, dass es nicht so gekommen ist, wie ich gedacht und befürchtet hatte.« Unsere Besorgnis war mitunter völlig überflüssig und noch weniger angebracht war unsere aufbrausende Erregung. Wir hatten demnach nicht das Gespür für die Rücksichtnahme, die der Marktverlauf (Bewegung und Korrektur) brauchte, als es anders lief.

Erst in dem Moment, in dem wir anfangen, den erstrebten Trade-Erfolg (das Scalping einmal ausgenommen) formal genau zu berechnen – im Sinne von, »Noch fünf Punkte, dann MUSS der Markt das und das tun« –, tritt eine Art Spaltung ein: Die Sorgen und die Unruhe greifen plötzlich um sich wie auf dem Acker das Unkraut. Allen voran dann, wenn die Positionsgröße nicht im Einklang mit dem Kontostand steht.

Die Folge?

Wir stehen der fachlichen Verwirklichung des Trades – im Sinne von Bewegung und Korrektur – im Wege. Denn: Die an sich normale Trade-Spannung wird zu einer Über-Spannung und führt zur völligen Energievergeudung, oder besser gesagt: Sie verführt dazu. Plötzlich lassen wir das Absichtslose nicht mehr geschehen, sondern stören den angehenden oder bereits laufenden Trade mit tausenderlei fachlichen Absichten: »Du MUSST jetzt einfach …!«

Kurzum: Was wir fachlich erlernt haben, das lassen wir nicht einfach geschehen, obwohl es gleichsam unbewusst in der richtigen Art und Weise abliefe. Was gemeint ist? Nun, wir kennen es zum Beispiel beim Autofahren oder Skilaufen: Da lassen wir willenlos geschehen, dass der Verstand und das Selbst, das Es fahren …

Fragen Sie sich also:

Im Trading hingegen verkrampfen wir zu häufig in der Erwartung. Oder auf den Punkt gebracht: Wie laufen durch zu viel punktgenaue Berechnung dem Erfolg nach, anstatt ihn auf uns zukommen zu lassen. Mal ehrlich: Können Sie sich beim Traden zurücklehnen im blinden Vertrauen darauf, dass Ihre fachliche Kompetenz auch unbewusst greift …?

Gedanke 91:
KEIN FAHRGELD – KEINE ZUGFAHRT

Eile mit Weile. Ein toller Spruch. Nur müssen wir uns daran erinnern, wenn wir es nötig haben. Sonst sind solche Weisheiten wertlos. Das gilt vor allem im Börsenhandel.

Manche Menschen können ihre Gedanken nicht zusammennehmen, wenn Chaos herrscht oder wenn es brennt. Andere werden durch nicht vorherzusehende Umstände zur Eile gedrängt. Urplötzlich packt sie die jagende Hast. Andere möchten die Dauer der Zeiteinheiten verdoppeln und aus einer Stunde 120 Minuten gewinnen. So überstürzen sich die Dinge und werden kopflos: Alles wirbelt durcheinander.

In solchen Situationen ist schnell der Rat erteilt: »Ruhe, lieber Freund, atme tief. Ganz tief. Dann konzentriere dich. Ordne dein Rüstzeug, sprich: dein Wissen und deine Erfahrung. Erst jetzt geht es ohne Überstützung an die Ausführung.« Bis hier ist das absolut nichts Neues.

Aber: Warum sollte man langsam gehen, wenn man es eilig hat?

Weil schon mancher zum Bahnhof gehetzt ist, um den Zug zu erwischen, bevor ihm einfiel, dass er das Fahrgeld zu Hause gelassen hatte, weshalb der Zug dann doch ohne ihn losfuhr. Weil schon mancher in seiner Eile stolperte, sich das Bein brach und sein Ziel nicht erreichte. Und im

Trading, weil schon mancher Händler mit einem eilenden Blick den Chart als wundervoll erachtete, sich hastig durch sein Ordermenü kämpfte und hinterher den Trade – aufgrund einer fehlenden vernünftigen Analyse von Bewegung und Korrektur in der Signal- sowie der Großwetterwetterlage – zutiefst bereute.

Fazit: Vieles, was hastig getan wird, ist tausend Fallgruben ausgesetzt.

Fragen Sie sich also:

Wie wäre es daher, wenn Sie heute einen Bleistift zur Hand nähmen und selbstkritisch das Thema »eiliger Trade« prüften und einfach mal zählten: Wie oft gehen Sie die Handelswoche eilig (Chart anschauen und sofort Position aufbauen) einen Trade ein? Wie oft irrt daraufhin Ihr Kopf? Wie oft narrt Sie daher die Einbildung? Und wie oft täuscht Sie folglich Ihr schnelles Gefühl oder Ahnungsvermögen? Kurzum: Wie oft rennen Sie hastig zum Bahnhof und haben das Fahrgeld zu Hause gelassen …?

Gedanke 92:
WELCHE HÄLFTE DES TRADERS TRADET?

Erst müssen wir uns mal die Augen mit genügend Minus-Trades und unserem eigenen Verhalten waschen, um überhaupt etwas zu sehen! Und was sehen wir dann?

Der ursprüngliche, ganze Trader wurde von den Göttern wohl in zwei Teile geteilt. Nennen wir es den *fachlichen* und den *emotionalen* Trader. Oder den Trader, der *absichtsvoll* oder *verhaltensgesteuert* agiert. Oder den Trader, der sich vom *Inneren* und der, der sich vom Äußeren steuern lässt.

Und nun stellen die beiden unseligen Hälften jahrelang allerhand Dummheiten an, um wieder zueinander zu finden! Der eine oder andere Trader versteht das Bild gewiss recht gut. Und genau das steht ja auch sinngemäß in allerlei Trading-Büchern! Nur steht leider in den wenigsten, warum diese Zusammenführung nicht gelingt!

Warum gelingt sie nicht?

Generell weiß doch kaum ein Trader, welche von den verfügbaren fachlichen Hälften ihm fehlt. Er ergreift also eine, die ihm als die richtige erscheint, und macht so lange die vergeblichsten Anstrengungen, mit ihr eins zu werden, bis sich endgültig zeigt, dass es nicht die richtige war. Entsteht ein Trade daraus, so glauben beide Hälften zwar, sie hätten sich vereinigt, aber in den ersten Trading-Jahren ist das bloß eine *Illusion*, der die Tendenz innewohnt, dass sich die Hälften erneut voneinander entfernen, um jeweils eine andere und damit eine »dritte« und »vierte« Hälfte zu suchen.

Fragen Sie sich also:

Und so halbiert sich ein Trader weiter und immer weiter ... bis der Trader die passende Hälfte gefunden hat. Oder ... findet die passende Hälfte den Trader? Was denken Sie?

Gedanke 93: DIE LEIDENSCHAFT, JEDEN DRECK ZU TRADEN

Sie ist allen Tradern bekannt, jene Leidenschaft, jeden einzelnen Dreck innerhalb eines Charts für ach soooo wichtig zu halten, dass dieser die qualitativ hochwertigen übergeordneten Trendverläufe überstrahlt.

Gewiss erinnert sich jeder von uns noch lebhaft an die allerersten qualitativen Chart-Suchaktionen hinsichtlich eines stimmigen übergeordneten Chart-Bildes für den anstehenden Trade. Tage-, ach was, mitunter wochenlang zerbrachen wir uns den Kopf. Wir fragten uns wieder, wozu denn nun die Anhäufung dieses ganzen Wissens nützlich war, wozu wir Hunderte von Regelwerken und unzählige Handelsideen gelernt oder entwickelt und ausprobiert haben, wenn doch schlussendlich das Wichtigste bei einem Trade die Konzentration auf dessen stimmigen übergeordneten Trendverlauf ist.

Welcher Trader hat schon Lust, diesen größten aller Genüsse, diese mikroskopische Durchleuchtung jedes Charts freiwillig aufzugeben? So würde ja das bis dahin erworbene Trading-Wissen für immer ungenutzt bleiben!

Es dauert eine gefühlte Ewigkeit – und dies kann durchaus Jahre bedeuten –, bis das Verständnis dafür herangewachsen ist, dass das grobe Betrachten nicht deshalb geschehen soll, weil der fachlich daneben oder darüber hinausgehende Rest gering zu schätzen wäre. Vielmehr geht es darum, sich selbst die Wertschätzung zu zeigen, die die eigene Person am meisten verdient. Denn: Nur innerhalb von stimmigen übergeordneten Marktphasen befindet sich das Einzige, was der Mühe wert ist – zu dessen Auffindung bedarf es jedoch keines detaillierten Fachwissens um Einstiegsregeln.

Daher galt und gilt, auch wenn wir wissen, dass dieser zu Beginn nicht als solcher erkannt oder beherzigt wird, der Rat: Pass auf, dass du niemals Einstiege mit der Betrachtung der übergeordneten Marktphasen verwechselst! Und das stimmt genau, denn nur die Marktphasen drücken die überlebensnotwendige Frage, »Wer kauft nach mir?«, aus, die allzu gern und viel zu oft vergessen wird und dann ein grandioses, herzzerreißendes Scheitern zur Folge hat.

Fragen Sie sich also:

Es gilt, jene Haltung zu erreichen: »Weißt du, es ist für mich mittlerweile einfach unmöglich, einen Trade zu machen, von dem ich innerlich nicht hundertprozentig überzeugt bin.« Wie weit sind Sie in dieser Überzeugung schon gekommen?

Gedanke 94:
DAS IMMERWÄHRENDE GLÜCK

Es spielt keine Rolle, wie oft man erfolgreich ist, wenn ein einziges Scheitern unerträglich teuer wird. Wer diese Spielregel nicht beachtet, der fliegt eher früher als später raus.

Die Beobachtung der vielfältigen Unwägbarkeiten, welche die Umstände aller zurückliegenden und kommenden Kursverläufe hervorrufen und begleiten, verbietet eigentlich jedem Trader – trotz der Annehmlichkeiten eines steigenden Kontostandes – des Tradings gedanklich träge zu werden und niemals das Glück eines Zockers zu bewundern, welches sich im weiteren Zeitverlauf jederzeit ändern kann.

Die unsichere Zukunft der Kurse mit ihren vielfältigen Möglichkeiten ist noch nicht eingetreten, und man kann nur denjenigen Zocker als wahrhaft *glücklich* bezeichnen, dem die Götter bis ans Ende seiner Tradingtage fortgesetztes Glück gewährt haben …

Doch wer glaubt schon an ewiges Glück oder gar an Götter?

Fragen Sie sich also:

Was durch Glück gewonnen wurde, kann einem auch vom Zufall wieder genommen werden, und dies noch dazu schnell und unerwartet. Kennen Sie daher schon das fachlich sehr kennzeichnende Mantra fernab von Charts & Co: *Trades, bei denen das Glück eine untergeordnete Rolle spielt, sind Zufälligkeiten gegenüber resistenter …?*

Gedanke 95: ALS HÄNDLER DIE EINFACHHEIT LIEBEN?

Was geht denn in der Welt des Börsenhandels so sehr schief, dass dieser immerdar überdacht werden muss?

Wir können uns als Trader freilich fragen, was denn in der Welt des Börsenhandels so schiefläuft, dass er immerdar philosophisch umgedreht, hin und her gewendet und betrachtet werden muss. Doch darauf hat diese Welt längst selbst ihre Antwort gegeben: Seit sie besteht, sind zahlreiche erfahrene Händler für das Umdrehen und »Hin-und-her-Wenden« gewesen. Und selbst wenn wir an unsere eigenen Lebensanfänge – fernab von Charts – zurückdenken, so kam es uns stets lächerlich vor, dass die damaligen Älteren am ursprünglich Bestehenden gehangen und als ganzer Mensch gedacht und gehandelt haben und nicht nur als Zahlenfreak, der alles mit dem Taschenrechner ausrechnet.

Im Börsenhandel war und ist ein fachliches Dazulernen schon immer weniger umfangreich als in der Wissenschaft. Ohnehin wissen die meisten fortgeschrittenen Händler ja recht gut, wie sie sich verhalten sollten – das Problem ist also *nicht* etwa die *Unwissenheit*, sondern die *Umsetzung*.

Somit stellt sich ein anderer interessanter Gedanke ein:

GEDANKE 95:

Was soll man schließlich auch berichten aus der möglichen Vielzahl komplizierter Regelwerke und angeblich geheimer Kniffe, wo doch jeder auch nur halbwegs vorangeschrittene Trading-Anfänger zumindest ahnt, wenn er nicht gar schon aus eigener Erfahrung weiß und fühlt, dass ein »formloses« Traderleben die einzige Form ist, die dem vielfältigen Wollen und den zahlreichen Möglichkeiten entspricht, von denen das Leben eines gestandenen Händlers erfüllt ist, denn: Wirklich erfahrene Trader befinden sich meistens schon lange an dem Punkt, an dem sie einfach nur noch eine, einer unmöblierten Theaterbühne ähnelnde, schlichte, nackte Einfachheit lieben und nicht mehr von Schrankkoffern voller Regelwerke und selbst erdachten oder »herauszufindenden« geheimen Gesetzmäßigkeiten träumen!

Fragen Sie sich also:

Der wirkliche Zustand eines Traders ist der, in dem alles Denken, alles Tüfteln rund um den Handel ein für alle Mal eingestellt wird … Einfach alles! Wie fühlt sich dieser Gedanke für Sie an? Wie sieht Ihr zukünftiger Tradingalltag demnach in ein paar Jahren aus?

Gedanke 96: DER BESTE TRADE IST VIERTEL NACH ZWÖLF

Kann ein Trader eigentlich seinen Handelsstil auch wirklich rechtfertigen?

Stellen Sie sich vor, jemand fragt Sie: »Wie spät ist es?« Da Sie keine Uhr haben, antworten Sie zum Spaß: »Viertel nach zwölf.« Tatsächlich ist es zufällig wirklich Viertel nach zwölf. Sie haben zwar richtig geraten, wussten aber die richtige Antwort nicht. Was fehlte, ist die Rechtfertigung für Ihre Behauptung.

Kurzum: Es reicht nicht, etwas Wahres zu glauben, wir müssen auch gute Gründe dafür haben, mit denen wir unsere Überzeugung als wahr rechtfertigen können. Ein guter Grund könnte zum Beispiel sein, eine funktionierende Uhr zu besitzen. Entsprechend könnte man sagen: Wissen ist eine wahre, gerechtfertigte Überzeugung.

Ein weiteres Beispiel:

Jemand fragt Sie: »Wie spät ist es?« Diesmal schauen Sie auf die Uhr und lesen die Zeit ab: »Es ist Viertel nach zwölf.« Was Sie nicht wissen: Ihre Uhr ist vor genau zwölf Stunden stehen geblieben.

Und nun?

Nun sind drei Bedingungen erfüllt: Sie haben eine wahre Überzeugung, die auch gerechtfertigt ist, denn Sie haben ja schon oft die Zeit korrekt von

Ihrer Uhr abgelesen. Dennoch könnten Sie nicht sagen, dass Sie wissen, dass es Viertel nach zwölf ist. Okay, auf den ersten Blick klingt dies spitzfindig, indes ist dies einschlägig, da es analog den Börsenhandel widerspiegelt: Nicht alle wahren, gerechtfertigten Überzeugungen entspringen wirklichem Wissen …

Fragen Sie sich also:

Auf den Börsenhandel bezogen lohnt sich zu fragen: Können Sie Ihren Handelsstil auch *wirklich* rechtfertigen? Oder sagen Sie nur »Viertel nach zwölf«, mal ohne Uhr, mal mit einer Uhr, die stehengeblieben ist?

Gedanke 97: DIE EMOTIONALE VORPATROUILLE

Wie lange schaffen Sie es, lieber Leser, der aufkommenden Unruhe und dem Drang, das entstandene Minus der bisherigen Trades hier und jetzt ausgleichen zu wollen, aus dem Weg zu gehen?

Wie lange gelingt es einem Trader, sich nicht vom Ausgang eines Trades reizen zu lassen? Eine interessante Frage. Gewiss ist eines: Nicht immer ist das möglich, und genau das ist die letzte Hürde, die es für den Trader noch zu nehmen gilt. Die Frage, wie lange man diesen Zustand nun aushält, gibt Auskunft über den *Grad der Reife*.

Während ein Trading-Anfänger sofort wie besessen und falsch agiert, würde ein fortgeschrittener Händler diesen Zustand schon eine ganze Weile, ein vollendeter Trader aber mitunter für alle Ewigkeit aushalten können. Spannend ist dabei: Viele Trader kommen hier zwar schon sehr, sehr weit, aber sind immer noch nicht ganz immun gegen den Impuls zu (re)agieren. Und es sind genau jene Tage und Situationen, die einen Trader ganz dumm im Kopf machen können, sodass er in Sachen Trading nichts mehr vernünftig anpacken kann, weil vor Unruhe die Hände schwitzen und der Kopf glüht.

Wer als fortgeschrittener Trader – der eine eher, der andere später – seinen bisherigen Trade-Verläufen doch nachgegeben und begonnen hat, aus lauter Frust zu traden, kann sich sicher sein, dass ihm schon beim ersten Orderklick eine Art *Vorpatrouille* begegnet, die die eigene Vernunft geschickt hat. Diese Vorpatrouille lacht den Betreffenden heimlich aus und kreuzt mit ihrem schleichenden Gift seinen weiteren Weg.

Die Folge?

Dieses Gift schwächt den Trader emotional und veranlasst ihn dazu, sich im weiteren Verlauf gewissenlos und noch dazu rücksichtslos in steter Folge das verwirrende Theater anzutun, sich in eine Position ständig rein und wieder rauszudrehen – und wieder, und wieder und wieder …

Fragen Sie sich also:

Wie wäre es, lieber Leser, wenn Sie sich, heute – auch bei emotional beeinflussten Trades – immer an Ihre Positionsgröße hielten und das Konto nicht unverhältnismäßig ausreizten? Schließlich ist es kein noch so hoher Profit wert, sein ganzes Vermögen dafür einzusetzen. Wie viele Händler würde es wohl noch geben, wenn diese simple Grundwahrheit beherzigt und angewandt worden wäre …?

Gedanke 98: SCHATZ, DEIN ABENDBROT INTERESSIERT GERADE KEINEN!

Man sagt, Schuldgefühle seien typisch für eine gute Partnerschaft, schließlich seien sie der Beweis dafür, dass man ein Gewissen habe und moralische Werte demnach ernst nähme. Das klingt gut! Aber gilt das auch für den Trader?

Im Prinzip sollten wir natürlich am besten dafür sorgen, dass es erst gar keinen Anlass für Gewissensbisse gibt. Aber wer schafft das schon?! Genauer: Wer schafft das schon als Trader?

Stellen Sie sich folgende Szene vor:

Ein Trader sitzt abends vor den Charts, dreht sich um und sieht seine Liebste im Türrahmen stehen. Obwohl der Blick einen Funken Ungeduld erkennen lässt, empfängt er sie lediglich mit jener kurzen Hebung des Kopfes, mit der er etwas, was er nicht zu wissen braucht, beiläufig zur Kenntnis nimmt.

Völlig angenervt (seine aktuelle Position liegt im Minus) meinte er nur: »Jaaaa?«

Antwort: »Zum vierten Mal - das Abendbrot ist fertig!«

Anfänglich hatten diese unvermeidliche Verbissenheit die Partnerin noch amüsiert und genauso die Gewohnheit, stundenlang unbeweglich vorm Bildschirm zu sitzen, ohne ein Wort zu sagen oder auch nur aufzuschauen. Denn sie nahm es doch einst als scheinbar unvermeidliche Begleiterscheinung für die eigentliche Absicht des Geldverdienens und damit der neuen Arbeit als Trader hin.

Wehe aber, wenn die Liebste in den letzten Tagen und Wochen für ihre Begriffe zu oft und zu lange auf das gemeinsame Abendessen warten musste. Schnell wurden die einst liebevollen Blicke eiskalt. »Abendessen?« Ohne dass sich sein Gesichtsausdruck verändert, fügte er noch hinzu: »Wie jetzt, ich hab die Charts doch gerade erst geöffnet!«

»Erst geöffnet«, fauchte sie daraufhin zurück: »Du sitzt seit heute Morgen davor!«

»Weißt du was, Schatz, fang doch schon mal an mit dem Essen, ich komme gleich!«

Fragen Sie sich also:

Wie wäre es, lieber Leser, heute einmal pünktlich zum Abendessen zu erscheinen und nicht in die imaginäre Welt der Chart-Schlacht abzutauchen?

Gedanke 99: JEDER TRADER BESITZT SIE – SEINE GARTENBANK

Es gibt Tage, da müssen wir zu viel leiden, um dem Gesamtereignis »Mein Trading« ruhig ins Auge blicken zu können.

Zu viele Minus-Trades und vor allem entgangene Gewinne: Angesichts eines solchen Szenarios ist es nur verständlich, wenn ein Trader nach dem Abendessen hinaus in seinen Garten oder in den Wald geht. Die großen, schweren Bäume, all die Blumen, die am Rand des kleinen Weges blühen, die krabbelnden Käfer, die summenden Bienen, die zwitschernden Vögel – sie alle trösten, wenn sich der Trader nach seinen Handelsstunden in diese Schönheit und Stille begibt.

Ein Trader erlebt dann eine andere Zeit, eine, die er genießt!

Und dann sitzt er nun auf seinem Bänkchen und fragt sich – wie so oft auch an vorangegangenen Tagen –, ob es unter diesen – seinen ganz persönlichen – Umständen nur natürlich sei, dass Gefühle und Verstand vor den Charts ohne Anker zu sein scheinen und ob selbst der standhafteste Mensch, wenn er mit dem Trading anfängt, innerlich und äußerlich zu wanken beginnt? Und dann sitzt er weiter auf seinem Bänkchen, erfüllt von einem Lebensgefühl ähnlich einer Dorfstraße. Bei Tage waren beide erfüllt von einem Treiben, bei Nacht sind sie erfüllt von einem fehlenden Treiben.

So entweicht so manchem Trader in der Natur draußen oft ein tiefer Seufzer, denn mit der Anzahl der Trades beginnt mitunter der Frust darüber, dass die Börse doch immer wieder einen Weg findet, ihm das Geld vorzuenthalten, das er ihr abringen will.

Fragen Sie sich also:

Wo steht Ihre Gartenbank, lieber Leser, und wer alles weiß von ihr?

Gedanke 100:
WOHIN REITET DER KINOHELD AM FILMENDE?

Trading liegt nicht in der ewig währenden Zukunft, sondern in einer Zukunft, die eines Tages zur Gegenwart und dann zur Vergangenheit wird.

Lieber Leser, stellen wir uns für den Moment eine Kinoleinwand vor: Sobald der Abspann läuft und der Held mit einer Zigarette im Mundwinkel gen Sonnenuntergang reitet, stellt sich eine Frage, die der Film nicht beantwortet: Welches Ziel setzt sich der Held nun? Wer sein Lebensziel verwirklicht hat, sagt gern im Scherz: »Jetzt könnte ich zufrieden sterben.«

Aber: Genau daraus ergibt sich für viele ein riesiges Problem, denn das lädt zu der ernsthaften Frage ein: Warum tun wir es nicht …?!

Wenn es im Leben um die Verwirklichung eines einzigen Ziels geht und dieses Ziel erreicht ist, was gibt es dann noch zu tun? Das erreichte Ziel kann unsere Handlungen nicht mehr leiten, und wenn wir keine anderen Ziele mehr haben, haben wir offenbar nichts mehr, wofür es sich zu leben lohnt.

Ein Trader hätte somit auch Kosmonaut oder Tiefseetaucher werden können – egal! Es geht einfach nur ums *Umsetzen* und nicht um dummes Gerede! Ein Trading-Anfänger würde den Gedanken an ein erreichtes Trading-Ziel wohl noch quittieren, indem er sich mit dem Finger an die Stirn tippt. Ein fortgeschrittener Trader würde vor diesem Gedanken aber wohl mitunter ehrfürchtig sein Haupt neigen: Trotz fachlichem Wissen und steigendem Kontostands könnte es doch für einen Trader jenen Tag geben, an dem er seinen Rechner zum *letzten Mal* hochfährt, zum *letzten Mal* das Bürolicht ausknipst und *letztmalig* seine Bürotür schließt – wissend, dass er *nie wieder* einen Chart öffnen wird.

Fragen Sie sich also:

Worin besteht Ihr persönlicher Ansporn, im Umgang mit den Charts vollkommen zu sein? Inmitten der unruhig zitternden Charts lohnt sich durchaus die Frage: Wie viel brauchen Sie …?

Gedanke 101: STEHEN IHRE SCHUHE GENAUSO IN REIH UND GLIED WIE IHRE GEDANKEN?

Schuhe nach dem Ausziehen paarweise ordentlich nebeneinander zu stellen, verschönert Ihr Leben und zeugt davon, dass der Haushalt in gutem Zustand ist. Frage: Gibt es auch im Trading einen Bereich, in dem ein Besucher den Zustand eines Traders erkennen würde?

Es heißt seit jeher, dass man den Zustand eines Haushalts daran ablesen kann, wie der Eingangsbereich aussieht. Sind die Schuhe paarweise ordentlich nebeneinandergestellt, oder liegen sie durcheinander? Allein daran erkennt man – so heißt es – den Geisteszustand der Menschen, die darin wohnen.

In Asien gibt es einen Satz, der lautet: »Betrachte das, was sich unter deinen Füßen befindet.«

Es heißt einerseits wörtlich, dass man bei jedem Schritt gut aufpassen soll, was sich vor einem befindet – übertragen bedeutet es aber auch, dass diejenigen, die nicht aufpassen, was vor und unter ihren Füßen passiert, keinen Überblick haben, also nicht wissen, wohin ihr restliches Leben sie führt …

Fragen Sie sich also:

Vielleicht stellen Sie heute Ihre Schuhe besonders ordentlich in Reih und Glied, sobald sie sie ausgezogen haben. Das ist schon alles. Es dauert nur drei Sekunden. Warum sollten Sie sich dies zur Gewohnheit machen? Überlegen Sie selbst: Indem Sie Ihre Schuhe ordnen, bereiten Sie sich auf Ihren *nächsten Schritt* vor. Ist der Gedanke nicht schön, mit einer solchen Kleinigkeit tatsächlich einen großen Einfluss darauf nehmen zu können, wie Sie Ihr Leben und vor allem Ihr Trading gestalten?

Gedanke 102:
DIE ANDERE SEITE DER ANGST

»Gerade in unsicheren Momenten soll man an sich glauben!« Na toll! Nach vier Minus-Trades ist dies mitunter wirklich schwierig.

Rückschau: Erinnern wir uns, wie wir unter Einsatz all unserer Kräfte für die eine oder andere Prüfung (welcher Art auch immer) gelernt haben. Dann kam endlich der Tag der Prüfung. Der große Tag, auf den wir uns so lange vorbereitet hatten. Und doch fühlten wir uns unsicher!

Anscheinend ist der Mensch so beschaffen, dass die Unsicherheit umso größer ist, je mehr er vorher investiert hat?

Im Börsenhandel ist es ganz ähnlich. Das Wissen aus unzähligen Büchern, Webinaren und aus Unmengen von auf Papier skizzierten eigenen Überlegungen existiert, und dennoch herrscht vor und während eines Trades: Unsicherheit!

Spannend ist nun Folgendes:

Wie so vieles, so hat auch die Angst nicht nur eine, sondern zwei Seiten! Was wäre, wenn wir den eigenen Blick auf das richteten, was auf der anderen Seite der Angst ist? Denn dort dürften wir etwas finden, was *Selbstvertrauen* heißt.

Oft wird gesagt, um Selbstvertrauen zu gewinnen, sollte man nicht gleich zu Beginn versuchen, hohe Hürden zu nehmen, sondern erst einmal nur ein klein wenig über seine Grenzen gehen. Wer das geschafft hat, verspürt ein Gefühl der Zufriedenheit, und wenn er diese Zufriedenheit immer wieder spürt, dann verwandelt sie sich in Selbstbewusstsein.

Die Folge?

Bei größeren Herausforderungen sagen wir dann zu uns selbst: »Keine Sorge, du schaffst es schon. Denn bislang hast du es ja schließlich auch immer geschafft.«

Fragen Sie sich also:

Wie wäre es, auch im Börsenhandel an das Selbstvertrauen zu denken? Genau genommen an das *Urvertrauen* in die uns umgebende Realität aus Fachwissen und dem Ablauf innerhalb des Orderbuchs und der Trendverläufe? Haben Sie, lieber Leser, *Urvertrauen in Ihr Fachwissen*, in *Ihr Verhalten* und *Ihre daraus resultierenden Trades …?*

Gedanke 103: WISSE DICH ZU BESCHEIDEN! NIX DA!

»Vermeide die Gier! Jenem Trader geht es besonders schlecht, der immer mehr haben will!« Die Begierde eines Traders kennt keine Grenzen. So sagt man.

Wenn der Markt ihm einen kleinen Finger gibt, »Wow, 200 Euro im Plus«, so nimmt er die ganze Hand: »Warum nicht 500 Euro?« Und gibt man ihm die Hand, »Wow, 500 Euro im Plus!«, so will er den ganzen Arm: »Warum nicht 1.000 Euro?«

Auch wenn ein Trader genau weiß, dass es sich bei seinem Gewinn um etwas handelt, das er nicht unbedingt hier und jetzt nutzbringend ausgeben wird, so kann er doch seinen Wunsch, diese Euros hier und jetzt zu besitzen, nicht unterdrücken.

Kurzum: Wer sich vom Chart in diesen Strudel der Gier hineinziehen lässt, dem wird es nicht mehr gelingen, Zufriedenheit zu verspüren.

Spannend ist nun aber Folgendes:

Als Kind wuchs so mancher von uns mit dem Leitspruch auf: »Wisse dich zu bescheiden.« Sich begnügen zu können mit dem, was wir besitzen – das impliziert Zufriedenheit mit den Dingen, die wir im Moment haben. Aber: Wie soll das vor den Charts umsetzbar sein, sagt man hier doch zeitgleich: »Lass Gewinne laufen. Setz hierzu deine Trading-Stopps sauber«?

Nun: Viele Punkte im Chart besitzen zu wollen ist für einen Trader dringend notwendig! Es handelt sich dabei keinesfalls um eine hässliche Begierde. Im Gegenteil: Das ist okay. Aber: Es geht hier auch weniger um den Chart, sondern vielmehr um die *Positionsgröße*. Wenn wir hier die geringst nötige und fachlich vernünftige Positionsgröße errechnet haben, gilt es zu sagen: »Bei dieser Size habe ich genug.« Darüber hinausgehende *unnötige* Positionsgrößen sollte man nicht begehren.

Fragen Sie sich also:

Wie wäre es heute, sollten Sie sich gerade bei der Bestimmung der Positionsgröße befinden, kurz innezuhalten und alles noch einmal zu überdenken? Was sind Ihre Wünsche, was die Dinge, die ich begehre? Ist hierzu die aktuell angestrebte Positionsgröße wirklich notwendig …?

Gedanke 104: EIN KÜKEN. EIN EI. EIN TRÖDELNDER TRADER.

Ein vollkommenes Timing in den Charts zu finden, bedeutet, nichts zu überstürzen, aber auch, nicht vor den Charts zu trödeln.

Lieber Leser, eine buddhistische Redensart lautet: »Gleichzeitig von innen und außen picken.«

– Was ist damit gemeint?

Wenn das Küken aus seinem Ei schlüpfen möchte, dann pickt es von innen an der Schale, als wollte es ein Zeichen geben. Das ist das »Picken von innen«. Auf der anderen Seite ist das Huhn, das dieses Zeichen hört und daraufhin von außen an der Schale pickt.

Aber Achtung:

Das ist eine wahrhaft heikle Angelegenheit! Denn wenn das Huhn die Eierschale kaputtmacht, bevor der Körper des Kükens sich vollständig ausgebildet hat, stirbt das Küken. Das Huhn muss aufmerksam auf das Picken achten und entscheiden, wann der richtige Zeitpunkt gekommen ist. Erst dann kann es die Schale vorsichtig von außen öffnen.

Kurzum: Beide Beteiligten müssen ein vollkommenes Timing finden.

Spannend!

Gleiches gilt im Börsenhandel, allen voran in der Beziehung zwischen dem Signal und dessen Großwetterlage (sprich: dem übergeordneten Trendverlauf). Denn: Mit seinem persönlichen Handelsstil darf ein Trader es weder zu eilig haben, noch darf er damit zu sehr herumtrödeln. Sowohl die Großwetterlage als auch das Signal müssen ein entsprechendes Zeichen, ein »Picken« geben, an denen der andere Teil erkennen kann, dass es für den nächsten Schritt bereit ist. Wenn das Timing zwischen den beiden stimmt, stellen sich die besten Ergebnisse ein.

Fragen Sie sich also:

Jeder Händler kennt die Situation, das sich ein zu voreilig wahrgenommenes Picken im Nachgang als sinnloser und leidenschaftlicher Minus-Trade darstellt. Wie wäre es daher heute, lieber Leser, besonders auf das Picken von außen zu hören? Sprich: Ohne Ungeduld zu warten, bis die Großwetterlage sich in der schönsten, der genialsten, der reinsten Form zeigt und sodann – ohne zu trödeln – im perfekten Timing auf das innere Picken des Signals zu warten und zügig zu handeln?

Gedanke 105: TRADING – DIE KULTUR DES SITZENS?

»Den richtigen Zeitpunkt im Chart abwarten!« Ja, jaaa, das haben wir schon tausendmal gehört. Wenig überzeugt, daher schnell überblätternd, liest ein Trading-Anfänger von jenen Strategien, die beispielsweise dem Trendhandel zugrunde liegen.

B*oah!* Es kommt für den Trader nicht infrage, sich auf eine Strategie einzulassen, in der es *lange Rücksetzer* auszuhalten gilt. Er weigert sich kategorisch, er hat schließlich Prinzipien! Und auch bei manchen Hinweisen glaubt er nicht an deren Inhalt, weil ihm alles viel zu bestimmt vorkommt! »Der Händler muss bei dieser Strategie Geduld haben.« *Bitte waaas? Geduld?!* Wie oft lacht er da beinahe laut auf: *Geduld?!*

Interessant ist nun Folgendes:

Wer in Asien unterwegs ist, erlebt oft hautnah: Asiaten erledigen die Dinge am liebsten in ihrem eigenen Tempo. Nehmen wir beispielsweise einen Bauern: Er bestellt das Land und lebt sein Leben im Einklang mit der Natur. Was bedeutet das genau? Nun, große Bäume tragen erst Blüten und dann Früchte. Daher warteten Menschen früher einst geduldig unter den großen Bäumen darauf, dass die reifen Früchte herabfallen. Und da sie nicht wussten, wann die Früchte fallen, saßen sie einfach nur ruhig da und warteten. Das wurde zur Kultur des Sitzens …

Ein Trader könnte gleichsam mit den Charts solch ein Leben führen. Dies setzt aber eine gewisse Sanftheit voraus und damit die Bereitschaft sowie Geduld, den richtigen Zeitpunkt abzuwarten. Geduldig abzuwarten! Beobachten Sie den Chart in aller Ruhe. Hören Sie auf seine *Architektur* und identifizieren Sie sich weniger mit dem Signal als vielmehr mit dessen Großwetterlage. Daraus entsteht ein tiefes Nachdenken, und das, was Sie als Nächstes tun müssen, wird erkennbar …

Fragen Sie sich also:

Wenn es nicht so klappen will mit dem Ich-habe-gerade-ein-bisschen-Zeit-und-Lust-zum-Traden, dann kann man natürlich immer sofort anfangen, voller Eifer nach irgendeinem Trade zu suchen. Aber haben Sie schon einmal ausprobiert, sich einfach hinzusetzen und in aller Ruhe den richtigen Zeitpunkt abzuwarten …?

Gedanke 106: VOM HANDELSSTIL UND DEM UMGANG MIT GELD

In der Art und Weise, wie ein Trader mit seinem Geld umgeht, kommen – oftmals im Nachhinein betrachtet – seine ganzen, bis dahin angesammelten lebensgeschichtlichen Konflikte zum Ausdruck.

Der individuelle Umgang mit den Finanzen fungiert als Spiegel, der die Licht- und Schattenseiten des Betreffenden und seine Konflikte mit sich selbst und anderen reflektiert. Gut, das ist soweit nichts Neues.

Einerseits werden Gewinne und Verluste von einem Trader nur noch als abstrakte Zahlen auf dem Kontoauszug wahrgenommen. Daher geht ihm – ebenso wie allen anderen Menschen durch Onlinebanking, Kartenzahlung und Internetshopping – sein haptischer, sein sinnlicher Bezug zum Geld mehr und mehr verloren. Andererseits sind viele Trader der lebende Beweis dafür, dass es für den souveränen Umgang mit Geld nicht ausreicht, im privaten Bereich Haushaltsbücher zu führen und über Regelwerke sowie Börsenkurse Bescheid zu wissen.

Das Wissen über das einfache Einmaleins der Börse und darüber, wie Zins und Zinseszins funktionieren, kann zwar davor schützen, sich heillos zu verschulden. Ebenso kann das Wissen um Regelwerke ein Verständnis für Marktzusammenhänge wecken. Aber: Die eigenen Erlebnisse im Trading und der Umgang mit etwaigen Verlusten demonstrieren deutlich, dass das Erfassen etwaiger Gesetzmäßigkeiten im Trading noch keine Garantie für einen glücklichen Umgang mit Geld bildet.

Die Kompetenz als Trader verlangt demnach unter anderem jene emotionale Fähigkeit – oder nennen wir es Selbsterkenntnis –, es auszuhalten, wie das Thema *Geld*, unabhängig und losgelöst von einem laufenden Trade, in den eigenen Gefühlshaushalt eingreift.

Denkt man hier nämlich etwas weiter, gelangt man interssanterweise schnell zu dem Schluss, dass die zu Beginn der Handelskarrieren chronisch überzogenen Girokonten wie auch das Gefühl, finanziell permanent zu kurz zu kommen, eigentlich nicht im mangelnden Wissen über Charts & Co. wurzeln.

Bei manchen Tradern liegt das wohl an einem fast zwanghaften Hang zum Geiz, bei anderen dagegen an übertriebenen Verarmungsängsten. Die tollsten Handelsregeln und Kniffe nutzen anscheinend nichts, solange ein Trader ein schlechtes oder ambivalentes Verhältnis zum Geld hat. Im kurzfristigen Trading ist dies mitunter sogar noch viel ausgeprägter.

Fragen Sie sich also:

Ein entscheidender Schlüssel zu einem generell souveränen Umgang eines Traders mit Geld liegt offensichtlich in der Erkundung der eigenen verinnerlichten Glaubenssätze über Geld und der damit verbundenen Gefühle. Es gibt daher nicht nur einen *Handelsstil*, sondern dazu gehört auch die Reflexion über den eigenen privaten *Umgang mit Geld*. Daher: Welche bedeutsamen Merkmale weist dieser bei Ihnen auf, lieber Leser ...?

Gedanke 107: »DU WILLST WAAAS WERDEN?! – TRADER?! DASS ICH NICHT LACHE!«

Da will jemand Trader werden, und die Familie lacht: »Du und Börsenhandel? Ausgerechnet du?« Dieses Ziel sei, geradeheraus gesagt, nahezu unmöglich zu erreichen! So sagen Freunde, Familie und Eltern. Jeden Tag hört der Betreffende: »UNMÖGLICH! Wie willst du das schaffen? Du kannst nix, du bist nix; du wirst niemals Börsenhändler sein.«

Gewiss gibt es einige, denen man solche Sprüche um die Ohren gehauen hat; und zwar nicht nur einmal, nein, sondern während der gesamten ersten Handelsmonate. »Hahaha, ein Börsenhändler willst du werden? Du Bürschchen aus dem kleinen Dorf?«

Kaum einer unterstützt diese Pläne. Die Schwärmereien, dass dies wahrscheinlich der coolste Job der Welt ist, von dem ganzen Geld mal ganz abgesehen, das sich damit verdienen lässt, dass man damit machen kann, was man will, und fortan im Schatten des Strandhauses mit Laptop und Handy bewaffnet durch die Charts jagt auf der Suche nach todsicheren Trades, ziehen da auch nicht.

Stattdessen wird Spott laut: »Die ganze Börsenwelt hat nur auf jemanden wie dich gewartet. Du und Devisenhandel? Ausgerechnet du? Ich glaube, darüber solltest du noch mal nachdenken! Zweimal hast du dich im letztem Urlaub beim Geldwechseln übers Ohr hauen lassen!«

Dennoch: Viele von uns haben diesen einen Traum: ICH WILL HÄNDLER WERDEN.

Doch wie lässt sich solch ein Ziel erreichen, wenn derjenige, der es hegt, eigentlich keine Ahnung hat und auch niemanden, der ihm auch nur ansatzweise dabei helfen könnte? Der Glaube, *Talent* würde reichen, ist irreführend. So, und jetzt kommt etwas, das alle zu Beginn nicht hören und auch nicht lesen wollen: Man erreicht es nur durch harte ARBEIT!

Fragen Sie sich also:

An welchen Stellen konnten Sie, lieber Leser, Ihre Hartnäckigkeit, Händler zu werden, bereits bei Ihren Freunden und Ihrer Familie unter Beweis stellen? Und: Geht das überhaupt …?

Gedanke 108: DER SPIELER. DER FAMILIENMENSCH. DER VERNUNFTMENSCH.

Für einen Trading-Anfänger kann der Handel zu Beginn durchaus zu einer Brutstätte der Verzweiflung werden, die in eine zutiefst pessimistische Beurteilung des eigenen Daseinszwecks mündet.

Die meisten Trading-Anfänger kennzeichnet eine dreigeteilte Persönlichkeit, bestehend aus erstens dem *Spieler*, zweitens dem *Familienmenschen*, der seinen Lieben selbstlos einen Nutzen bringen will, und drittens dem nachdenklichen *Vernunftmenschen*.

Das Leidvolle hieran ist, dass sich die gegenseitige Anziehung und Abstoßung dieser drei Anteile zu einem sonderbaren Bann, zu einer immerwährenden wachsenden Unruhe vermengen, die den Trader während eines Handelstages dazu drängen, voranzuschreiten und immer weiter zu gehen und etwas anderes zu werden, ohne dass er wüsste, was dieses andere sein sollte. Alles fesselt einen Trading-Anfänger vor den Bildschirmen – und er findet keinen Halt!

Man könnte dies auch so formulieren: Erfolgreichen Handelstagen stehen die üblichen Ansichten und Hemmungen eines Trading-Anfängers entgegen, die teils sinnloser, teils trivialer Natur sind, wie beispielsweise die selbst auferlegte ehrenhafte Pflicht, als Händler Märkte kontrollieren zu müssen, oder das Gefühl, als Händler gegen einen anerkannten Arbeitsethos zu verstoßen, wenn er Geld ohne Stress erhält. Denkbar ist auch, dass die gehandelten Geldbeträge nicht zur mentalen Verfassung passen oder, was immer wieder zu beobachten ist, dass grundlegende fachliche Regeln keine Beachtung finden.

Mit anderen Worten: Ein Trading-Anfänger kann begreifen, dass dort, wo die substanzielle Wirklichkeit nur einen Knopfdruck *long* oder *short* entfernt liegt, es um so kompliziert einfache Dinge geht wie das Verständnis von fachlicher *Duplizierbarkeit* und *Beständigkeit*!

Interessant ist nun Folgendes:

Auch wenn ein Trading-Anfänger den damit verbundenen Schmerz deutlich spürt, bleibt ihm dennoch oftmals unverständlich, dass er, der er doch offensichtlich der Idee der Wahrheit zugewandt ist, nichts anderes ist als ein Narr, solange er seinem Ehrgeiz folgt, ein erfolgreicher Trader sein zu wollen, ohne sich mit diesen (an sich) fachlich einfachen Dingen zu beschäftigen.

Fragen Sie sich also:

Welche der drei Personen kennzeichnete, lieber Leser, Ihren Handel in der bisherigen Woche? Der Spieler, der Familienmensch oder der Vernunftmensch? Und vor allem: warum ist das so …?

Gedanke 109: »EGAL, WAS AUF DEM KONTO PASSIERT: ICH BIN DISZIPLINIERT!«

Häufig stellt sich die Frage nach dem entscheidenden Unterschied zwischen einem Trader und einem Trading-Laien. Nun, ein Laie wird immer vorschnell sagen: »Natürlich wäre ich vor den Charts diszipliniert! Ist doch klar!«

Nur ein Trader, der bereits täglich vor den Charts sitzt, weiß, dass die Frage, wie *treu* er zu sich als Händler und zu seinem Regelwerk sowie seinem persönlichen Handelsstil steht, immer zwangsläufig mit der *Wandelbarkeit seines Kontos* zusammenhängt. Disziplin steht also in einem Wechselspiel zum Stand des Kontos.

Das ist sehr spannend!

Ein Trader weiß, dass er sich mit einem im Minus liegenden Konto weiter und weiter dazu entschließen wird zu traden. Er wird sich rücksichtslos dafür einsetzen, wieder schwarze Zahlen zu sehen. Und dazu muss er – aus seiner Sicht – bereit sein, in jedem neuen Chart-Augenblick seine früher getroffenen Entscheidungen jedweder Art, also auch die hinsichtlich seiner Disziplin zu sich und den Vorgaben seines Regelwerks, zu verwerfen, denn es könnte ja hier und jetzt die so dringend benötigte Kursentwicklung entstehen.

Kurzum: Das sinnlose, von einem Tunnelblick angetriebene Treiben schließt im Grunde ein grauenvolles Gefühl ein, weil der Körper auf jeden Reiz des zuckenden Charts mit quasi fast schon automatischen Order-Bewegungen so sicher antwortet, dass dem Trader – während der Wunsch, sein Konto zu retten, gleichsam mit ihm durchgeht – selbst nur noch das unheimliche Gefühl bleibt, das Nachsehen zu haben.

Fragen Sie sich also:

Wann haben Sie, lieber Leser, das letzte Mal gesagt: »Gewiss … bin ich diszipliniert!«? Und wann, lieber Leser, haben Sie sich daran gehalten? Und wie genau waren die Umstände, als Sie sich *nicht* daran hielten …?

Gedanke 110:
DIE TÜCKEN DES SIGNALS

Zu Recht wird ständig darauf hingewiesen: Nicht das Grundverständnis der technischen Analyse und der Markttechnik, sondern dessen Resultate müssen bei jedem Trader optimiert werden.

Die Schwierigkeit jeglicher Analyse besteht schlicht darin, dass die Untersuchung eines Signals (unabhängig vom bevorzugten technischen Regelwerk) auf einen möglichen Ein- oder Ausstiegspunkt stets im Zusammenhang mit der Lehre von den *Tücken des Signals* betrachtet werden muss – und dies führt zwangsläufig zu einer Art *Katalogisierung* von Signalen.

Ein Trader sollte also, möchte er Erfolg haben und vor allem erfolgreich bleiben, nicht nur die übergeordnete Trendlage erkennen können, sondern auch den ihm durch sein jeweiliges Regelwerk ausgewählten beziehungsweise seiner jeweiligen Handelslogik entspringenden angebotenen Signalen stets äußerst kritisch gegenüberstehen …

Mit anderen Worten: Er muss immer wieder aufs Neue herauszufinden versuchen, ob seine Signale richtig sind, indem er zunächst überprüft, ob es sich nicht vielleicht um Fehlsignale handelt. Und wie bereits erwähnt; muss er dabei rigoros bestrebt sein, seine eigenen Vermutungen durch den Abgleich mit der übergeordneten Chartlage zu widerlegen.

Fragen Sie sich also:

Wann, lieber Leser, haben Sie sich – trotz Ihres persönlichen Regelwerks – angestrengt, keine ungefilterte Haltung zuzulassen, und haben etwaige Einstiegssignale schlussendlich sogar als eher nebensächlich abgetan, sofern nur das übergeordnete Bild gestimmt hat …?

Gedanke 111:
DAS GROSSE SCHWARZE LOCH

Der Beginn des Tradings besteht aus jener göttlichen Dreifaltigkeit der folgenden Motive: mehr Freiheit, mehr Freizeit und mehr Geld.

Wir sehen zwar einerseits den Sinn, weshalb wir traden, besitzen aber selten den Mut, uns in Wirklichkeit damit sehen zu lassen! Dies kommt daher, weil die Erkenntnis, dass der eigene Zweck – »Warum sitze ich vor den Charts?« – wichtiger ist als der Chartverlauf, wie ein großes, schwarzes Loch erscheint, in das wir aus den verschiedensten Gründen nicht gern hineinsehen!

Spannend!

Das Weitere ist einfach: Diesem Loch müssen wir uns stellen! Erst vereinzelt, hin und wieder. Dann immer öfter sollte es Tage geben, an denen wir aus unseren falschen Vorstellungen in Sachen Trading herausschlüpfen. Dann stehen wir – wie soll man das sagen? – wie geschält zwischen den Dingen, von denen alle fachlichen Fragen und inneren Zweifel abgezogen sind. Das ist ein unglaublich großartiger Zustand: Alles geht ins Harmonische über, und wir sind plötzlich nicht mehr irgendein Traderlein, das frühmorgens aufsteht und stundenlang auf bunte Bildchen starrt und mit durchgeschwitztem Hemd seinem erbärmlichen Aktionismus frönt, sondern jemand, der seine einstigen Ideen, durch die er mit dem ganzen Kram überhaupt erst begonnen hat, mahnend zur Kenntnis nimmt und in Materie, sprich: Wirklichkeit, umsetzt!

Es tut gut, sich das Recht herauszunehmen, Freizeit, Freiheit und Geld bedingungslos einzufordern und den Trading-Gewinn des Tages oder der Woche gnadenlos auszugeben, ohne – und das ist dabei das Wichtige! – ein schlechtes Gewissen dahin gehend zu hegen, dass es doch eine Torheit wäre, die eigene Freizeit und die eigenen Hobbys zu genießen, statt vor den Charts zu sitzen und weitere Geldmittel zu generieren, mit denen sich die Hobbys finanzieren lassen!

Fragen Sie sich also:

Wann, lieber Leser, haben Sie an sich bemerkt, dass Sie als Trader einer echt großen Aufgabe nachgehen …?

Gedanke 112: DAS GEHEIME RESERVOIR KOMPLEXER GEDANKEN

Die größte Passion im Börsenhandel ist für viele Trader, ein angenehmes Leben, das Leben eines Denkers zu führen. Entsprechend erschrocken reagieren sie auf jede innere Unruhe, die die Trades bedroht.

Hin und wieder genügt das Eingehen eines Trades, ja oftmals nur ein Blick auf einen Chart, und es setzt, trotz vieler Lehrjahre, beim Trader eine scheinbar nie enden wollende Flut von Fragen ein:

- Was greift nach mir?
- Wer hat mich im Griff?
- Beherrscht mich der Chart, der Börsenverlauf im Allgemeinen?
- Oder ist es einfach nur schlichte Gier, der Lotteriegedanke, das Lauern auf die Millionen, den Riesen-hyper-mega-mehr-geht-nicht-Trade, den Monster-Trade?
- Klopft mit jeder Marktbewegung, mit jedem Trade der Wunsch nach einem Luxusleben an und bittet um Einlass?
- Warum ist das Gängelband der Emotionen so eng, fest und vor allem kurz?

Mitunter tauchen solche Fragen nicht mehr mit der Intensität von einst auf, aber von Zeit zu Zeit drängen sie sich dennoch ins Bewusstsein des Traders. Er wirft dann gern den Kopf hin und her, um sie abzuschütteln.

Dennoch: wo kommen die denn jetzt bloß her?

Es muss scheinbar ein Reservoir komplexer Vorstellungen im Gehirn eines Traders geben, außerhalb des Bewusstseins, doch immer in der Nähe, jederzeit bereit zur Musterung und zum Aufmarsch auf der Bühne bewussten Denkens, aktiviert beim Anblick eines Charts.

Aber noch spannender ist Folgendes:

Im Großen wie im einmal erfassten ganz dezidierten Kleinen erkennt ein Trader nach einer Weile, dass nicht die fehlenden Antworten auf diese Fragen für Unruhe sorgen, sondern die Fragen selbst …

Fragen Sie sich also:

Wer, wenn nicht der eigene Wille, muss demnach Interesse daran haben, Disziplin zu erreichen, indem Aktionismus vereitelt, Minus-Trades unterbrochen und irreführende Gedanken richtig herum dargestellt werden? Doch wer, lieber Leser, verteilt eigentlich diese für Trader lebensnotwendigen Gedankenbrocken …?

Gedanke 113: ZEITSPANNEN UND DAZWISCHENLIEGENDE TAGTRÄUME

Das Los eines jeden Händlers: Der Alltag wird in Zeitspannen sowie Perioden unterteilt, und seine Zeit wird in Sekunden- und Minutensegmenten gemessen. Je nach der getradeten Zeiteinheit mal im Zehn-Minuten-, Sechzig-Minuten-Takt oder im Umlauf eines kompletten Tages. Nach Ende einer Periode klingelt die Kasse. Oder sie sollte zumindest hin und wieder klingeln.

Zu Beginn des Handels erscheint der Gedanke, über den Kursverlauf zwischen Eröffnungs- und Schlusskurs einer Periode keine Rechenschaft ablegen zu können, gelinde gesagt erschreckend. Wir denken: »Wenn ich nicht den Verlauf zwischen Beginn und Ende einer Periode beobachte, bin ich dann als Händler die Kohle überhaupt wert, die aus diesem Trade resultiert?«

Aber im Laufe Zeit ändert sich diese Ansicht. Je nach gehandelter Zeiteinheit – natürlich gibt es da Ausnahmen – weigern wir uns inzwischen sogar, sie ständig mitzuverfolgen, beispielsweise gerade auf der Zehn-Minuten-Zeiteinheit. Der Vorteil dieses Verhaltens ist, dass der Drang, den Ausgang der Periode vorwegzunehmen, unterbunden wird.

Oder anderes gesagt:

Wer in diesen Minuten oder Stunden bis zum Schlusskurs statt abzuwarten aktiv die Marktverläufe verfolgt und sich daraufhin zu sinnlosen Trades hinreißen lässt, zahlt dafür oftmals richtig Geld. Ach, wie viele Trades landen durch die Ungeduld der Trader zu früh auf dem Börsenfriedhof. Und wie viele Trades erblicken zu früh das Licht der Trading-Welt, nur weil einer dachte, der Markt läge in den Wehen, die Periode würde drehen beziehungsweise höher oder tiefer schließen …

Fragen Sie sich also:

Wie ist es bei Ihnen, lieber Leser? Haben Sie sich daran gewöhnt, den Tag in kleine Zeitabschnitte zu zerhacken? Oder daran, auch mal nichts getan zu haben und manchmal sogar den ganzen Tag lang Däumchen zu drehen, aus dem Fenster zu schauen und sich Tagträumen hinzugeben? Plötzlich ist die Zeit zwischen Eröffnungs- und Schlusskurs der jeweils betrachteten Zeiteinheit *richtig viel wert*. Wann haben Sie sich das zuletzt bewusst gemacht …?

Gedanke 114: IDIOTEN-TRADES: VERSION 1 UND 2

Es gibt zwei besondere Arten von Idioten-Trades. Beide Arten werden generell ungern gesehen, und ein Trading-Laie wird selten die Emotionen dahinter verstehen.

Nehmen wir irgendeinen Markt an. Einen fallenden Markt. Denken wir uns hinein: Je schneller der Markt fällt, umso rasanter wachsen die Gewinne derjenigen, die *short* sind. Einer von ihnen wird der Erste sein, der seine aufgelaufenen Gewinne mitnimmt, ungeachtet dessen, ob der Markt noch weiter fallen könnte, und damit den Markt nach oben ziehen. Sofort folgt das Heer derjenigen, die es ihm wie die Lemminge gleichtun. Resultat: Der Markt steigt wieder an. Denn während die einen diesen Anstieg als Drehen des Marktes deuten, verstehen die anderen ihn gemäß seiner wahren Natur als pure, nackte, reine Korrektur. Eine Korrektur der vorherigen Bewegungen, ausgelöst durch Gewinnmitnahmen, dankend angenommen von jenen Tradern, die am Tribünenplatz des Handels auf ihre Kür in Richtung Trend gewartet haben.*

Idioten-Trades Nr. 1 nennt man daher durchaus zu Recht jene Trades, die auf eine laufende Bewegung hin noch platziert werden, und ebenso sind Idioten-Trades die treffende Formulierung für die *zweite Art* von Idioten-Trades, die in Richtung einer Korrektur eröffnet werden. Beide Arten sieht man in der professionellen Gemeinde generell ungern.

Spannend ist nun Folgendes:

Ein Trader hingegen liebt diese Trades so sehr, dass er sie trotz negativer Auswirkungen auf Konto und Psyche ständig wiederholt und zur Folge den Spruch aller Sprüche von sich gibt: »Immer, wenn ich in den Markt gehe, macht der Markt genau das Gegenteil …«

Es ist daher ein Phänomen, dass sich der Trader gern dazu hinreißen lässt, auf eine entstandene Bewegung aufzuspringen und dabei (oft im Widerspruch zu seinem Fachwissen) vergisst, sich in die bereits positionierten Marktteilnehmer hineinzudenken. Diese wiederum haben jedoch durch die entstandene Marktbewegung möglicherweise bereits das gefunden, was der Anfänger gerade sucht – *den Punktgewinn*. Sie sind nun gerne bereit, ihren bereits aufgelaufenen Gewinn zu realisieren, sprich ihre Position zu schließen.

Der daraufhin korrigierende Markt wird mit Weh und Ach beäugt, die Position kurz darauf im Minus geschlossen, wobei der besagte Trader auch hier wieder vergisst, sich in die anderen Marktteilnehmer hineinzudenken, die nämlich ihrerseits den korrigierenden Markt dankend annehmen, sich nun erneut oder erstmalig positionieren und den Markt damit zurück in die Ursprungsrichtung treiben.

Dies hat nun zur Folge, dass sich der Trader gleich *zweimal* ärgert, nämlich zum einen darüber, dass der Markt nun doch in die angedachte Richtung läuft, und zum anderen darüber, dass er ein Minus realisieren musste,

* Im Übrigen: Ein fachliches Verständnis dieses Anstiegs und vor allem der daraus resultierenden Logik würde vielen für teures Geld verkauften goldenen Börsenregeln, allen gut gehüteten Geheimnissen selbst ernannter Super-Gurus und allen Super-Super-Super-Top-Börsenbriefen mit einem Schlag den Glanz nehmen.

das aus jetziger Sicht nicht hätte sein müssen, da seine ursprüngliche Position nun bereits ein Plus aufgewiesen hätte …

Fragen Sie sich also:

Wie wäre es, lieber Leser, wenn Sie den ersten schnellen Bewegungsschub eines Marktes einfach mal still und aktionslos an sich vorbeiziehen ließen und sich beim reinen Beobachten des Charts das Order-Verhalten der Marktteilnehmer vorstellen würden …?

Gedanke 115: DAS UNVOLLKOMMENE BÖRSENUNIVERSUM

Wie viele Trader wird es wohl geben, die mit nichts Fachlichem befriedigt werden können, die an allem etwas auszusetzen haben!?

Es gibt Trader, denen wird überall entweder zu wenig oder zu viel geschehen, niemals werden in ihren Augen die Dinge hinsichtlich der freiwillig angefangenen Berufung »Trading« stimmig erscheinen. Genau darum sind bei manchen Tradern folgende Worte sehr beliebt: »Ich will nur noch meine Kohle zurück, und dann lasst mich mit dem Börsenscheiß ein für alle Mal in Ruhe!«

Dann herrscht die Überzeugung, dass es nicht mehr weitergeht, wenn nicht bald eine Art Messias erscheint, sozusagen eine starke Hand für das weitere Geschehen.

Interessant!

Denn: Was ist das fortdauernde und schmerzliche Übel in der autodidaktischen Schöpfungsgeschichte eines Traders? Ursprünglich ist er doch an die Börse gegangen, um Erfolg zu haben.

Ausgestoppt? Autsch.

Minus?! Schmerz.

Zu wenig Plus! Seufz.

Drehende Märkte!! Oje.

Dies alles sind folglich Bestandteile eines unvollkommenen Börsenuniversums, das scheinbar nur der Liebe und Zuneigung einer noch besseren Regel bedarf und durch diese dann endlich verwandelt werden wird. Hier irgendwo liegt vielleicht der wahre Grund begraben, warum viele glauben, erst später als Trader wirklich glücklich zu werden, nämlich erst dann, wenn alle Faktoren stimmen! Wir schimpfen gern auf der einen Seite über die Überwissenschaftlichkeit und auf der anderen Seite auf die Unwissenheit, auf die Rohheit und auf die allzu große Verfeinerung, auf den Aktionismus genauso wie auf die Gleichgültigkeit.

Wohin die Blicke in Sachen Trading sich auch richten, überall ist ein kleiner Spalt offen! Die Gedanken zu diesem Thema kommen niemals zur Ruhe und bewahren immer irgendwo den ewig vorhandenen Rest von Dingen, die nirgends zur Ordnung kommen. Einige gelangen schließlich sogar zu der Überzeugung, dass das Leben als Trader als solches zu seelischer Unfruchtbarkeit führte und man nur durch ein besonderes Ereignis oder einen ganz besonderen Geheimtrick davon erlöst werden könne.

Fragen Sie sich also:

Vielleicht ist das wohl die einzige Aufgabe eines jeden fortgeschrittenen Traders: Sind Sie bereit, die *Unvollkommenheit* des Tradings zu akzeptieren …?

Gedanke 116: SKLAVE. OPFER. FLÜCHTIGKEIT.

»Der Trader kommt wegen Geld und bleibt wegen der Erkenntnis!«

Diese Äußerung erscheint unerhört gewagt. Und doch klingt sie passend und ungekünstelt, denn kein Broker, kein Börsendienstleister, keine Bank würde dies in aller Deutlichkeit aussprechen. Man könnte die Pflichten als Trader auf eine einzige zusammenstreichen: die Pflicht, seine persönliche Freiheit zu wahren. Das Trading mit seinem ganzen Gefolge von Besitzdenken und Endlosigkeit hat die Macht, den Geist zu versklaven. Das sollte aber einem Trader nie passieren.

Spannend ist aber:

Jeder Trader war mal Sklave. Jeder! Der eine schafft es, sich von den Ketten zu befreien, der andere geht an ihnen leider zugrunde.

Jeder von uns kennt das Mitgefühl für sich und jene Handelstage, an denen wir, trotz umfangreichen Fachwissens, Opfer der eigenen Launen wurden. Wir waren zwar selbstbewusst in der Lage, freiwillig an jenem Handelstag teilzunehmen, besaßen jedoch nicht die psychische Ausstattung, die erforderlich war, um mit dem Schmerz über die Vergänglichkeit von lieb gewonnenen Gedankengängen und guten Vorsätzen sowie über die Flüchtigkeit des Geldes fertig zu werden.

Fragen Sie sich also:

Wünschen wir jedem Trader da draußen in der Welt, dass seine Zeit kommt, in der er sich nicht mehr zum freiwilligen Opfer seiner Schwächen herabwürdigt. Inwieweit sind Sie, lieber Leser, dieser Gefahr schon einmal erlegen …?

Gedanke 117:
4 × DISZIPLIN = 4 × VERZICHT

Was ist das Höchste und über allem Herrschende im Trading? Mitunter der freiwillige Verzicht. Hier ist ein Thema angesprochen, das der eigenen Familie oder einem Trading-Anfänger mitunter schwierig zu vermitteln ist. Denn: Verzicht ist das am weitesten verbreitete Phänomen im Börsenhandel.

Warum ist das so? Nun:

Die *Disziplin*, sich an ein Einstiegssignal zu halten, bedeutet für einen Trader: Er *verzichtet* auf andere Logiken. Für viele Trader ist das ein Albtraum!

Die *Disziplin* der Stopp-Logik bedeutet, auf den hier und jetzt entstandenen Profit zu *verzichten*. Sie zwingt dazu, den aktuellen Balken nicht mehr so wichtig zu nehmen. Auch das ist für viele ein Albtraum!

Die *Disziplin*, Verluste zu begrenzen, beinhaltet zum einen den *Verzicht*, darauf zu lauern, dass nach Erreichen des Stopp-Kurses der Markt dennoch in die Ursprungsrichtung dreht. Ein weiterer Albtraum, auch wenn dies möglicherweise dadurch belohnt wird, dass die Verluste nicht größer werden.

Die *Disziplin*, Gewinne laufen zu lassen, *verzichtet* auf die Mitnahme des aktuell schon bestehenden Gewinns. Mit der Disziplin, nach Erreichen eines wie auch immer definierten Ziels den Markt zu verlassen, muss der Trader freiwillig auf den Rest an Marktbewegung verzichten. Ein weiterer Alptraum!

Fragen Sie sich also:

Wie diszipliniert sind Sie heute vor den Charts mit so viel *Verzicht* umgegangen …?

Gedanke 118: KEIN KONTO, KEIN TRADER.

»Wenn es kein Konto gäbe, wäre im Börsenhandel alles erlaubt.«

Diese Aussage ist überdenkenswert. Denn: Nur weil es im Börsenhandel nichts Mächtigeres als das eigene Konto gibt, nichts, was dessen Stellung quasi übersteigt oder was in derselben oder einer noch dominanteren Weise über den Trader entscheidet oder ihn sich untertan macht, nur darum gibt es Normen und Grenzen der Willkür.

Für jeden Trader – gleich welcher Handelsphilosophie zugehörig – muss es etwas geben, was über der eigenen Person steht und über sein Schicksal entscheidet. Gemeint ist: der Untergang seines Handelskontos. Dies ist folglich das Bewusstsein der – nennen wir es jetzt mal – Sterblichkeit als Trader.

Kurzum: Kein Konto, kein Trader. Das Dasein eines jeden Traders besitzt in diesem Sinne einen Anfang und ein Ende. Jeder Trader hat seinen persönlichen Kontostand, seine persönlichen Logiken, seine während des Tradings eigene und einzigartige Tagesgestaltung und sein ganz eigenes sowie exklusives Verhältnis zu 100 oder 1.000 Euro Gewinn oder zu Verlusten, die niemand anders auf der Welt in exakt der gleichen Form aufweist. Mit dem Verlust des Kontos würde die Existenz all dieser Verhältnisse enden, und das bedeutet, dass eine Grenze der eigenen Trading-Welt existiert.

Fragen Sie sich also:

Sind Sie bereit zu akzeptieren, dass Sie durch Leichtsinn jederzeit die *Sterblichkeit als Trader* herbeiführen können …?

Gedanke 119:
DIE HARTE SCHULE DES TRENDHANDELS

Es tut hin und wieder gut, durch die eigenen permanenten und zu gleichen Teilen bewundernden wie ängstlichen Blicke auf den rasanten Kursstrom daran erinnert zu werden, wie grotesk und gleichzeitig tragisch es tatsächlich ist und war, einen Trend live vor dem Chart sitzend zu handeln. Ein solches Dasein ist nur unwesentlich angenehmer als Zwangsarbeit in einem Bergwerk.

Als Händler müssen wir schon seit jeher eine harte Schule durchlaufen, um den rechten Schliff in Sachen Nähe und Distanz zu den Kursen zu bekommen. Eine harte Schule ist das daher, weil wir nicht nur große Probleme damit haben, zwischen beidem zu unterscheiden, sondern weil es uns zudem extrem schwerfällt, Distanz überhaupt in den Arbeits- und Lebensalltag zu integrieren.

Damit sei natürlich klug angewendete Distanz gemeint, denn das Geheimnis des Erfolgs mit *Trendhandel* liegt neben dem richtigen Setup vielmehr in der Fähigkeit, je nach gehandelter Trendgröße – statt nach dem klassischen Muster der verqueren Blicke auf den Chart ohne Pause, der Verwirrung und der Auflösung des Ganzen mit mehreren Knalleffekten auf dem Konto – mal mehr, mal weniger Distanz aushalten zu können.

Kurzum: Erstrebenswert sind eigentlich Gelassenheit und Ruhe, oder ein inneres Gleichgewicht.

Aber um welchen Preis?

Den Preis der *Langeweile* im Handel.

Fragen Sie sich also:

Wie weit entfernt sind Sie, lieber Leser, von jenem Punkt der Langeweile …?

Gedanke 120:
EIN HARMONISCHES GANZES

Als Händler müssen wir uns tagtäglich zu Beginn eines jeden Trades selbst darauf hinweisen, nichts anderes zu sein als ein Dummkopf, der nichts weiß und zu Fehltrades neigt, aber das seltene Privileg genießt, sich dessen bewusst zu sein und damit erkennen zu können, dass der eigentliche Heilige Gral des eigenen Börsenhandels statt auf dem monetären vielmehr auf dem emotionalen Gebiet zu finden ist.

» Minus zu machen, ist etwas, das ich lieber nach eigenem Belieben erlebe, anstatt es vom Markt durch eigene Dummheit oktroyiert zu bekommen.«

Okay – Soweit ist das nichts Neues. Das haben Sie schon hundert Mal gehört.

Aber was ist der Umkehrschluss?

Im Umkehrschluss gilt es, weniger von sich und der eigenen wachsenden Vorbildlichkeit fasziniert zu sein. Denn: Wir gehorchen einer Pflicht, ohne uns ihr zu beugen, gerade so, als sei sie uns instinktmäßig zu eigen; und wir sind weit davon entfernt, jeden guten Trade wie ein Wunder darzustellen, das jedermann bestaunen muss.

Das eigene Lieblings-Setup und die permanente Suche danach sowie die ehrliche Betrachtung des Geldmanagements existieren, damit dafür gesorgt ist, dass derjenige, der ein Minus macht, dies in Würde tun kann. Aus so etwas Unvermeidlichem kann fast schon eine Art Genuss werden. Diese genussvolle Würde erfüllt den Zweck, den fachlich sauberen Fehltrade in den eigenen Alltag hereinzuholen und das Angenehme mit dem Unumgänglichen zu einem – nennen wir es – harmonischen Ganzen zu verbinden.

Jawohl, wir sprechen hier von einem *harmonischen Ganzen.*

»Wann wissen wir, dass dieser Genuss seinen Zweck erfüllt hat und die Harmonie des Ganzen hergestellt ist?«

Eine Antwort könnte lauten: »Wir sind als Trader immer nur so gut wie unsere umgesetzten Gedanken zum *letzten* Trade! Völlig losgelöst von dessen Ergebnis …«

Fragen Sie sich also:

Sind Sie im Reinen mit Trades, die fachlich genau richtig abgelaufen sind und die gleichwohl im Minus landeten …?

Gedanke 121: ETWAS IRRTUM IN DER WAHRHEIT

Was über das Trading erzählt wird, was in Büchern darüber geschrieben und in Vorträgen darüber gesagt wird – das alles sind nur Worte: Sie mögen ganz gut, richtig und schön sein, aber wir können uns selten aneignen, was sie besagen.

Angenommen, es gäbe so etwas wie eine Meisterschaft im Trading: Sie würde den ungeheuren und hingebungsvollen Einsatz sowie langes Einüben nur daher verlangen, um die zwingend notwendige Erfordernis der Unterwerfung unter eine Autorität namens *freiwilliger Verzicht* zu erkennen und – viel wichtiger! – zu verinnerlichen.

Und diese besondere Erleuchtung kann nur durch Hingabe und die ungeteilte Absicht, sie zu erlangen, erreicht werden, was schlichtweg Zeit erfordert.

Einfach nur Zeit!

Nur über die Zeit lässt sich erkennen, dass die eigenen alten Ideen gar nicht so schlecht waren, sondern dabei nur etwas zu viel Schlechtes ins Gute, etwas zu viel Irrtum in die Wahrheit und etwas zu wenig Anpassung in die fachliche Bedeutung gemengt war.

Fragen Sie sich also:

Es wird – und dies ist gewiss – jener Tag kommen, von dem an uns alles zu eigen ist. Und von jenem Tag an ist mit einem Mal der Handel kein wüstes, regelloses, zerbrochenes Herumwerken, kein blinder Aktionismus mehr, sondern ein schimmernder Stern in einem Universum von Möglichkeiten – und der Trader bildet seinen Mittelpunkt. Wie weit, glauben Sie, sind Sie noch von diesem Tag entfernt …?

Gedanke 122:
DIE BELLADONNA

Wie im Alltag ist auch in der Welt des Tradings auf gleiche Weise die Wahl, ob ein Trader an seiner fehlenden oder an jener zu großen und vor allem zu genauen Wissensfülle zugrunde gehen will, fest installiert.

Ein Szenario, fernab der Charts:

SIE betritt den Raum. Die schönste Frau des Abends. Die BALLKÖNIGIN. Die Belladonna. Uns verschlägt es, wie fast allen anderen, den Atem, und allein der Gedanke daran, ihre Augen würden mit Wohlgefallen auf uns ruhen, jagt uns einen wohligen Schauer den Rücken hinunter. Wir beobachten, eine günstige Gelegenheit erhoffend und abwartend, nur noch SIE. Da! Die Musik fängt an. Was, so überlegen wir, könnte die Aufmerksamkeit der Ballkönigin wohl so erregen, dass wir für sie nicht nur einfach ein beliebiger Tänzer sind, sondern dass sie uns – Ja, UNS! – persönlich wahrnimmt?

Es bleibt folglich allein das Tun und daher die Frage: klassische Tanzschule oder Improvisation zu dem, wie SIE sich in unseren Armen anfühlt? Eine schwierige Entscheidung! Schließlich wissen wir nichts über sie, geschweige denn, dass wir eine Ahnung hätten, welche Art zu tanzen sie bevorzugt. Woher auch? Wir treffen sie ja gerade zum ersten Mal! Dies ist und bleibt bei jeder ersten Begegnung unser Risiko!

Wer das verstanden hat, ist schon kein Junge mehr, sondern bereits ein Mann!

Wenn die Ballkönigin zum Tanz bittet und wir es geschafft haben, in den Armen dieser Principessa über die Tanzfläche zu schweben, dann haben wir nicht nur das Recht, sondern sogar die *Pflicht*, weniger auf die in der Tanzschule gelernte genaue Schrittfolge als vielmehr auf die *Harmonie des Gesamtbildes* zu achten. Denn je harmonischer dieser Tanz vollzogen wird, desto mehr wird die Ballkönigin auf erfreute Art auf uns als Tänzer aufmerksam werden und sich bei künftiger Gelegenheit wohlwollend an uns erinnern.

Um zu begreifen, was die peinliche Befolgung der richtig gelernten Schrittfolge zum Ergebnis haben könnte, muss zweierlei überlegt sein:

Zum einen sind wir durch die ständige innerliche Überprüfung der Richtigkeit unserer Tanz-Schrittfolge vollkommen blockiert. Wir nehmen die Begleitumstände dessen, was wir da tun, gar nicht wahr. Würde man uns anschließend danach fragen, welche Musik wir während des Tanzes gehört oder wie sich die Belladonna in unseren Armen angefühlt hätte, müssten wir beschämt zugeben, dass wir es nicht wissen, weil uns die korrekte Abfolge der Tanzschritte sämtliche Konzentration abverlangt hat!

Zum anderen wird uns genau dieser Umstand in der Folge darin blockieren, bei allen weiteren sich bietenden Tanzvergnügungen wieder mit der schönsten Tänzerin anbandeln zu wollen, da wir uns nur noch daran erinnern, wie anstrengend und wenig vergnüglich dieses Unterfangen das letzte Mal für uns geendet hat.

Auf die Charts bezogen, ist die Analogie sehr klar:

Ab einem gewissen Zustand eines Traders sind *fachliche Lupenreinheit* und *fachliche Unschärfe* mit dem *Glück* oder *Unglück* des Traders gleichzusetzen, und es muss früher oder später die Entscheidung fällen, für welches Lager er sich schließlich entscheiden solle.

GEDANKE 122:

Fragen Sie sich also:

Sind Sie, lieber Leser, sicher genug in der Abfolge Ihrer Tanzschritte und frei genug in der intuitiven Befolgung Ihres Regelwerks, um einen Principessa-Trade auch wirklich genießen zu können …?

Gedanke 123: DREI GIFTE

Der Menge nach ist es bei Weitem nicht die Hauptvoraussetzung des Glücks als Trader, tagtäglich Widersprüche zu lösen, sondern sie gänzlich zum Verschwinden zu bringen.

Mitunter spricht man zu Recht von der Existenz der drei Gifte im Trading. Gemeint ist damit, sich von seinen Begierden leiten zu lassen, sich aufzuregen und das Prinzip der Dinge nicht zu erkennen. Kurzum: Mit den drei Giften im Trading meint man *Gier*, *Zorn* und *Torheit*.

Okay, das ist soweit nichts Neues.

Gier bedeutet, dass wir die Positionsgrößen zu groß wählen und nicht der eigenen Schuhgröße entsprechend handeln. Mit Zorn ist gemeint, dass wir uns über den fachlich sauberen Minus-Trade aufregen, dies auch nach außen hin zeigen und unsere Wut mittels fachlich indiskutabler Folgetrades auslassen. Torheit, das dritte Gift, steht dafür, dass wir den gesunden Menschenverstand und die Disziplin vergessen und in der Folge damit Verrat an unserem persönlichen Handelsstil begehen.

Natürlich sagt es sich leicht daher: Wenn die drei Gifte sich vor den Charts melden, gilt es, tief durchzuatmen und innere Ruhe zu finden. Damit kann man die drei Gifte abwehren, bevor sie von einem Besitz ergreifen …

Aber in der Praxis bedarf es vieler Monate und Jahre Arbeit, gedankliche Lücken im Trading ein für alle Mal zu schließen, damit das gesamte Trading in der eigenen Absicht wie im eigenen Verhalten ordentlich, glatt und rund läuft. Dass es *rund* läuft, das muss das beherrschende Bild sein.

Fragen Sie sich also:

Läuft es bei Ihnen rund, lieber Leser? So rund, dass Sie dauerhaft das Gefühl haben, mit Ihrem Leben als Trader und Ihrer Person vor den Charts rundum einverstanden zu sein …?

Gedanke 124: BLEISTIFT. LINEAL. PANTOFFELN.

Regelwerke und Handels-Tools reizen uns Trader – oh ja! Sie reizen uns, sie zu stürzen und andere an ihre Stelle zu setzen. Wir werden ständig von der Eifersucht auf den Erfolg anderer Regelwerke verführt, deren Gesetze wir immer wieder suchen, und wenn wir sie dann finden, sehen wir sie auch nicht als unverbrüchlich an …

Die neuen Handelsplattformen und Signal-Tools mit den unzähligen bunten Knöpfchen, verschachtelten Untermenüs, modernen Indikatoren und sonstigem Klimbim und Tausenden Regelwerken präsentieren einem Trader eine sehr komplexe und verwirrende Welt.

An allem haben wir genascht und sind dennoch nirgends satt geworden; wir konnten uns nirgends genügend festbeißen. Und dennoch: Tagtäglich suchen wir irgendwo eine neue Plattform, neue Tools, Handelsansätze, eine neue Trading-Gebärde, kurzum: eine neue Technik – und stürzen uns augenblicklich darauf, wie die Spatzen von den Dächern, wenn man Futter streut.

Und was ist die Folge?

Aufgrund der schnell voranschreitenden Technik und der immer volatileren Märkte kann sich ein Trading-Anfänger unmöglich einen häuslichen,

Pantoffel tragenden, eher technisch trägen und einfach aufgestellten Trader vorstellen, der ohne all das auskommt …

Wen wundert es daher, dass ein Trading-Anfänger – statt auf unzähligen ausgedruckten Charts mit Bleistift und Lineal seinen Stil zu suchen – sich in seinem Handelsprogramm und im Internet ständig auf die Suche nach den tollsten Tricks & Klicks macht und dabei über so allerhand Probleme stolpert …?

Fragen Sie sich also:

Auf die Gefahr hin, dass der eigene Handelsstil *schlicht* und *einfach* erscheint: Fragen Sie sich, ob es denn nicht erstrebenswert ist, Ihr eigenes Regelwerk und dessen Großwetterlage – trotz der scheinbaren Schlichtheit – dennoch so zu lieben wie Ihren Partner, und sich abends selig zu fühlen angesichts des gemeinsam verbrachten Tages. Wie wäre es, sich am Ende eines Handelstages schon darauf zu freuen, am nächsten Handelstag zu ihrem »völlig unkomplizierten« Regelwerk zurückkehren zu dürfen …?

Gedanke 125:
DER PAKT MIT DEM TEUFEL

Vielleicht glauben nicht alle Trading-Anfänger an die Geschichte vom Teufel, dem man – mit der Unterschrift auf der Kontoeröffnung – seine Seele verkauft.

Alle Trader, die von der eigenen Psyche etwas verstehen, müssen, weil sie bereits beständig handeln, bezeugen, dass sie zu Beginn von der eigenen Psyche ruiniert worden waren. Ihre eigene Psyche war demnach die Ursache schlimmer und desaströser Zeiten, die sie zwar zum Herren der Software, aber auch zum Sklaven des Charts machte …

Denn: Die vielen goldglänzenden Seitenpfade, die ach so glückhaften Abzweigungen vom fachlich rechten Wege, die sowohl der Chart als auch der Menüpunkt Positionsgröße tagtäglich eröffneten, boten sich in so verlockender Gestalt an, dass es der Vernunft noch zu schwer oder zu lästig fiel, gründlich zu prüfen, ob es nicht eine Sackgasse war, die da lockte.

Blättern wir in den eigenen Aufzeichnungen rund um unsere Handelstage, so fügen wir gern mit eilender Hand hinzu: Das Leben als Trader kann an sich nur dann sinnhaft und lebenswert sein, wenn es authentisch ist, sprich, wenn wir als Trader unsere Zeit nicht einfach vor den Monitoren mit Spielereien vergeuden, sondern uns immer wieder bemühen, der zu werden, der wir ursprünglich zu Beginn unseres ersten Trades sein wollten. Doch das in die Tat umzusetzen, ist alles andere als leicht. Denn: Es birgt das gleiche Risiko in sich wie das Streben nach dem Erfolg im Alltag, nämlich, dass wir uns unrealistische Ziele gesetzt haben und am Ende unzufrieden sind mit unserem ganzen Dasein.

Die ernüchternde Wahrheit sieht demnach so aus: Das Leben als fortgeschrittener Trader ist weniger ein Kampf mit der Frage, »Was ist denn nun der Heilige Gral?«, das ist eigentlich eher ein Nebenkriegsschauplatz. Vielmehr ist es ein immerwährender Kampf mit der Frage, »Kann ich mich meines einst angestrebten Ziels entsinnen, und wenn ja, wann habe ich dieses erreicht?« …

Fragen Sie sich also:

Kann es sein, dass Sie, lieber Leser, Ihr Ziel bereits in Händen halten …?

Gedanke 126: ORAKELN ODER NICHTS TUN?

Man sagt: Die Gedanken eines Traders zu lesen, ist meistens nicht schwierig, und bei einem Anfänger ist es besonders leicht.

Gewiss lässt sich leicht erraten, woran ein Trader denkt: den Marktverlauf und die Jagd nach dem ultimativen Monster-Trade. Schließlich stellt jeder Moment im Chart eine Punkt-, Euro- oder Dollar-Wertveränderung dar. Somit erscheint es absolut unmöglich, gar nichts zu tun, denn eine Kursveränderung, egal, wie klein, könnte Geld bedeuten – und deswegen schaltet das Gehirn nur selten ab.

Andererseits macht es der Chart Tradern auch sehr einfach, zu versinken, sich hineinziehen zu lassen, sich zu binden. Denn während der Handelszeiten hält der Chart keinen Augenblick still, er zuckt und windet sich, geradeso wie ein gefangenes Tier sich in der Hand des erfolgreichen Jägers winden würde.

Kurzum: Mit der Wirkung eines sich rasend schnell zusammenziehenden Netzes, dessen Vorhandensein der Trader in seinem Jagdeifer zunächst nicht bemerkt, fängt der Chart den Trader ein und hält ihn fest. Daraus ergibt sich die folgende Frage: Erreicht ein Trader jenen Punkt, an dem er bereit ist, nein zu sagen, sich vollkommen von allem gierigen, orakelnden Denken freizumachen, sprich wirklich einen Moment lang die Zeit anzuhalten?

Leicht ist das gewiss nicht, klar, denn kaum ist der Markt einige Punkte gelaufen, kommen auch schon wieder weitere Punkte und hätten einen ach-so-tollen Trade erlaubt, dessen Verlauf der vorangegangenen Punktbewegung ähnelte, ohne ihr indes zu gleichen.

Jeder neue Augenblick katapultiert einen Trader vor ein weiteres Bündel zu erwägender Möglichkeiten, zu treffender Entscheidungen. Es gilt also, nach vielen Jahren der Hast in Chart-Situationen, welche nicht mit seinem Stil harmonieren oder ihm unklar vorkommen, das Unverfänglichste zu wählen: das Nichtstun, das absolute Nicht-Handeln, Nicht-Orakeln, die Weigerung, sich von jedem weiteren hereinbrechenden Kurs zu einer Entscheidung hetzen zu lassen.

Darin liegt gleichsam die Ursache begründet, weshalb Trader unter anderem das Lesen von Büchern bevorzugen: Es schaltet das Denken und Handeln aus und füllt in aller Stille das Händlerdasein, während sie so tun, als ob nichts geschähe …

Fragen Sie sich also:

Welches Lieblingsbuch liegt in dieser Handelswoche neben Ihren Monitoren …?

Gedanke 127: »DIE GÖTTER HABEN ES WIRKLICH AUF MICH ABGESEHEN!«

Und wieder werden wir ausgestoppt, als der Markt schlagartig über seinen letzten Hochpunkt fliegt.

Wie große Regentropfen klatscht das traurige Gefühl auf die Tastatur, als wir die Orderausführung des willkürlichen Stopps erblicken. »Die Götter haben es wirklich auf mich abgesehen!« Und nachdem wir uns mit einem kurzen Seitenblick versichert haben, dass niemand im Raum steht und uns näher beobachtet, gehen wir voller Wut erneut mit einer Market-Order in den Markt. Sofort beginnt der Puls zu rasen …

Okay – das kennt jeder.

Der wütende Teil des Traders will mit aller Gewalt einen riesigen Plustrade einfahren. Ein ängstlicherer Teil betet darum, dass bloß keine weitere Gegenreaktion kommen möge, um den erneut wahllos am aktuellen Kurs gelegten Stopp auszulösen. Doch größtenteils fragt sich der Trader, wie er die beiden anderen widerstreitenden, blöden, nervigen, sein Leben irgendwie komplett durcheinander wirbelnden Teile endlich zum Schweigen bringen und sich einfach mal an irgendein gottverdammtes Regelwerk, irgendeine Logik oder etwas Ähnliches würde halten können.

GEDANKE 127:

Genau bei diesem Gedanken passiert dann meist das: Der Part des Traders, der sich das monströse Plus gewünscht hat, verfällt rasch in einen ungehemmten Freudentaumel, als der Markt aus heiterem Himmel ein paar Punkte in die gewünschte Richtung rutscht. Der zweite Teil des Traders, der darum gebeten hatte, dass keine weitere Gegenreaktion kommen möge, schwingt sich in die Arme von Teil eins und singt nun im Duett mit diesem: »Oh Happy Day!« Und wenn dann Teil drei wegen des fehlenden Regelwerks Protest einlegen will, wird er von den beiden anderen Teilen geschnappt, geknebelt und beschimpft: »Halt endlich die Schnauze, du olle Spaßbremse ...!«

Fragen Sie sich also:

Ist es zielführend, nach einem nicht regelkonformen Plustrade ausgerechnet die Vernunft zu verdammen, die Ihnen einflüstert, dass der vermeintliche Erfolg dieses Trades in Wirklichkeit einfach nur *Glück* war ...?

Gedanke 128: TV-SHOW – TRADE ODER STIRB!

Der Markt rennt, und es bedarf enormer mentaler Anstrengung, die fehlenden Minuten bis zum Periodenende durchzuhalten.

Der Markt bekommt Momentum, beschleunigt, und wir wissen, dass wir bei diesem Kursverlauf nie im Leben – und wenn doch, dann nur unter enormer mentaler Anstrengung – die fehlenden Minuten bis zum Periodenende und damit dem ersehnten wie notwendigen und regelkonformen Nachziehen des Stopps durchhalten würden.

Autsch!

Obwohl wir uns richtig anstrengen, können wir kaum Schritt halten. Wir prusten und schnauben und geben stilistisch nicht gerade die beste Figur vor den Charts ab.

Wir fühlen uns um Stunden weiter, jedoch der Blick auf die Uhr verrät, dass erst die Hälfte der einen Minute geschafft ist und wir den Stopp immer noch nicht nachziehen können. Und der Markt rennt und rennt. Am liebsten würden wir uns jetzt entweder schwallweise übergeben oder verenden. Wäre eigentlich auch eine schöne Spielshow eines dieser privaten Krawallfernsehprogramme: Trade oder stirb!

Hin und wieder vergisst ein Trader die durchdachte Vorstellung vom Ablauf des reinen Tick-Charts, aus dessen Ursprung der vor ihm ablaufende volatile Minuten-Chart (zehn, fünf oder 30 Minuten etc.) entspringt und mit diesem die Idee, Bewegung zu handeln. Es gilt daher, sich – erst recht in volatilen Phasen – das Verständnis der Zeiteinheiten beziehungsweise das Verständnis von deren Ursprung immer bewusst zu machen und sich in den Trend im Tick-Chart und folglich in die Darstellung des x-Minuten-Charts deutlich hineinzudenken.

Vergessen wir es jedoch und sehen wir dann die Zuckungen der aktuellen Perioden, dann ist uns nicht wirklich zum Lachen zumute, sondern vielmehr danach, einfach loszuheulen. Hemmungslos wie ein Siebenjähriger, dessen Hund im Gartenteich ertrunken ist und der gerade zum ersten Mal begriffen hat, dass eben nicht immer alles wieder gut werden wird ...

Fragen Sie sich also:

Aus zahlreichen Gründen kommt es beim Traden vor allem auf Demut und Geduld an. Aber um das zu erreichen, gilt es unter anderem zu begreifen, was es eigentlich bedeutet, *Bewegungen* zu handeln. Wie oft, lieber Leser, haben sie schon erkennen können, dass bei so manchem *Trade mit Handelsausrichtung Bewegung* der Fehler nicht in der Beachtung der Perioden liegt, sondern das *optische Verwirrspiel der Zeiteinheiten* der Trugschluss ist ...?

Gedanke 129: DER TRADE – ANGRIFF ODER NOTWEHR?!

An hektischen Handelstagen ist der bewusste, der kontrollierte Teil eines Traders mitunter sehr, sehr winzig.

Ein Trading-Laie wird es nicht glauben: Aber es gibt Phasen, da kann sich ein Trader einfach nicht wehren gegen diese ganzen unbewussten Motive und Eindrücke. Es ist, als hätte er einen langen Strick um den Hals, könnte allerdings nicht sehen, wer alles daran zieht.

Der Ausgang eines Trades drängt als Reaktion auf sein Ergebnis, und so muss an manchen Handelstagen ein Trade weniger als Angriff, sondern eher als Notwehr-Reaktion auf den vorherigen Trade eingestuft werden. Als Trader sind wir damit mitunter eher Opfer als Täter!

Dies einem Trading-Laien zu erklären, ist vergeblich. Er wird es niemals glauben!

Aber: Ein Trader ist zu Beginn nun einmal so gestrickt, dass ihm nur wenige Dinge gleichzeitig bewusst sind. Das Unterbewusstsein jongliert so geschickt mit der riesigen Menge aller verfügbaren Informationen (Bücher, Webinare, Analysen, geheime Tricks & Tools) um den aktuellen Trade und das aktuelle Chart-Bild, dass der Trader immer nur das gerade Wichtigste im Bewusstsein hat.

Aber wozu führt das?

Äußerlich betrachtet führt ein Trading-Anfänger ein scheinbar normales Leben. Doch in seinem Herzen regiert die Verzweiflung.

Welche Verzweiflung?

Nun, der Kopf ist nicht frei; er gehört nicht ihm; er wird permanent von fremden fachlichen Gedanken rund um das eigene Trading belagert und kann sich aus eigener Kraft so gut wie nicht aus dieser Umklammerung lösen.

Fragen Sie sich also:

Hier sei erneut auf das Buch neben Ihrem Schreibtisch verwiesen oder auf die Hausarbeit, das Angeln, Münzensammeln, Sport oder Kochen. Abschalten – und damit ist nicht nur das mechanische Herunterfahren Ihres Rechners gemeint – macht den Kopf wieder frei und reduziert die Verzweiflung. Wann konnten Sie zuletzt abschalten und das Leben fernab DAX & Co. genießen, wie es ist …?

Gedanke 130: REBELLION GEGEN DEN ALLTAG

Eigentlich ist es ja so: Die Hauptsünde im Umgang mit den Charts ist nicht auf das Verletzen einer pingelig einzuhaltenden Signal- oder Stopplogik, auf mangelhafte Schulbildung oder verpfuschte Erziehung zurückzuführen. Auch liegt die eigentliche Wurzel dieser Hauptsünde nicht in irgendwelchen sozialen Strukturen oder einem schlechten Umfeld, und auch wenn sie sich in der Unmenschlichkeit des Traders gegenüber sich selbst hin und wieder zeigen mag: Die tatsächliche Sünde und ihre wahre Ursache finden sich stattdessen in der Rebellion eines Traders gegen den Alltag!

Es gibt Trader, die sich weigern, ein Leben mit Einschränkungen zu führen. Sie nehmen daher die Schmerzen eines jeden Handelstages auf sich – fernab von Verlegenheit und Angst und verlieren ihr Ziel nie aus den Augen …

Auch diese Trader haben mit dem alles durchdringenden Schmerz der Selbstdisziplin zu kämpfen und müssen sich zwingen, Dinge vor den Charts zu tun, von denen wir alle wissen, dass wir sie tun sollten – beispielsweise an das Geldmanagement halten, Stopps sauber setzen, Stopps fachlich, vernunftvoll nachziehen, Gewinne laufen lassen, keine Signale in den Chart hineininterpretieren … und … und … und.

Kurzum: statt Rebellion, gilt es sich gut während eines Handelstages zu organisieren.

Spannend ist nun Folgendes:

Da diese Trader nicht rebellieren und keine fachliche Aufgabe »vermeiden«, können sie sich ihren *höchsten Zielen* widmen. Sie scheinen lebendiger zu sein als wir anderen Trader. Sie haben scheinbar etwas, das ihnen die Kraft verleiht, den Schmerz von vielen fachlich sauberen Minustrades auszuhalten oder den Trübsinn bei kurzzeitig gegenläufigen Positionen zu ignorieren. Sie besitzen eine Art: *Zielbewusstsein.*

Zielbewusstsein?

Ja. Was sie in der Gegenwart der Charts tun, hat ungeachtet der »Schmerzen«, die ein beständiger Börsenhandel mit sich bringt, seinen Sinn mit Blick in die Zukunft der noch kommenden Handelstage & -wochen. Im Gegensatz dazu ist der »Vermeider« im Trading nur an der – nennen wir es – »sofortigen Belohnung« vor den Charts interessiert. Die Zukunft (beispielsweise »... wie sähe es aus, mein Regelwerk einmal 50 Trades und/oder 15 Wochen diszipliniert durchzuhalten ...«) kümmert ihn nicht.

Interessant ist nun:

Das »Zielbewusstsein« im Trading rührt aber *nicht* vom Nachdenken über die Zukunft her. Es stellt sich vielmehr in jedem Augenblick durch den Umgang mit den Charts ein, der uns in Richtung Zukunft treibt. Oder mit anderen Worten: Im Augenblick des Handelns aktivieren diese Trader, nennen wir es, eine Kraft, die *stärker* ist als der Wunsch, Schmerz – demnach Disziplinlosigkeit –, vor den Charts zu vermeiden. Nennen wir es daher einfach die »unbesiegbare Kraft des persönlichen Vorwärtsstrebens im Trading«.

Fragen Sie sich also:

Sodann – wie gestalten Sie heute ihren Handelstag? Durch »Vermeidung & Rebellion«, mit der Folge, dass damit vieles von dem nicht zum Ausdruck kommt, was hätte eigentlich sein können? Oder spüren Sie die geheime *Kraft* ihres eigentlichen *Vorwärtsstrebens* in Richtung Disziplin & Beständigkeit?

Gedanke 131: ES WAREN EINMAL DREI ANALYSTEN …

Was fasziniert den Trading-Anfänger ausgerechnet an fundamentalen Beschreibungen?

Nun, die Antwort ist relativ einfach. Die Faszination geht sicherlich in den allermeisten Fällen nicht von einer Leidenschaft für betriebswirtschaftliche Kennzahlen aus, sondern ist vielmehr in der allerersten Fragestellung eines Trading-Anfängers zu suchen: Was soll ich kaufen? Dieser Aspekt wird schließlich par excellence in den Bergen von Facebook-Berichten, Zeitungen und Börsensendungen bis zum Abwinken beschrieben.

Aber: Ein Trader. Eine Aktie. Ein Chart. Drei Analyse-Aussagen?

Nun, stellen wir uns drei Analysten vor, welche, mit Taschenrechner sowie gespitztem Stift bewaffnet, ausgeschickt wurden, um den fairen Wert einer Aktie zu ermitteln. Der eine verkörpert den intellektuellen Lehrertyp – perfekt gebügeltes Hemd, messerscharfe Bundfalte, Absolvent eines Master-Studiengangs. Der nächste Analyst hingegen wirkt eher wie ein Spaßvogel – cool und lässig, hat zwei Semester seines BWL-Studiums komplett verpennt, die anderen Semester gerade so mit offenen Augen überstanden. Zum Schluss ist da noch der dritte, welcher das ausgewogene Mittelmaß seiner beiden Kollegen darstellt. So unterschiedlich die drei Herren auftreten, so unterschiedlich sind die verwendeten Formalsysteme, Ansätze, Herangehensweisen und Gewichtungen, was zu dem Ergebnis führt, dass am Schluss drei unterschiedliche Aussagen zum fairen Wert der Aktie vorliegen.

Der Lehrertyp schreit: »Kaufen!« Der Lässige mit den wie unabsichtlich zerzausten Haaren stöhnt: »Verkaufen!« Und der unscheinbare Analyst zuckt mit den Schultern und hat überhaupt keine Meinung, da sein Ergebnis mit dem aktuellen Aktienkurs identisch ist.

Die unterschiedlichen, ja mitunter widersprüchlichen Aussagen zum fairen Wert einer Aktie liegen klarerweise sowohl in der Berechnungsgrundlage, in dem zur Verfügung stehenden Datenmaterial, in den unterschiedlichen Anschauungen über eine Branche sowie auch in globalen Zusammenhängen begründet. Aber Achtung:

Gerade dieser Fakt der unterschiedlichen Aussagen schafft Spielraum für Pluralismus. Denn: Da wären jene Personen, die solche Analysen mit vor Aufregung zitternden Händen lesen und in kurzfristige Trades umsetzen wollen – und dann sind da jene Personen fernab des Markts, die solche Analysen veröffentlichen – man schalte den Fernseher ein, schlage eine Zeitung auf oder logge sich bei Facebook ein; und dann sind da noch jene, leider allzu oft vergessenen Marktteilnehmer, welche fundamentale Untersuchungen in Auftrag geben beziehungsweise mittels riesiger Abteilungen selbst bewerkstelligen.

Fragen Sie sich also:

Wenn Sie fundamentale Analysen lesen – wer steckt dahinter und was könnte sein Interesse sein, sie zu erstellen? Und: Brauchen Sie diese Analysen wirklich für Ihren Trading-Alltag?

Gedanke 132: DIE DAME NICHT IM BLICK GEHABT?

»Setz dich hin! Setz dich hin und denk mal kurz in Ruhe nach!«

Das Wochenende steht vor der Tür. Mithin blicken weltweit alle Trader der zurückliegenden Handelswoche ins Auge, um zu realisieren, was wirklich auf den Bildschirmen geschehen ist. Und so zeigt sich – bei dem einen oder anderen – die letzte Hürde des Tradings auf der Bühne: Im durchgeschwitzten Hemd, mit blassem Gesicht und zitternden Händen eine Serie Trades mit ständig erhöhter Kontraktanzahl eingegangen zu sein.

Derselbe Schreibtisch.
Derselbe Rechner, an dem wir seit Monaten sitzen.
Derselbe Stuhl.

Und auf dem Tisch daneben ein Stapel Trading-Tagebücher mit Ideen und Vorschlägen und dringenden Hinweisen für die Handelswoche. Daher sollten wir gerade am letzten Handelstag der Woche vielleicht so etwas wie Ehrfurcht empfinden.

Einerseits gilt es, den einen oder anderen Trade der Woche mit höchster Anerkennung zu würdigen. Andererseits verspürt man Bedauern über all die Trades, die trotz umfangreichen Fachwissens Opfer der eigenen Launen wurden und die manchmal von einem Mangel an psychischer Beständigkeit zeugen, die erforderlich gewesen wäre, um mit dem Schmerz über die Vergänglichkeit von lieb gewonnenen Gedankengängen und der Flüchtigkeit von Geld fertig werden.

Hin und wieder müssen wir hier obendrein an die Schachpartien aus der Kindheit denken, bei denen wir unweigerlich die gleichen Fehler gemacht haben: uns zu stark auf den Angriff zu konzentrieren, ihn zu weit voranzutreiben, die eigene Deckung zu vernachlässigen, bis des Vaters Dame wie der Blitz hinter unsere schwache Verteidigung fuhr und Schach bot …

Fragen Sie sich also:

Am Wochenende erfasst man bei ruhenden Charts die warnende Botschaft umso klarer: Trading ist zu jedem Zeitpunkt ein entscheidender Moment. Entweder Sie entscheiden über den Moment – oder der Moment entscheidet über Sie! Wie lief ihre bisherige Handelswoche? Haben Sie dem Chart oder hat der Chart Ihnen Schach geboten …?

Gedanke 133: TAGEIN, TAGAUS DERSELBE ABLAUF …

Wie steht es eigentlich um den Begriff »Erfahrung im Börsenhandel«? Was ist damit gemeint?

Wer diese Frage stellt, erhält die unterschiedlichsten, zögernd und bruchstückhaft geäußerten Antworten, in deren Sinn man sich gewiss zunächst darauf einigt, dass dieser Begriff bezogen auf das Trading sicherlich das gleiche Ziel verfolge, wie es in aller Erfahrung um die alltäglichen Dingen selbst liegt: nämlich die *verobjektivierte Wiederholung.*

Was ist damit gemeint?

Alle Erfahrung im Alltag ist ja nur deshalb gültig, weil sie sich bestätigt, weshalb ihr Wert in ihrer prinzipiellen *Wiederholbarkeit* liegt. Es ist tagein, tagaus dasselbe.

Gleichwohl ist zu bedenken:

Die individuelle Erfahrung eines Händlers, also der Grund warum er sagt, »Ich bin long/short, weil …«, nährt sich von den einzelnen abgeschlossenen Trades. Das mündet in eine gewisse Verallgemeinerung, weil er sich denkt: »Aha, erfolgreiches Trading ist demnach, wenn ich das und das mache!« Eine solche Verallgemeinerung, die ein einzelner Händler vornimmt, darf jedoch niemals als die generelle Allgemeinheit des Tradings missverstanden werden.

Verallgemeinert ein Trader seine eigenen Erfahrungen, stellt das vielmehr das Bindeglied dar zwischen den vielen Einzelwahrnehmungen der bisherigen individuellen Trades und der wahrhaften Allgemeinheit des Fachwissens sowie des Wissens um Regelwerke und Handelsansätze.

Oder mit ganz anderen Worten: Die eigens vor den Monitoren gesammelte Erfahrung ist eine notwendige Voraussetzung für den Trader, welcher ja um die tiefere Bedeutung der Dinge rund um Trading, Charts & Co. wissen will. Die Fragen nach dem Ablauf, also nach dem Was, Wann, Wo und Wie, können scheinbar recht schnell beantwortet werden. Die Antworten auf die Fragen nach dem fachlichen Grund aber, also nach dem *Warum* und *Wozu*, erschließen sich erst durch eine gewisse Allgemeinheit der Erfahrung.

Demzufolge nährt sich die Allgemeinheit dieser Erfahrung für einen Trader aus tagtäglich neu auf ihn einströmenden Ereignissen und besitzt so lange Gültigkeit, wie diese sich bestätigen. Das bedeutet, dass sie folglich prinzipiell für weitere neue Erfahrungen offen ist.

Fragen Sie sich also:

Würde man einem Trading-Anfänger nun einfach nur ein Regelwerk an die Hand geben – vielleicht sogar eines, das mental wirklich zu ihm und seinen Zielen passen würde –, wüsste er zwar, wann, wie und wo ein gewisser Fall an den Monitoren eintritt. Er wüsste aber nichts über die fachlichen Gründe dazu! Okay?! Wie sieht es bei Ihnen aus, lieber Leser: Geben Sie sich bislang der Illusion hin, anzunehmen, dass sich die Allgemeinheit der Erfahrung im Trading problemlos von selbst ergibt? Das ist mitnichten so. Fragen Sie sich vielmehr: Auf welchen individuellen Erfahrungen beruhen die Trading-Wahrheiten, die Sie als allgemeingültig betrachten ...?

Gedanke 134: Orient – SIE KAUFEN KEINEN TEPPICH!

Das beste Trading-Seminar? Es gleicht der folgenden Szene: Wir sind im Orient. Auf einem Basar. Teppiche, soweit das Auge reicht. Enge, unebene Gassen. Gerüche. Farben. Geräusche. Händler, die ihre Ware anpreisen. Sengende Hitze. Jeder kennt diese Stände.

Betrachten wir einen solchen im Orient genau: Da gibt es jene Urlauber, die einfach, ohne aufzuschauen, völlig genervt daran vorbeilaufen. Das Ergebnis: Die lautstarken Rufe, mit der der Händler seine Teppiche anpreist, der ganze Stand, ja ganz und gar die Anwesenheit des Teppichhändlers sind völlig nutzlos …

Andere Urlauber wiederum bleiben stehen und kramen am Stand herum, kritisieren die Ware oder reden mit dem Händler über Land, Leute und Urlaub. Aber: Kaufen will niemand. Das Ergebnis: Zwar zeigt bei Ihnen das Rufen des Teppichhändlers Wirkung – sie bleiben ja stehen und schauen sich um –, aber die mit den Urlaubern verbrachte Zeit ist letztendlich auch wieder nutzlos.

Und dann gibt es noch jene Urlauber, die stehen bleiben und mal wortlos, mal mit viel Getöse einen Teppich nach dem anderen und jeglichen anderen Klimbim kaufen. Bingo.

Ein vernünftigeres Trading-Seminar als einen orientalischen Teppichbasar gibt es kaum. Denn: Setzt man die Rufe des Teppichhändlers mit je einem Trade an der Börse gleich, so entsprächen jene Urlauber, die weiterlaufen, einem Minus-Trade. Die Urlauber, die stehen bleiben, sich umsehen – man weiß ja im Moment noch nicht: »Kaufen sie oder nicht?« – und dann doch weiterlaufen, wären demzufolge jene Trades, die mal kurz im Minus und dann im Plus liegen und zu guter Letzt doch einen Minus-Trade ergeben. Jene Urlauber, die alles kaufen – das sind die generellen Plustrades.

Spannend ist nun folgende Frage:

Hat man je beobachten können, dass der Teppichhändler seinen Stand optisch ändert oder ganz und gar einen neuen, einen vermeintlich besseren baut, nur weil einige Urlauber nicht die lautstark beworbene Ware kaufen? Hat man jemals beobachten können, dass der Teppichhändler seine Ware gegen gar neue Ware tauscht, nur weil ein Urlauber genervt abwinkt? Hat man je beobachtet, dass der Händler seine Rufe, seine Art und Weise, wie er mit den Urlaubern umgeht, ändert, nur weil er von dem einen oder anderen Urlauber unbeachtet bleibt? – Gewiss nicht!

Anders als vor manch Trading-Rechner, sind sich die Menschen im Orient anscheinend darüber im Klaren: Auch wenn sie ihr Gebahren oder ihren Verkaufsstand gegen etwas vermeintlich Besseres tauschen würden, am Zustand der Urlauber würde das nichts ändern.

Daraus folgt:

Der Spruch, die Ware, der Stand haben, sofern halbwegs ansprechend, eher untergeordnete Bedeutung. Vorrang hat nur eines: die Beständigkeit und die richtige Einstellung zu sich selbst und dem eigenen Vorhaben. Denn: Bekanntlich lässt sich ein Urlauber nicht zum Kauf zwingen, ebenso lässt sich das Erscheinen so eines Teppich-Vielkäufers auch in keiner Weise planen. Der freiwillige Teppich-Vielkäufer wird zu Beginn genauso penetrant angesprochen wie jener Urlauber, der sich am Ende nur genervt und kopfschüttelnd abwendet.

Fragen Sie sich also:

Es entscheidet also nicht der Teppichhändler, sondern immer der Urlauber über den Umsatz. Also ganz wie an der Börse. Der Plustrade der Woche oder des Monats fängt genauso harmlos an wie jeder andere Minus-Trade auch. Wann hören Sie auf, Ihr Glück durch ständiges Ändern Ihrer Regeln *erzwingen* zu wollen …?

Gedanke 135: HAST DU DEIN TOKONOMA IMMER IM BLICK?

Tokonoma – ist das eine neue und geheime Candlestick-Formation? Nein. Der Begriff hat nichts mit dem Chart zu tun, vielmehr mit der Wand dahinter.

Viele japanische Häuser haben seit Jahrhunderten eine Nische, die man Tokonoma nennt. Das Tokonoma, eine sogenannte Schmucknische, dient zur Entspannung und ist ein Ort der Konzentration. Interessant ist nun Folgendes:

Meist hängt in der Tokonoma eine Bildrolle. Wer als Gast ins Haus kommt und zur Tokonoma blickt, kann etwas über den Charakter und die Lebensweise der Menschen erfahren, die in dem Haus leben – sei es nun durch ihr Lieblingsbild oder durch die Kalligrafie eines Zitats, das ihnen als Lebenswegweiser dient.

Fernab von Asien – wie wäre es, wenn auch ein Trader sein ganz persönliches Motto neben seine Charts hängen würde? Es muss ja kein aufwendiges Tokonoma sein. Das geht auch ohne Nische. Die Wand, an dem der Schreibtisch steht, ist genauso gut. Die Kalligrafie muss auch nicht kunstvoll sein.

Aber: Wann immer der Trader seinen Blick auf seinen Spruch oder sein Zitat richtet, gelingt eine ruhige Selbstreflexion.

Mein persönlicher Ausspruch zum Beispiel lautet: »Nicht wollen. Nicht hoffen. Beabsichtigen! Der Trade entwickelt sich auch ohne mein Wissen von selbst und bringt mich meinem Ziel näher. Ich selbst kann nicht direkt an dem Trade arbeiten.«

Fragen Sie sich also:

Wäre es nicht auch für Sie erstrebenswert, Ihr eigenes Tokonoma aus Worten zu erstellen und in Blickweite aufzuhängen?

Gedanke 136: TRADING – BEDEUTET DAS ARBEITEN ODER LEISTEN?

Jemand hat mal im Scherz gesagt: »Beschäftigung ist ganz schön, darf aber nicht in Arbeit ausarten.«

Das wäscht kein Regen ab: Immer empfinden wir Arbeit als eine Last, sofern sie gezwungen und lustlos verrichtet wird. Wer alle paar Minuten auf die Uhr schaut und sich missmutig und verdrossen die Pause oder den Feierabend herbeiwünscht, für den schleichen die Minutenzeiger nur so dahin.

Völlig anders aber sieht es aus, wenn wir an unserem Schaffen interessiert sind, den Sinn darin erkennen. Dann wächst durch unser Tun etwas: Wir sprechen freudig von unseren Leistungen. Auf die ablaufende Zeit achten wir nicht. Sie vergeht wie im Fluge. Die Pause oder der Feierabend überraschen uns.

So erleben wir den Unterscheid zwischen *arbeiten* und *leisten*. Allein die Ungleichheit ist weit größer. Mit wenigen Worten ist es schwierig auszudrücken, versuchen wir es dennoch: Trachten wir danach, eine Leistung zu erbringen, strengen wir uns zwar auch an, aber wir merken nichts von der Mühe und dem Kraftverbrauch: Wir sind mit dem vollen Aufgebot unseres Könnens wirksam. Da geht auch nicht der Bruchteil einer Minute durch tiefes Luftholen oder Etwas-zum-Teufel-Wünschen verloren. Aus der wachsenden Leistung nimmt die Begeisterung zu, neue Tatkraft wallt auf und schenkt uns das Gefühl des Vorankommens und Gelingens. Und genau deshalb verbrauchen wir beim Arbeiten wie beim Leisten nicht dieselbe Kraft. Das scheint nur so. Beim Leisten greifen wir auf unsere Seelenstärke zurück. Diese zerrt nicht an uns – sie muntert uns auf.

Nun mag der eine oder andere zu Recht den Kopf schütteln und einwenden: Das ist ja alles ganz schön und richtig – wenn ich mir die Aufgabe aussuchen kann. Aber was, wenn ich die Arbeit zugewiesen bekomme? Die Frage stellt sich in der Tat: Kann eine Leistung von innen heraus kommen, wenn derjenige, der sie erbringen soll, kein Gefühl der Sicherheit hat und stattdessen stetig fürchten muss, etwas falsch zu machen oder gekündigt zu werden?

Fragen Sie sich also:

Als was empfinden Sie die bisherige Handelswoche? Als Arbeit oder als Leistung? Eine hoch spannende Frage …!

Gedanke 137: WAS WÜRDE EIN BOGENSCHÜTZE WÄHREND EINES TRADES TUN?

Man sagt, nur mit Fachbüchern und auswendig gelernten Regelwerken sei die Reife im Börsenhandel nicht gewaltsam herbeizuführen.

Ein deutscher Professor namens Eugen Herrigel machte vor rund hundert Jahren den Versuch, die Zen-Lehre auf dem Weg über das Bogenschießen zu erfahren. In Asien gilt Bogenschießen weniger als Sport, als vielmehr als eine Kunst, als eine Übung, um die Auseinandersetzungen mit sich selbst zu erlernen, genauer die Vereinigung des Inneren mit dem Äußeren sowie die Übereinstimmung mit dem aus der Tiefenschicht handelnden Es. So weit, so gut.

Laut den vielen Literaturstellen brauchte Herrigel nahezu vier Jahre, um den ihm gewohnten Verstandesweg zu überwinden. Immer wieder betonte sein Bogenmeister, er habe einen zu *willigen Willen*.

Einen zu willigen Willen.

Grandios!

Die rechte Kunst ist zweckfrei und absichtslos. Je hartnäckiger der Schüler dabeibleibt, das Abschießen des Pfeils erlernen zu wollen, damit er sicher das Ziel treffe, desto weniger wird dies gelingen, desto ferner wird das Ziel rücken. Der Meister meinte tagein, tagaus zu Herrigel, er müsse das rechte Warten erlernen, sodass nichts übrigbleibe als das absichtslose Gespanntsein. Wenn es dann Zeit sei, löse sich der Schuss von selbst.

Erst im vierten Jahr gelang dem Professor der erste absichtslose Schuss. Ähnliches erleben wir vor den Charts: Wir gehen zu wenig dem nach, was mit uns geschieht, sind selten dafür aufgeschlossen und haben das viele Trading-Bildungsgepäck nicht umgruppiert, sprich jenes über Bord geworfen, welches das eigene Trading-Lebensschiff belastet.

Auf den einzelnen Trade bezogen dürfen wir nicht nur vom Kopf her Traden wollen, sondern müssen bis zum Eintritt eines guten Setups und nach dem Einstieg im Gefühlszentrum das Loslassen üben.

Und warum?

Damit wir uns und auch das Konto nicht in flüchtiger Lust verbrauchen und in immer neuen Chart-Varianten ein Erleben anstreben. Kurzum: Damit die ganzen Chart-Gaukeleien fernab des eigenen Handelsstils wirkungslos werden.

Fragen Sie sich also:

Wie weit sind Sie schon gediehen im *absichtslosen Gespanntsein* vor den Charts?

Gedanke 138: ODYSSEUS UND SEINE GENIALE IDEE

Wie kann sich ein Trader an eine einmal getroffene Entscheidung binden – auch wenn es ihm schwerfällt?

Bei Homer sah das einst so aus: Circe warnte Odysseus: »Die Sirenen … Sitzen auf grasigen Auen und wollen mit tönenden Liedern … Zauber verbreiten; doch liegen daneben in Mengen auf Haufen Menschen und Knochen.«

Odysseus verstopft sodann seiner Mannschaft die Ohren mit Wachs und lässt sich selbst an den Mast fesseln. Die Sirenen haben somit gleich in zweifacher Hinsicht das Nachsehen: Die meisten ihrer potenziellen Opfer können sie gar nicht hören, und der einzige, der sie hören kann, vermag ihrem Ruf nicht zu folgen.

Nicht schlecht!

Anhand der Geschichte um die Heldengestalt und seinen genialen Einfall, sich an den Mast seines Schiffes fesseln zu lassen, zeigt sich die Wichtigkeit von Selbstbindungen. Dadurch konnte Odysseus dem Gesang der Sirenen lauschen, gefährdete aber weder Schiff noch Mannschaft noch sein eigenes Leben, wie es so viele vor ihm getan hatten.

Im übertragenen Sinn begegnen uns ähnliche Situationen jederzeit. Wir binden uns zum Beispiel selbst, wenn wir keine Schokolade im Haus haben, um gar nicht erst die Versuchung zum Naschen aufkommen zu lassen.

Und wie ist das im Trading?

»Du findest kaum mehr Schlaf, die Erinnerungen an deine vergangenen Trades, die Gewinne und Verluste sind zu stark«, könnten wir jeden Trading-Anfänger warnen, der nach einem Ein-Tages-Seminar oder auf Messen mit einer Kontoeröffnung in der Hand herumwedelte. Eigentlich müsste ein Trading-Anfänger ein halbes Jahr an einem Stuhl vor einem Chart festgebunden werden. Traden dürfe er dabei nicht.

Eben davon handelt das Geheimnis von Odysseus und den Sirenen: Die edelste Stütze im Trading ist die Gabe zur Selbstbeobachtung und zur richtigen Reaktion auf sich selbst.

Fragen Sie sich also:

Wie sehen Ihre »Sirenen«, lieber Leser, aus und welche Vorkehrungen treffen Sie – sprich, an welchen Mast binden Sie sich – um ihrem verlockenden Gesang heute zu widerstehen?

Gedanke 139:
MAN LÄUFT IM KREIS UND FINDET NICHT MEHR HEIM

Die Theorie der Lebenskunst – sprich, die Freude am eigenen Sinn und Ziel – und die Theorie der fachlichen Vernunft gelten bei einem Trader oft als Gegensatz, wobei erstaunlicherweise beide Seiten glauben, der jeweils anderen überlegen zu sein!

Heutzutage ist es leicht, sich mittels Eigenstudium oder Coaches eine Art fachliche Freiheit oder funktionale Autonomie anzueignen, die sich einzig auf die Mittel-Zweck-Beziehung richten. Wer als Händler deren Sachgesetzlichkeiten befolgt, verfügt damit über fachliche oder funktionale Freiheit.

Wer monatliche Gewinne anstrebt, der muss fachlich sowohl fähig als auch willens sein und alles daran setzen, seine Gewinne laufen zu lassen und gleichzeitig dafür zu sorgen, Verluste strikt zu begrenzen.

Das ist hinlänglich bekannt!

Aber: Wie viele Trader laufen nach Erreichen jener funktionalen Freiheit dennoch im Kreis herum, plagen sich ab – die Vorstellung der Förderlichkeit von fachlicher Duplizierbarkeit im Kopf – und beschreiben dabei gleichwohl irgendeinen weiten Bogen, der immer zu ihnen selbst zurückführt. Sie irren als Trader herum und finden nicht nach Hause.

Warum ist das so?

Nun: Nicht schon derjenige Händler verfügt über solch eine fachliche Freiheit, der die einschlägigen Gesetzlichkeiten der Börse und der Märkte – sei es nun mittels Eigenstudium oder Coach – kennt, und auch nicht der, der zwar den Wunsch hat, solche Regeln zu befolgen, den Wunsch aber vor den Monitoren nicht fachlich autonom Realität werden lässt. Fachlich frei ist nur, wer sich nicht vor den Mühen drückt, die Einnahmen durch saubere Trades zu steigern sowie durch disziplinierte Stoppführung und sinnhaftes Geldmanagement, sein Trading dem Imperativ zu unterwerfen, mehr Gewinne als Verluste zu erzielen.

Spannend ist nun Folgendes:

Im pragmatischen Sinn ist jener Trader demnach frei, der nicht mehr nur nach fachlichen duplizierbaren Punkten, Ticks & Dollars und immer mehr fachlichen duplizierbaren Punkten, Ticks & Dollars strebt. Frei ist demnach, wer das erreichte Fachwissen und erarbeitete Handwerkszeug wirksam und selbstständig dazu einsetzt, mithilfe jener autonomen Fähigkeiten und daraus resultierender Erfolge in Erwartung des eigenen Wohlergehens den für ihn selbst richtigen Weg einzuschlagen. Frei ist überdies, wer mit diesem Blick seinen Weg fortzusetzen und ihn im Falle von Widrigkeiten rechtzeitig selbst zu korrigieren vermag. Aber hier hilft kein Coach mehr.

Kurzum: Die Theorie der Lebenskunst eines Traders besagt: Was kann es Besseres geben als ein gutes Leben mit Freizeit, Freiheit, Familie und den ganzen Details des ursprünglichen persönlichen Zieles. Darauf kontert die Theorie der fachlichen Vernunft, dass allein sie bestimmen könne, was ein gutes Leben als Trader sei, da ja erst ihr Wirken überhaupt die für die Durchführung der Lebenskunst notwendigen Euros & Dollars erhandeln kann!

Fragen Sie sich also:

Wie stellen Sie sich, lieber Leser diesem Widerstreit …?

Gedanke 140:
EIN TRADER IM FERNEN LAND

Die Gegenwart des Tages zu genießen und diesen Genuss zum Zwecke seines Tradings zu machen, ist für viele Händler das größte Paradoxon im Trading!

Ein Trader wird es, sobald er mit dem ganzen Chart-Kram angefangen hat, als die größte Torheit empfinden, statt vor den Charts zu sitzen, Zeit mit der Familie zu verbringen oder am Strand spazieren zu gehen. Denn er könnte während dieser Zeit ja das verpassen, was die Grundlage für sorglose Spaziergänge am Strand ausmacht!

Spannend ist hier Folgendes:

Angenommen ein Trader würde sein ganzes Leben auf das Wesentlichste konzentrieren. Er würde ein fernes Land mit sehr, sehr niedrigen Kosten wählen. Alles, was er hätte, wäre eine gute Internetverbindung. Kurzum: Er bräuchte nur noch 1.000 Euro pro Monat. Immerhin: Mit zwei bis drei sauberen Trades (beispielsweise im Dow-Future) mit gerade mal einem einzigen Kontrakt könnte er sein neues Leben locker bestreiten ...

Ergeben sich vier Fragen:

- Hätte dieser Umstand fortan Einfluss auf seine Trades und vor allem auf seine Sichtweise vom Handel?
- Würde dieser Händler dennoch den ganzen Tag vor den Charts sitzen und jedem x-beliebigen Setup hinterherrennen?

- Welchen Einfluss hätte noch die Höhe des Kontostandes?
- Und: wie wichtig wäre die fortan ausgewiesene Rendite?

Fragen Sie sich also:

Wie sehe Ihr Alltag aus, wenn Sie, lieber Leser, jener Trader wären …?

SCHLUSSWORT – EIN LETZTER RAT ZU IHRER FORTBILDUNG ALS HÄNDLER

Das Wort »Fortbildung« steht in Anführungszeichen. Und zwar deshalb, weil es hier nicht in seiner ursprünglichen Bedeutung verwendet wird. Was Sie für Ihre Weiterbildung, für die Erweiterung Ihrer Fachkenntnisse tun sollten, haben Sie bereits an anderer Stelle gelesen.

Wenn Sie jeden Ratschlag befolgen, werden Sie mit den Charts Schritt halten können, Sie werden keine Angst haben müssen, *Ihren persönlichen Handelsstil* nicht zu finden. Sie werden Ihre Leistungsfähigkeit vor den Charts bewahren können.

Hier, bei diesem letzten Rat, geht es indes *nicht* um Ihre Fachkenntnis, es geht *nicht* um Ihre Leistungsfähigkeit vor den Charts. Es geht vielmehr um das Ziel dieses Buchs: um die Steigerung der gedanklichen Erfolgsfähigkeit. Sie sollten sich auch in dieser Hinsicht fortbilden.

Es lässt sich nicht leugnen, dass jeder Gedanke, jeder Rat, den Ihnen dieses Buch gibt, nur ein lückenhafter Hinweis ist. Es ist leider nicht möglich, auf wenigen Seiten alles zu komprimieren, alles mit Beispielen zu illustrieren, alles so zu veranschaulichen, wie es vielleicht sein sollte.

Es muss hier nicht betont werden, dass Sie diesen – nennen wir es – *gedanklichen Ratgeber* in Ihrem Interesse möglichst täglich zur Hand nehmen sollten, dass Sie ihn für Ihre laufende Arbeit an den Charts nutzen können.

Wie schon erwähnt, will dieses Buch Sie *nicht* belehren. Sein Ziel besteht vielmehr darin, Ihnen die schwierige Aufgabe des beständigen & duplizierbaren Börsenhandels zu erleichtern. Die Hinweise und Ratschläge sollen Ihnen beim Durchblättern immer wieder all das in Erinnerung rufen, was sie auch in anderen Büchern oder im Internet möglicherweise viel besser, jedenfalls aber viel ausführlicher beschrieben finden können.

Wenn Sie sich in Ihrem Bestreben, Ihre Erfolgsfähigkeit zu steigern, ausschließlich auf die Verwendung dieses Buchs beschränken würden, könnte das allein schon viel helfen. Das wäre allerdings mit einer künstlichen Ernährung mit Extrakten vergleichbar. Man könnte einen Menschen dadurch zwar am Leben erhalten, sein Leben wäre aber unvollständig. Vieles würde er vermissen. So, wie er zu seiner Ernährung mehr als Pillen braucht, brauchen auch Sie mehr als die Quintessenz aus Jahren gesammelter Erfahrung.

Kurzum: Nicht alles werden Sie woanders finden können, doch es gibt einige Publikationen, die auch zu diesem Buch Ideen geliefert haben und auch in diesem Ratgeber vertreten sind. Mein Tipp: Deshalb sollten Sie sich die nachfolgenden Werke besorgen und sorgfältig durcharbeiten:

- Das große Buch der Markttechnik
- DER HÄNDLER Band 1 – 8 (Buchreihe)
- Das große Arbeitsbuch der Markttechnik

Hier finden Sie zahlreiche fachliche Ratschläge, und Sie werden viele versteckte Zusammenhänge entdecken und sich diese merken können. In Kombination damit wird Ihnen dieser Ratgeber die richtigen Dienste erweisen. Jedoch erst, wenn Sie ihn weiterhin verwenden, wird er Ihnen alles, was Sie gelesen haben, ohne Mühe, ohne die Notwendigkeit, in Ihren anderen Büchern nachschlagen zu müssen, in Erinnerung rufen. Ein Stichwort wird ausreichen, und Sie werden sich an das ganze Kapitel erinnern. Gebrauchen Sie die vorliegende Publikation also weiterhin und nutzen Sie, was sie Ihnen bieten kann.

Fazit:
Wer das Richtige als Trader tun möchte, dem bleibt kein anderer Weg, als in der Lebensführung sowie in der Erfolgsgestaltung des eigenen Handelsstils

und der eigenen Fachlichkeit auf den Stufen seiner *ihm* gemäßen Entwicklung stetig nach vorn zu schreiten.

Mitunter mögen wir nicht in allen Einzelheiten übereinstimmen. Das ist begründet. Gleichwohl werden sich die Meinungsverschiedenheiten lediglich auf Nebensächliches beziehen und bei fortschreitender Entwicklung abfallen und verlöschen. Und so mag noch mancherlei aus unserem bisherigen Gesichtskreis als Händler und Trader verdrängt werden, dem wir gestern noch Wert beimaßen, und so manche übernommene Anschauung eine andere Perspektive und Richtigstellung aus Eigenem erfahren. Das Entscheidende ist aber *nicht* die Auseinandersetzung mit dem vorgetragenen Stoff, sondern mit dem *eigenen Selbst*. Es geht darum, sich nachhaltig den persönlichen Problemen zuzuwenden. Denn: Die angemessenen Stufen seines Weges muss jeder Händler selbst finden. Die Erkenntnis des für *einen selbst* Richtigen gilt es aus seiner Wesensart herauszuschälen, nachdem Ahnungsvermögen das Ziel abgehoben, der Erkenntnistrieb es verdeutlicht, das Wollen es strebend aufgenommen hat …

Unser Ziel muss tagtäglich lauten, unser Leben als Börsenhändler mit den fachlichen und persönlichen Gesetzen in Einklang zu bringen, also uns aus der persönlichen Tiefe heraus produktiv werden zu lassen. Werfen wir dafür Ballast ab. Klären wir uns. Dann lässt der Seelenspiegel uns das wahrnehmen, was in uns liegt, damit wir es als persönlichen Handelsstil hervorbringen.

Und so wird aus dem dunklen Drang des Vorwärts- und Aufwärtswollens, aus der Ursprünglichkeit die echte Händlerpersönlichkeit, die in sich selbst gefestigt vor den Charts ruht und aus dieser Muße das Emotionale vor den laufenden Kursen mit dem Rationalen vereinigt, das Innere mit dem Äußeren abstimmt sowie fachliche Zwecke setzt und verwirklicht, die auf das subjektive Lebensziel als Börsenhändler gerichtet sind.

Und noch ein letztes Wort zum Schluss: Behalten wir als Händler stets *die Mitte* im Auge. Aus ihr müssen wir wirken, sie stets einhalten. So finden wir das rechte Maß zwischen *zu viel* und *zu wenig*, zwischen *Idealismus* und *Realismus*, zwischen dem *Inneren* und dem Äußeren …

Ihr Michael Voigt

ENDE

DER MENSCH HINTER DEN ZEILEN: MICHAEL VOIGT

Meine eigenen Erfahrungen von Staunen, Furcht und Faszination, die mich überkamen, wenn ich außer Atem die Positionsveränderung anstarrte oder nachts vor lauter Grübelei, Zorn oder Freude kein Auge schließen konnte, ist jene Erfahrung, die zu Recht die Erfahrung mit dem *eigenen Ich* genannt wird. Die eine oder andere innere Stimme in mir behauptet sogar, dass der Teil eines Traders jenseits von Fachwissen und Regelwerken fast manchmal schon un- oder übernatürlich ist. Ich weiß, viele schütteln bei solchen Aussagen lächelnd den Kopf. Doch eine Ahnung dessen, wie es wohl nun wirklich sein mag, solch ein Hobby kennenzulernen, bekommt man nur durch die überwältigende, süchtig machende Erfahrung des Staunens über einen Live-Chart.

Daher stellt meine Arbeit seit Jahren im Großen und Ganzen einen außerordentlich beharrlichen Versuch dar, klar zu denken. Und ich glaube, dass sich mancher Leser darüber freut, diese Diskussion sozusagen belauschen zu können. Daher halte ich es immer für lohnend, nicht nur die technische Sichtweise des Börsenhandels auszudrücken, sondern vielmehr die Diskussion über die vielfältigen mentalen Sichtweisen konkret aufzunehmen, wie sie gern von fortgeschrittenen Tradern geführt wird.

Meine Gedanken und Aussagen sind mithin keine Dogmen – Dogmen existieren im Trading nicht. Es liegt mir fern, den Börsenhändlern und Lesern das markttechnisch orientierte Trading als einzig mögliche Art des Handels vorzustellen, oder dem Leser den einzig wahren Handelsstil vorzuschreiben. Vielmehr respektiere ich, dass jeder Trader mit der Unterschrift auf der Kontoeröffnung klar bekennt: *Ich möchte SELBST handeln!*

Daher ist es notwendig, seinen eigenen Handelsstil zu finden. Hierzu gilt es, jeden Handelstag aufs Neue, die Wege und Abwege der menschlichen Vernunft zu suchen, zu untersuchen und darüber zu berichten und in der Folge zu vermitteln, dass alle Einflüsse und Handlungen vor den Monitoren sorgsam beachtet und betrachtet werden sollten, denn es geht um deren Ordnung, Ursachen und Wirkungen. Kurzum: Es geht um die schlichte *menschliche Wirklichkeit.*

Das alles macht meine Arbeit, meine persönlichen Konsultationen, meine Vorträge und Ausführungen eher zu einer Einladung und weniger zu einem Traktat oder zu einer Vorlesung. Ich gehe schlichtweg von gemeinsamer menschlicher Erfahrung und Vernunft aus. Doch dabei möchten diese Zeilen sein wie jemand, der versucht, einen Freund dazu zu bewegen, an seinem Lieblingsmusikstück Gefallen zu finden oder ihm begreiflich zu machen, weshalb er von einem bestimmten Gemälde schwärmt …

Michael Voigt

Kontaktdaten
Persönliche Mail: mv@der-haendler.com
Facebook: www.facebook.de/markttechnik
Web: www.der-haendler.com

Michael Voigt beim FinanzBuch Verlag

»Das große Buch der Markttechnik« beschreitet einen neuen Weg: Es kombiniert die Darbietung von Fachwissen mit der Schilderung des Werdegangs eines jungen Traders in Gestalt eines Romans. Auf diese Weise führt Michael Voigt Schritt für Schritt in die Welt des markttechnisch orientierten Tradings ein.

Michael Voigt hat einen einmaligen Ratgeber geschrieben: informativ, in die Tiefe gehend, spannend. Der renommierte Börsenhändler gibt einen unterhaltsamen Einblick in die faszinierende Welt der Markttechnik und begleitet seine Leser bei der Suche nach Bewegung in den Märkten.

704 Seiten | Hardcover | 39,90 € (D) | ISBN 978-3-89879-125-0

Das große Arbeitsbuch der Markttechnik schließt genau an der Stelle an, an der viele andere Bücher aufhören – bei Aufgabenstellungen und Praxisbeispielen und häufigen Fehlern, die bei der Anwendung von bereits erlerntem Fachwissen auftreten. In einzigartiger Weise kombiniert das Arbeitsbuch den fachlichen Teil mit den Kernelementen des psychologischen Alltags als Händler und erlaubt dem Leser einen 360-Grad-Blick in der Kunst der Markttechnik.

Anfänger, Fortgeschrittene und Profis erhalten damit klare, aber auch inspirierende Anleitungen sowie stichhaltige Tipps, um den Pfad des markttechnisch orientierten Handelns zu beschreiten.

480 Seiten | Hardcover | 39,90 € (D) | ISBN 978-3-89879-659-0

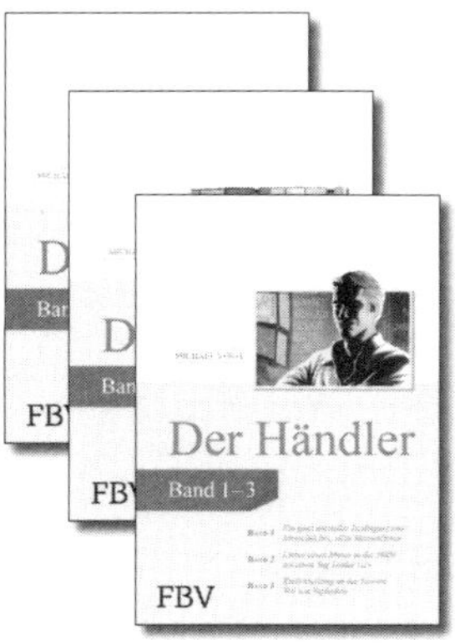

Im Mittelpunkt der Serie »Der Händler« steht Philip, ein junger Trader mit totaler Leidenschaft für den Börsenhandel. Durch sein jahrelanges Praktikum in einem Handelsbüro lernt er sich selbst nach und nach näher kennen. Die Serie der Trader kombiniert einen unterhaltsamen Roman mit dem nötigen Fachwissen für Anfänger und Fortgeschrittene im Trading. Unterhaltsam, lehrreich, einzigartig!

Sammelband 1 | 352 Seiten | 39,99 € (D) | ISBN 978-3-89879-936-2
Sammelband 2 | 576 Seiten | 39,99 € (D) | ISBN 978-3-89879-937-9
Sammelband 3 | 416 Seiten | 39,99 € (D) | ISBN 978-3-89879-938-6